教师教学实践技能修炼丛书

小学英语教学实践技能修炼手册

主编 ◎ 董 玲　王子帆

编委 ◎ 宋雅静　瞿 蒨　陈 学　高 虹

华东师范大学出版社
·上海·

图书在版编目（CIP）数据

小学英语教学实践技能修炼手册/董玲，王子帆主编.—上海：华东师范大学出版社，2023
（教师教学实践技能修炼丛书）
ISBN 978-7-5760-3942-9

Ⅰ.①小… Ⅱ.①董…②王… Ⅲ.①英语—小学教师—师资培养—手册 Ⅳ.①G623.312-62

中国国家版本馆 CIP 数据核字（2023）第 103058 号

小学英语教学实践技能修炼手册

主　　编　董　玲　王子帆
责任编辑　孔　凡
项目编辑　孔　凡　师　文
责任校对　曹一凡　时东明
装帧设计　俞　越

出版发行　华东师范大学出版社
社　　址　上海市中山北路 3663 号　邮编 200062
网　　址　www.ecnupress.com.cn
电　　话　021-60821666　行政传真 021-62572105
客服电话　021-62865537　门市（邮购）电话 021-62869887
地　　址　上海市中山北路 3663 号华东师范大学校内先锋路口
网　　店　http://hdsdcbs.tmall.com

印 刷 者　上海景条印刷有限公司
开　　本　787 毫米×1092 毫米　1/16
印　　张　18.5
字　　数　396 千字
版　　次　2023 年 7 月第 1 版
印　　次　2024 年 1 月第 2 次
书　　号　ISBN 978-7-5760-3942-9
定　　价　56.60 元

出 版 人　王　焰

（如发现本版图书有印订质量问题，请寄回本社客服中心调换或电话 021-62865537 联系）

总 序

党的二十大报告提出,"以中国式现代化全面推进中华民族伟大复兴",中国式教育现代化是中国式现代化的重要组成部分。同时,二十大报告还指出,"坚持为党育人、为国育才,全面提高人才自主培养质量,着力造就拔尖创新人才","坚持以人民为中心发展教育,加快建设高质量教育体系,发展素质教育,促进教育公平","加强师德师风建设,培养高素质教师队伍,弘扬尊师重教社会风尚"。百年大计、教育为本。教师是立教之本、兴教之源,承担着让每个孩子健康成长、办好人民满意的教育的重任。面对百年未有之大变局,人民对高质量教育的期待和国家对卓越人才的渴求都更加凸显出未来教师的使命和担当。

师范生是教师队伍建设的后备军。2021年,在教育部办公厅印发的《中学教育专业师范生教师职业能力标准(试行)》《小学教育专业师范生教师职业能力标准(试行)》等文件中,均提出了师范生应具备师德践行能力、教学实践能力、综合育人能力和自主发展能力四大能力。尽管我国师范教育改革持续推进、效果显著,但要真正把这些能力落到实处依然任重道远。

新时代,我们要培养的是具有现代教育观念,具备较高理论素养与实践能力,能引领全国基础教育发展的复合型、创新型、专家型的中小学各学科卓越教师和教育管理人员。教育实践能力作为师范生重要的"三力"(教育实践能力、自主获得知识的能力、教育实践研究能力)之一,理应得到更多的关注。

当前教育数字化转型为教育改革和教师发展提供了良好机遇,也带来了巨大挑战。人工智能可替代教师的某些功能和作用,甚至能做得更好,如知识传授、程序性的工作等,但人工智能永远无法企及人的情感、创造性思维、教师的教学实践智慧等。教学实践能力提升是师范生成长为专业教师的基本环节。教学实践能力可分为不同的层次。初级的教学主要是模仿性的、探索性的;中级的教学主要是标准化的、按部就班的;高级的教学主要是因材施教的、个性化的,甚至是艺术化的。我们希望培养具有最高层次的教学实践能力的师范生。要实现这样的培养目标,除了师范生的自我修炼以外,还需要我们在人才培养方案中落实"实践育人"理念,从理论学习和实践改进等多方面为师范生提供全方位的支撑。

为此,我们组织上海师范大学课程与教学论专家和优秀的一线教师,合作编写了"教师教学实践技能修炼丛书"。编写者结合当下师范生能力现状和对实践教学培养体系的认识,精心设计了课程标准研读、教材解读、教学目标确定、教学过程设计、课堂教学导入、讲授新知、提问互动、媒体运用、作业设计、反思性教学等十项教学基本实践技能,通过案例剖析、技能详解、实训操练、反思评价等板块,呈现真实教学案例,助力师范生提升教学技能与创造性解决问题的能力,促进师范生成长为"有理想信念、有道德情操、有扎实学识、有仁爱之心"的新时代"四有好老师",以及具备跨学科素养、教育数字化素养、全球胜任力的卓越教师。

  未来,教师的角色将不断演变,但教师在教学场景中的实践智慧始终是教师专业发展的核心。我们将持续关注和开展研究。希望我国有更多的学者参与到教师的专业实践能力和教学场景中的实践智慧的研究中,积极回应高质量教育对高素质、专业化、创新型教师队伍建设的需求,推动基础教育高质量发展。

夏惠贤

2023 年 6 月

前　言

随着教育教学改革的日益发展,英语教学尤其是小学英语教学的改革形势更为突出,以学生为主体的教学模式要求教师必须提高和完善自身的教学技能。教学技能对教师取得良好的教学效果,创造性地完成既定的教学任务,实现教学方式的创新等方面具有重要的积极作用。国家《义务教育英语课程标准(2022年版)》(下称《标准》)中指出,"教师要以单元教学目标为统领,组织各语篇教学内容,规划系列教学活动,实施单元持续性评价。"从《标准》的理念中我们不难看出,在强调引导学生发展能力的同时,也对教师提出了新的教学要求,如备课技能、教学过程中的目标制定、过程设计、评价技能等,这些不仅仅是提高教师教学技能理论与实践的必备能力要求,也是高校师范专业学生提升课堂教学素质与能力的必备技能之一。

本书根据英语学科特点,依据课程标准理念,以课程标准研读、教材解读、教学目标确定、教学过程设计、课堂教学导入、讲授新知、提问互动、媒体运用、作业设计、反思性教学十项教学技能为纲,呈现真实教学案例,通过案例剖析、技能详解、实训操练、反思评价等板块引导学习者在理性层面上认识教学技能,在感性层面上体悟教学技能,并通过完成真实教学任务的技能实训,激发学习者的学习动机与创造力,帮助学习者提升教学技能与创造性解决问题的能力。

本书可作为师范大学本科生、研究生教学技能实训课程的教材,也可以为微格教学课程提供高质量的教学资源,还可以为在职的小学英语教师继续学习或有意参加国家教资考试的考生提供自学资源。

一读就懂、一懂就用,是我们的追求;用而有效、共同成长,是我们的目标。

由于编者水平有限,书中难免有缺点和错漏之处,恳请读者批评指正。

编　者

2023年2月

目录

前 言 ………………………………………………………… 1

板块一　课程标准研读 ………………………………… 1
　一、课程性质与理念解读 …………………………… 2
　二、课程目标与课程内容解读 ……………………… 4
　三、学业质量与课程实施解读 ……………………… 14
　揭秘名师课堂 ………………………………………… 16
　为新手支一招 ………………………………………… 28

板块二　教材解读 ……………………………………… 30
　一、教材解读的解析 ………………………………… 31
　二、教材的结构框架 ………………………………… 31
　三、了解教材的编排特点 …………………………… 37
　四、了解教材解读的具体策略 ……………………… 39
　揭秘名师课堂 ………………………………………… 48
　为新手支一招 ………………………………………… 59

板块三　教学目标确定 ………………………………… 61
　一、教学目标的解析 ………………………………… 62
　二、教学目标设计中存在的问题及原因 …………… 63
　三、教学目标设计的技能 …………………………… 67
　揭秘名师课堂 ………………………………………… 79
　为新手支一招 ………………………………………… 81

板块四　教学过程设计 ………………………………… 83
　一、教学过程设计的要素 …………………………… 84
　二、教学过程的价值体现 …………………………… 87
　三、教学过程设计的步骤 …………………………… 88

四、课堂活动的设计 …………………………………… 91
　　揭秘名师课堂 …………………………………………… 95
　　为新手支一招 …………………………………………… 108

板块五　英语课堂教学导入 ……………………………… 118
　　一、英语课堂教学导入概述 …………………………… 119
　　二、英语课堂教学导入的基本方式 …………………… 122
　　三、英语课堂教学导入的运用 ………………………… 139
　　揭秘名师课堂 …………………………………………… 142
　　为新手支一招 …………………………………………… 143

板块六　讲授新知 …………………………………………… 145
　　一、讲授新知的原则 …………………………………… 146
　　二、学习新知的步骤 …………………………………… 148
　　三、呈现与感知新知的方式 …………………………… 149
　　四、操练与运用新知的方式 …………………………… 154
　　揭秘名师课堂 …………………………………………… 166
　　为新手支一招 …………………………………………… 175

板块七　提问互动 …………………………………………… 180
　　一、提问互动的解析 …………………………………… 181
　　二、课堂提问存在的问题及原因 ……………………… 184
　　三、课堂提问的技能 …………………………………… 187
　　揭秘名师课堂 …………………………………………… 199
　　为新手支一招 …………………………………………… 200

板块八　媒体运用 …………………………………………… 203
　　一、多媒体课件基础知识 ……………………………… 204
　　二、在小学英语教学中运用多媒体课件时存在的问题及原因 …… 213
　　三、多媒体课件制作的技能 …………………………… 215
　　揭秘名师课堂 …………………………………………… 227
　　为新手支一招 …………………………………………… 229

板块九　作业设计 ……………………………………… **231**
　　一、作业设计的解析 …………………………………… 232
　　二、作业设计中存在的问题及原因 …………………… 233
　　三、作业设计的技能 …………………………………… 237
　　揭秘名师课堂 …………………………………………… 252
　　为新手支一招 …………………………………………… 261

板块十　英语反思性教学 ……………………………… **264**
　　一、英语反思性教学概述 ……………………………… 265
　　二、英语反思性教学的基本方法 ……………………… 270
　　三、英语反思性教学的实施 …………………………… 273
　　揭秘名师课堂 …………………………………………… 279
　　为新手支一招 …………………………………………… 282

板块一 课程标准研读

关键词

课程理念；课程目标；课程内容

结构图

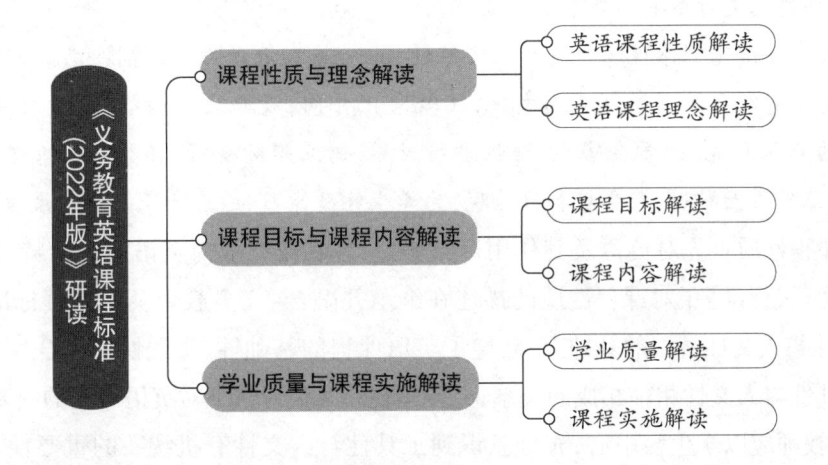

```
                          ┌─ 课程性质与理念解读 ─┬─ 英语课程性质解读
                          │                      └─ 英语课程理念解读
《义务教育英语课程标准     │
(2022年版)》研读 ─────────┼─ 课程目标与课程内容解读 ─┬─ 课程目标解读
                          │                          └─ 课程内容解读
                          │
                          └─ 学业质量与课程实施解读 ─┬─ 学业质量解读
                                                     └─ 课程实施解读
```

学习目标

1. 理解课程性质及变化。
2. 理解课程理念及变化。
3. 理解课程目标及核心素养。
4. 理解课程内容结构关系与内容要求。
5. 理解学业质量的内涵及描述。
6. 理解课程实施及建议。

学习提示

思考：英语课程改革至今的主要突破是什么？

一、课程性质与理念解读

（一）英语课程性质解读

国内基础英语教育学者对英语课程性质的理解经历了一个逐步发展的过程，即从最初强调英语知识的传授，到强调英语工具性功能，再到强调工具性与人文性的双重性质。在多年的教学实践中，广大教师也在传授英语知识与技能的过程中逐步认识到工具性与人文性相统一的重要性。

在英语课程性质上，《义务教育英语课程标准（2022年版）》（以下简称《标准》）有以下界定：

英语属于印欧语系，是当今世界经济、政治、科技、文化等活动中广泛使用的语言，是国际交流与合作的重要沟通工具，也是传播人类文明成果的载体之一，对中国走向世界、世界了解中国、构建人类命运共同体具有重要作用。

义务教育英语课程体现工具性和人文性的统一，具有基础性、实践性和综合性特征。学习和运用英语有助于学生了解不同文化，比较文化异同，汲取文化精华，逐步形成跨文化沟通与交流的意识和能力，学会客观、理性看待世界，树立国际视野，涵养家国情怀，坚定文化自信，形成正确的世界观、人生观和价值观，为学生终身学习、适应未来社会发展奠定基础。

英语课程性质首先对英语及其作用进行界定，并在第二段对英语课程的特征及育人价值进行描述。《标准》中对课程性质的描述在继承并融合《义务教育英语课程标准（2011年版）》工具性与人文性统一的基础上，新增了英语课程的基础性、实践性和综合性特征，进一步明确工具性与人文性相辅相成的关系，充分体现新时代背景下对英语课程的新要求。

因此，教师应以学生为中心，充分意识到工具性与人文性有机统一的重要性，并在培养与发展学生英语语言能力与技能的同时，提高学生自身核心素养，培养拥有终身学习能力以及适应未来社会发展需要的时代新人。

（二）英语课程理念解读

《标准》修订前后的英语课程理念对比如表1-1所示。

表1-1 义务教育英语课程理念对比

《义务教育英语课程标准（2011年版）》 英语课程理念	《义务教育英语课程标准（2022年版）》 英语课程理念
1. 注重素质教育，体现语言学习对学生发展的价值	1. 发挥核心素养的统领作用
2. 面向全体学生，关注语言学习者的不同特点和个体差异	2. 构建基于分级体系的课程结构
3. 整体设计目标，充分考虑语言学习的渐进性和持续性	3. 以主题为引领选择和组织课程内容

续表

《义务教育英语课程标准(2011年版)》英语课程理念	《义务教育英语课程标准(2022年版)》英语课程理念
4. 强调学习过程,重视语言学习的实践性和应用性	4. 践行学思结合、用创为本的英语学习活动观
5. 优化评价考试方式,着重评价学生的综合语言运用能力	5. 注重"教—学—评"一体化设计
6. 丰富课程资源,拓展英语学习渠道	6. 推进信息技术与英语教学的深度融合

在相同点上,修订前后的英语课程理念都将代表教育方略的理念放在首位,凸显英语课程总目标的地位,且修订前后的课程理念都涉及教育方略、课程结构、课程内容、课程教学、课程评价与课程资源等多个方面的理念引领。在差异上,《标准》首次将核心素养提到理念首位,起统领作用,凸显英语学科的育人价值,更具指导意义,具体变化与解读如下。

1. 发挥核心素养的统领作用

英语课程以习近平新时代中国特色社会主义思想为指导,全面贯彻党的教育方针,落实立德树人根本任务,以培养有理想、有本领、有担当的时代新人为出发点和落脚点。围绕核心素养确定课程目标,选择课程内容,创新教学方式,改进考试评价,指导教材建设,开展教师培训。

《标准》首次将核心素养作为首要理念提出,指明了落实其他理念都要以发挥核心素养的统领作用为前提,突出课程目标,从本质上体现英语课程对于人的全面发展所提出的要求。

2. 构建基于分级体系的课程结构

遵循外语学习规律,借鉴国际经验,立足我国义务教育阶段英语教育实际,充分考虑学习条件、学习时限和学生学习经验等方面的差异,按照英语能力发展进阶,建立循序渐进、可持续发展的九年义务教育英语分级体系,由低到高明确学习内容与要求。课程以分级体系为依据,因地制宜,因材施教,确定起始年级和学习内容要求,灵活安排教学进度。

在课程结构上,《标准》立足我国义务教育阶段学生英语学习现状,充分体现英语教学面向全体学生、兼顾个体差异的基本原则,考虑各学段英语教学的有机衔接,充分满足了学生英语学习能力持续发展的需求,促进义务教育阶段英语学习的均衡发展。

3. 以主题为引领选择和组织课程内容

英语课程内容的选取遵循培根铸魂、启智增慧的原则,紧密联系现实生活,体现时代特征,反映社会新发展、科技新成果,聚焦人与自我、人与社会和人与自然三大主题范畴。内容的组织以主题为引领,以不同类型的语篇为依托,融入语言知识、文化知识、语言技能和学习策略等学习要求,以单元的形式呈现。

主题引领是针对英语教学中长期存在的碎片化知识教学所提出的,《标准》明确表明课程内容要以主题为引领,对各要素进行整合,展开单元整体教学,促进学生发展语言能力、形成文化意识、提升思维品质、提高学习能力。

4. 践行学思结合、用创为本的英语学习活动观

秉持在体验中学习、在实践中运用、在迁移中创新的学习理念，倡导学生围绕真实情境和真实问题，激活已知，参与到指向主题意义探究的学习理解、应用实践和迁移创新等一系列相互关联、循环递进的语言学习和运用活动中。坚持学思结合，引导学生在学习理解类活动中获取、梳理语言和文化知识，建立知识间的关联；坚持学用结合，引导学生在应用实践类活动中内化所学语言和文化知识，加深理解并初步应用；坚持学创结合，引导学生在迁移创新类活动中联系个人实际，运用所学解决现实生活中的问题，形成正确的态度和价值判断。

英语教学的基本形式是以学生为主体，开展常态化的英语学习活动，这不仅是学生学习和运用知识与技能的主要途径，还是英语教师整合课程内容、激发学生学习兴趣与热情、实施深度教学的重要保障。英语学习活动观中起关键性作用的是活动。教师在践行英语学习活动观时要将外部活动和内部活动有机结合，以促进学生核心素养的形成与提升。

5. 注重"教—学—评"一体化设计

坚持以评促学、以评促教，将评价贯穿英语课程教与学的全过程。注重发挥学生的主观能动性，引导学生成为各类评价活动的设计者、参与者和合作者，自觉运用评价结果改进学习。注重引导教师科学运用评价手段与结果，针对学生学习表现及时提供反馈与帮助，反思教学行为和效果，教学相长。坚持形成性评价与终结性评价相结合，逐步建立主体多元、方式多样、素养导向的英语课程评价体系。

核心素养能否落地，评价是关键。一方面，教师要充分发挥学生主观能动性，引导他们监控和调整自己的学习目标、学习方式及学习进程，激发他们主动、高效地开展学习；另一方面，教师根据学生在学习过程中的表现提供及时的反馈与帮助，持续反思和改进教学，做到以评促学、以评促教。

6. 推进信息技术与英语教学的深度融合

重视教育信息化背景下英语课程教与学方式的变革。充分发挥现代信息技术对英语课程教与学的支持与服务功能，鼓励教师合理利用、创新使用数字技术和在线教学平台，开展线上线下融合教学，为满足学生个性化学习需要提供支撑，促进义务教育均衡发展。

《标准》对信息技术和英语教与学深度融合提出了要求：有助于在教育信息化的背景下为教学方式和学习方式的变革提供理念指引；有助于鼓励教师充分利用数字技术和在线教学平台为学生提供优质的个性化数字资源；有助于为促进教师有效教学和学生有效学习开辟新路径。

二、课程目标与课程内容解读

（一）课程目标解读

课程目标指出，英语课程围绕核心素养，体现课程性质，反映课程理念，确立课程目标，即在核心素养的统领下，将课程标准各部分内容转化为细化的课程目标要求，即核心素养内

涵、总目标与学段目标三个部分。

1. 核心素养内涵解读

核心素养是课程育人价值的集中体现,是学生通过课程学习逐步形成的适应个人终身发展和社会发展需要的正确价值观、必备品格和关键能力。英语课程要培养的学生核心素养包括语言能力、文化意识、思维品质和学习能力等方面。语言能力是核心素养的基础要素,文化意识体现核心素养的价值取向,思维品质反映核心素养的心智特征,学习能力是核心素养发展的关键要素。核心素养的四个方面相互渗透,融合互动,协同发展。

核心素养的提出,为学生在义务教育阶段及之后的英语学习、终身发展以及成长为德、智、体、美、劳全面发展的社会主义建设者和接班人奠定了基础。

（1）语言能力

语言能力是运用语言和非语言知识以及各种策略,参与特定情境下相关主题的语言活动时表现出来的语言理解和表达能力。英语语言能力的提高有助于学生提升文化意识、思维品质和学习能力,发展跨文化沟通与交流的能力。

以上对于语言能力的理解包含四个关键要点。第一,教师不仅要在教学中培养学生听、说、读、看、写的能力,还要善用其他方面的策略。第二,语言学习活动要在与主题相关的语境中进行。第三,语言能力的培养不仅是为了培养知识与技能,更是为了理解与表达,因此,语言活动应围绕意义的理解和表达进行设计。第四,语言能力的培养对学生核心素养的其他方面起着基础作用。

（2）文化意识

文化意识指对中外文化的理解和对优秀文化的鉴赏,是学生在新时代表现出的跨文化认知、态度和行为选择。文化意识的培育有助于学生增强家国情怀和人类命运共同体意识,涵养品格,提升文明素养和社会责任感。

语言是文化的载体,而英语的学习也离不开对中外文化知识的学习,更离不开对英语背后中外文化态度及价值观的学习。学生可以从语言学习中汲取文化精华,涵养内在品格,为今后能在交际与交流中作出正确的选择做准备。

（3）思维品质

思维品质指人的思维个性特征,反映学生在理解、分析、比较、推断、批判、评价、创造等方面的层次和水平。思维品质的提升有助于学生学会发现问题、分析问题和解决问题,对事物作出正确的价值判断。

语言既是学习的目的,又是促进心智发展的工具。学生在学习语言的同时,通过收集信息、处理信息、发现问题、解决问题等一系列思维活动,获得知识,了解文化,形成正确的价值观,提高思维品质。

（4）学习能力

学习能力指积极运用和主动调适英语学习策略,拓展英语学习渠道,努力提升英语学习效率的意识和能力。学习能力的发展有助于学生掌握科学的学习方法，养成良好的终身学习习惯。

学习能力的发展依靠学生对学习策略的有效运用，教师在教学中可以通过引导学生主动制订学习目标与计划，监控学生学习过程，引导学生学会主动反思与评价，促进学生学习能力提升，为学生终身发展做足准备。

综上，核心素养超越了综合语言运用能力的局限，将语言能力、文化意识、思维品质与学习能力有机结合起来，为立德树人构建可行的目标。

2. 总目标解读

英语课程围绕核心素养确定总目标。《义务教育英语课程标准（2011年版）》对于课程总目标的表述由语言技能、语言知识、情感态度、学习策略和文化意识五项内容排列组成，并提出了具体的目标要求，其出发点与落脚点是培养综合语言运用能力，强调了语言能力的作用。而《义务教育英语课程标准（2022年版）》对总目标进行量化呈现，重点突出了核心素养导向与育人价值，体现了对学生正确价值观、必备品格和关键能力的培养要求。具体内容如表1-2所示。

表1-2　义务教育英语课程总标准对比

2011年版课程总目标	2022年版课程总目标
语言知识，语言技能。是综合语言运用能力的基础。	1. 发展语言能力。能够在感知、体验、积累和运用等语言实践活动中，认识英语与汉语的异同，逐步形成语言意识，积累语言经验，进行有意义的沟通与交流。
文化意识。有利于正确地理解语言和得体地使用语言。	2. 培育文化意识。能够了解不同国家的优秀文明成果，比较中外文化的异同，发展跨文化沟通与交流的能力，形成健康向上的审美情趣和正确的价值观；加深对中华文化的理解和认同，树立国际视野，坚定文化自信。
学习策略。有利于提高学习效率和发展自主学习能力。	3. 提升思维品质。能够在语言学习中发展思维，在思维发展中推进语言学习；初步从多角度观察和认识世界、看待事物，有理有据、有条理地表达观点；逐步发展逻辑思维、辩证思维和创新思维，使思维体现一定的敏捷性、灵活性、创造性、批判性和深刻性。
情感态度。有利于促进主动学习和持续发展。	4. 提高学习能力。能够树立正确的英语学习目标，保持学习兴趣，主动参与语言实践活动；在学习中注意倾听、乐于交流、大胆尝试；学会自主探究，合作互助；学会反思和评价学习进展，调整学习方式；学会自我管理，提高学习效率，做到乐学善学。

3. 学段目标

学段目标是对本学段结束时学生学习本课程应达到的学业成就的预设或期待，是总目标在各学段的具体化。义务教育英语课程分为三个学段，各学段目标设有相应的级别。其中，一级建议为3~4年级学段应达到的目标，二级建议为5~6年级学段应达到的目标。各学段目标之间具有连续性、顺序性和进阶性,在小学阶段应达到二级目标。基于核心素养四个方面的英语课程学段目标如下。

第一,"语言能力"的三个维度分别是感知与积累、习得与建构、表达与交流。

在感知与积累层面:一级目标要求学生能感知单词、短语及简单句的重音和升降调等;能有意识地通过模仿学习发音;能大声跟读音视频材料;能感知语言信息,积累表达个人喜好和个人基本信息的简单句式;能理解基本的日常问候、感谢和请求用语,听懂日常指令等;能借助图片读懂语言简单的小故事,理解基本信息;能正确书写字母、单词和句子。二级目标要求学生能领悟基本语调表达的意义;能理解常见词语的意思,理解基本句式和常用时态表达的意义;能通过听,理解询问个人信息的基本表达方式;能听懂日常学习和生活中简单的指令、对话、独白和小故事等;能理解日常生活中用所学语言直接传递的交际意图;能读懂语言简单、主题相关的简短语篇,获取具体信息,理解主要内容。

在习得与建构层面:一级目标要求学生在听或看发音清晰、语速较慢、用词简单的音视频材料时,能识别有关个人、家庭,以及熟悉事物的图片或实物、单词、短语;能根据简单指令作出反应;体会英语发音与汉语发音的不同;能借助语音、语调、手势、表情等判断说话者的情绪和态度;能在语境中理解简单句的表意功能。二级目标要求学生在听或看发音清晰、语速适中、句式简单的音视频材料时,能获取有关人物、时间、地点、事件等基本信息;能识别常见语篇类型及其结构;能理解交流个人喜好、情感的表达方式;能根据图片,口头描述其中的人或事物;能关注生活中或媒体上的语言使用。

在表达与交流层面:一级目标要求学生能围绕相关主题,运用所学语言,进行简单的交流,介绍自己和身边熟悉的人或事物,表达情感和喜好等,语言达意;在书面表达中,能根据图片或语境,仿写简单的句子。二级目标要求学生能围绕相关主题,运用所学语言,与他人进行简单的交流,表演小故事或短剧,语音、语调基本正确;在书面表达中,能围绕图片内容或模仿范文,写出几句意思连贯的话。

第二,"文化意识"的三个维度为比较与判断、调适与沟通、感悟与内化。

在比较与判断层面:一级目标要求学生有主动了解中外文化的愿望;能在教师指导下,通过图片、配图故事、歌曲、韵文等获取简单的中外文化信息;观察、辨识中外典型文化标志物、饮食及重大节日;能用简单的单词、短语和句子描述与中外文化有关的图片和熟悉的具体事物;初步具有观察、识别、比较中外文化的意识。二级目标要求学生对学习、探索中外文化有兴趣;能在教师引导下,通过故事、介绍、对话、动画等获取中外文化的简单信息;感知与体验文化多样性,能在理解的基础上进行初步的比较;能用简短的句子描述所学的与中外文化有关的具体事物;初步具有观察、识别、比较中外文化异同的能力。

在调适与沟通层面:一级目标要求学生有与人交流沟通的愿望;能大方地与人接触,主动问候;能在教师指导下,学习和感知人际交往中英语独特的表达方式;能理解基本的问候、感谢用语,并作出简单回应。二级目标要求学生对开展跨文化沟通与交流有兴趣;能与他人友好相处；能在教师引导下，了解不同文化背景下人们待人接物的礼仪；能注意到跨文化沟通与交流中彼此的文化差异；能在人际交往中，尝试理解对方的感受，知道应当规避的谈话内容，适当调整表达方式，体现出礼貌、得体与友善。

在感悟与内化层面：一级目标要求学生有观察、感知真善美的愿望；明白自己的身份，热爱自己的国家和文化；能在教师指导下，感知英语歌曲、韵文的音韵节奏；能识别图片、短文中体现中外文化和正确价值观的具体现象与事物；具有国家认同感，对中华优秀传统文化感到骄傲。二级目标要求学生对了解中外文化有兴趣；能在教师引导下，尝试欣赏英语歌曲、韵文的音韵节奏；能理解与中外优秀文化有关的图片、短文，发现和感悟其中蕴含的人生哲理；有将语言学习与做人、做事相结合的意识和行动；体现爱国主义情怀和文化自信。

第三，"思维品质"的三个维度为观察与辨析、归纳与推断、批判与创新。

在观察与辨析层面：一级目标要求学生能通过对图片、具体现象和事物的观察获取信息，了解不同事物的特点，辅助对语篇意义的理解；能注意到不同的人看待问题是有差异的；能从不同角度观察周围的人与事。二级目标要求学生能对获取的语篇信息进行简单的分类和对比，加深对语篇意义的理解；能比较语篇中的人物、行为、事物或观点间的相似性和差异性，并作出正确的价值判断；能从不同角度辩证地看待事物，学会换位思考。

在归纳与推断层面：一级目标要求学生能根据图片或关键词，归纳语篇的重要信息；能就语篇信息或观点初步形成自己的想法和意见；能根据标题、图片、语篇信息或个人经验等进行预测。二级目标要求学生能识别、提炼、概括语篇的关键信息、主要内容、主题意义和观点；能就语篇的主题意义和观点作出正确的理解和判断；能根据语篇推断作者的态度和观点。

在批判与创新层面：一级目标要求学生能根据个人经历对语篇内容、人物或事件等表达自己的喜恶；初步具有问题意识，知晓一问可有多解。二级目标要求学生能就作者的观点或意图发表看法，说明理由，交流感受；能对语篇内容进行简单的续编或改编等；具有问题意识，能初步进行独立思考。

第四，"学习能力"的三个维度为乐学与善学、选择与调整、合作与探究。

在乐学与善学层面：一级目标要求学生对英语学习感兴趣、有积极性；喜欢和别人用英语交流；乐于学习和模仿；注意倾听，敢于表达，不怕出错；乐于参与课堂活动，遇到困难能大胆求助。二级目标要求学生对英语学习有较浓厚的兴趣和自信心；能积极参与课堂活动，注意倾听，大胆尝试用英语进行交流；乐于参与英语实践活动，遇到问题积极请教，不畏困难。

在选择与调整层面：一级目标要求学生能在教师帮助和指导下，制订简单的英语学习计划；能意识到自己英语学习中的进步与不足，并作出适当调整；能尝试借助多种渠道学习英语。二级目标要求学生能在教师指导下，制订并完成简单的英语学习计划，及时预习和复习所学内容；能了解自己英语学习中的进步与不足；能在教师指导下，初步找到适合自己的英语学习方法；尝试根据学习进展调整学习计划和策略；能借助多种渠道或资源学习英语。

在合作与探究层面：一级目标要求学生能在学习活动中尝试与他人合作，共同完成学习任务;能在学习过程中积极思考,发现并尝试解决语言学习中的问题。二级目标要求学生能在学习活动中与他人合作,共同完成学习任务;能在学习过程中认真思考,主动探究,尝试通过多种方式发现并解决语言学习中的问题。

(二) 课程内容解读

课程内容主要由两个部分组成。第一部分是对课程内容六要素及其子项目分三个级别提出具体要求;第二部分是针对三个级别与预备级的学生所给出的具有针对性的教学提示,旨在帮助教师解决不同级别教学中的关键问题以及教学误区。

课程内容第一段明确指出:英语课程内容由主题、语篇、语言知识、文化知识、语言技能和学习策略等要素构成。围绕这些要素,通过学习理解、应用实践、迁移创新等活动,推动学生核心素养在义务教育全程中持续发展。此部分改变了原先提出的由语言技能、语言知识、文化意识、情感态度和学习策略五个方面构成的课程内容,转向以服务核心素养培养为目标的六要素整合的课程内容,如图1-1所示。

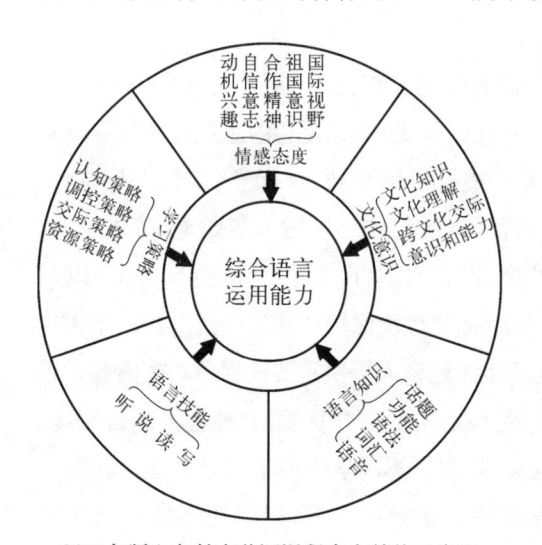

2011年版义务教育英语课程内容结构示意图　　　2022年版义务教育英语课程内容结构示意图

图1-1　义务教育英语课程内容结构示意图对比

由右图可知,主题位于顶部,对其他内容要素具有统领和联结作用,为语言学习和课程育人提供语境范畴;语篇位于底部,对表达主题的语言知识与文化知识有承载作用,为学生提供多样化的文体素材;语言知识与文化知识处于太极关系中,共同构成课程的核心知识要素,二者之间存在不可分割的关系;语言技能和学习策略共同构成课程的技能与方法类知识,是提高学习者的理解和表达能力的主要途径;学习理解指知识建构与语言学习;应用实践指通过内化知识形成能力;迁移创新则是指构建新思维、解决新问题,三者相互促进,彼此关联。

此外,为更好满足我国不同学生在学习要求与英语学习的发展现状上的差异,充分考虑学生学习起点、学习时限与学习条件,增强英语课程的灵活性与适应性,《标准》将原先五个级别的课程体系调整为三个基本级别和三个级别+,并兼顾地区差异设置了预备级。其中,小学3~4年级学习一级内容,5~6年级学习二级内容,预备级主要满足1~2年级教学需要,以视听说为主。级别+为学有余力的学生提供选择,如图1-2所示。

《标准》还对不同学制的英语课程进行说明,表明教学内容选择应根据学生的实际水平,按照英语课程的级别要求进行必要的调整。下文将对小学阶段一至二级课程内容进行具体解读。

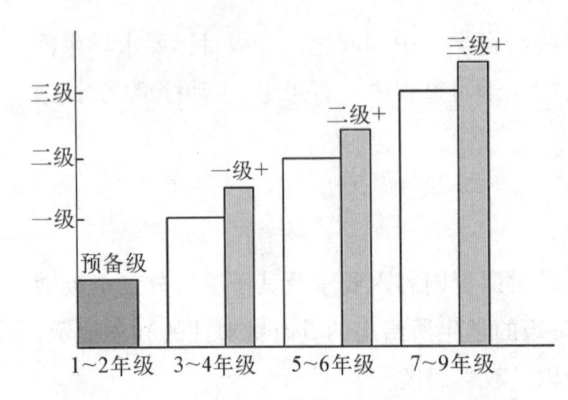

图1-2 义务教育英语课程内容分级示意图

1. 内容要求

《标准》按照三个基本级别对课程内容六要素的学习范围和学习要求进行了描述,以下我们对六要素进行分析解读。

第一,以主题为引领,凸显课程内容的育人价值。

主题位于六大要素之首,具有统领和联结各要素的作用。相比《义务教育英语课程标准(2011年版)》中涉及的有关个人情况、家庭朋友、身体健康等11个话题,主题更能体现语篇所传递的意义以及价值观念,为语言学习和英语课程育人提供语境范畴。《标准》围绕人与自我、人与社会、人与自然三大范畴,分别以"我"为视角,设置"生活与学习""做人与做事"等主题群;以"社会"为视角,设置"社会服务与人际沟通""文学、艺术与体育""历史、社会与文化"以及"科学与技术"等主题群;以"自然"为视角,设置"自然生态""环境保护""灾害防范"以及"宇宙探索"等主题群,并在各主题群下设置若干个子主题,为落实课程育人提供重要的保障。在内容设置上,《标准》充分考虑了不同级别学生的生活需要和年龄特点,所选内容从生活、社会再到自然,逐步深化,既符合该年段学生兴趣爱好,又具有教育意义,体现了不同学段小学生应具备的素养。

因此,教师不仅需要做到在实际教学中鼓励学生探究单元的主题,自身还要做到能够研读单元学习内容,明确单元主题意义及中心思想,提炼单元育人价值。以《标准》附录5教学案例中的案例1为例,教师应先整体观察单元主题:"Meet My Family",在教学中创设主题语境,深层探究主题意义,挖掘育人价值,确定该主题属于"人与自我"和"人与社会"的范畴,涉及"家庭与家庭生活"以及"常见职业与人们的生活"。学生在单元各板块的学习中能够根据单元主题认识家庭成员在家庭和社会中的不同角色,感悟家庭成员间应彼此关爱、相互支持和鼓励的情感态度,最后主动承担家庭责任,表达对家人的尊重与关爱,形成基于主题的结构化知识,加强单元整体的关联性与整体性,实施单元整体教学。此外,教师在关注单元主题的基础上,还需要进一步关注不同年级的同一主题间学习内容的相互关联,做到上下相连。

第二,以整体性语篇为依托,强调课程育人载体。

语篇作为新增的内容要求,位于六要素中的第二位,能够承载表达主题的语言知识和文化知识,为学生提供丰富的文体素材。《标准》既包括如对话、访谈、记叙文、说明文、应用文、议论文、歌曲、歌谣、韵文等连续性文本,也包括如图表、图示、网页、广告等的非连续性文本。语篇类型不仅分为口语与书面语等形式,还可分为文字、音频、视频、数码等模态。语篇类型体现基础性、通用性和适宜性。在具体内容要求上,由于不同级别要求所对应学生的认知发展水平不同,各级在语篇类型的选择上根据学生的语言、思维能力以及对语篇形式的接受程度和兴趣的不同而有所不同。例如,一级内容要求中,以歌谣、歌曲、韵文、简短对话、配图故事、日记为主,符合该学段学生的特点,随着年级的上升,二级内容要求中多出现如说明文、应用文以及一些其他重要的语篇类型,大多需要学生有一定的学习基础与能力,符合认知水平的发展规律,体现语篇类型的基础性、通用性和适宜性等特点。

教师应研读语篇,关注语篇间的内在联系,实施单元整体教学。以《标准》附录5中的案例2为例,该案例单元围绕"Do Family Chores"这一主题展开,属于"人与自我"范畴,涉及"劳动习惯与技能,热爱劳动"等子主题,其中包括四个语篇,分别是两组对话、一个配图故事和一篇配图的说明性短文。教师在进行单元整体教学时,要建立起单元内语篇之间的有机联系。通过内容分析可以得出,前两个语篇主要是通过小学生日常生活对话,使学生认识参与家务劳动的意义与价值,并将主动承担家务、合理安排学习与生活的行为落实在生活中。后两个语篇通过配图故事与说明文的学习进一步明确意识与行为,最终形成享受劳动的态度。教师通过创设符合学生生活经验与认知水平的教学,由浅入深、由具体到抽象,不断引导学生运用语言、理解语篇意义,最终促成学生情感态度与价值观的形成,使学生将对语篇的思考与语言的真实运用相结合,做到知行合一,科学育人。

此外,教师需要辨析语篇教学与阅读教学的区别,不能仅仅将学生获得文本信息当成教学目标,而是应在教学中以语篇为载体,为学生的英语学习提供真实具体的语境,在听、说、读、看、写等多个方面的活动中帮助学生学习语言知识,获取语言技能,最终达到语用的目的。

在语篇研读上,《标准》中的案例3对上述单元中的语篇一"Do You Do Chores at Home?"进行了分析,通过"what, why, how"三个问题层面的细致分析,深入探讨该语篇表达了什么、有什么热点、传递了怎样的情感态度价值观,帮助教师把握单元分课时的内在联系,避免碎片化教学。

第三,以语言知识为内容要素,指明课程育人途径。

语言知识能够为语篇的构成和意义的表达提供语言要素,也是发展语言技能的重要基础。《标准》在保留原有的语音、词汇、语法等项目的基础上,删除了原有的功能与话题两个项目,同时又增加了语篇和语用两个项目,并在每个项目后加上了"知识"二字。语音包括元音、辅音、重音、意群、语调与节奏等;词汇是指语言中所有单词和固定短语的总和;语法包括词法和句法,前者关注词的形态变化,如名词的数、格,动词的时、态(体)等;句法关注句子结构,如句子的种类、成分、语序等;语用知识是指在特定语境中准确理解他人和得体表达自己的知识。同样地,语言知识按照三个级别分别提出要求,充分考虑了小学生的年龄特点、认知层次以及语言发展的规律。

关于语音知识,《标准》强调了语音和语义之间密不可分的关系,指明了语言需要依靠语音实现其社会交际能力。

关于词汇知识,《标准》强调词汇是指语言中所有单词和固定短语的总和,对于词汇的学习不只是记忆单词的音、形、义,还要学习一定的构词法知识,更重要的是在语篇中通过听、说、读、看、写等活动,理解和表达与各种主题相关的信息和观点。

关于语法知识,《标准》指出英语语法知识包括语法知识和句法知识,词法关注词的形态变化,如名词的数、格,动词的时、态(体)等;句法关注句子结构,如句子的种类、成分、语序等。词法和句法之间的关系非常紧密。并强调在语言使用中,语法知识是"形式—意义—使用"的统一体,与语音、词汇、语篇和语用知识紧密相连,直接影响语言理解与表达的准确性和得体性。

关于语篇知识,《标准》指出语篇是表达意义的语言单位,是人们运用语言的常见形式。需要指出的是,语篇知识与六要素中的语篇要素不同,前者是有关语篇如何构成、如何表达意义,以及人们如何使用语篇达到交际目的的知识,属于知识范畴,具体指不同类型语篇的信息组织方式,而后者是指语篇的种类。

关于语用知识,《标准》指出语用知识指在特定语境中准确理解他人和得体表达自己的知识,例如对交际目的、场合、身份与角色的了解,并能据此正确选择语言形式,恰当地与他人进行沟通交流的能力。这也表明了教师在学生语言学习的过程中创设语言使用情景,明确任务关系,确保语言使用得体恰当的重要性。

第四,以文化知识为内容资源,突出课程育人使命。

《标准》指出,文化知识既包括物质文化知识,又包括非物质文化知识。前者包括饮食、服饰、建筑、交通,以及相关发明与创造等;后者包括哲学、科学、历史、语言、文学、艺术、教育,以及价值观、道德修养、审美情趣、劳动意识、社会规约和风俗习惯等。其作用在于促进学生形成良好品格和正确的价值观,奠定人文底蕴,培养科学精神。《标准》将《义务教育英语课程标准(2011年版)》中的文化意识调整为文化知识,使其与语言知识处在同一水平,不仅突出了文化知识对于育人的重要性,更凸显了学习文化知识的目的,即使小学生在了解和记忆具体文化知识点的基础上能够比较文化差异,发现并判断文化知识所蕴含的态度和价值观,涵养自身的文化品格。

以《标准》附录5中案例4中的"元宵灯谜会"实践活动为例,该活动属于"人与社会"主题范畴,涉及"世界主要国家的传统节日,文化体验"。在实施过程中,教师首先设置了与学生生活相关的猜灯谜游戏激活学生对元宵节的已有认知,使学生带着问题阅读语篇,理解元宵节的文化意涵。接着,学生在教师的指导下体验制作花灯的过程。最后,教师带领学生共同布置猜灯谜现场,感受猜灯谜的文化氛围,使学生在实践活动中理解元宵节的文化内涵,加深语言运用与交流,促进学生核心素养的协同发展,增强文化知识学习的趣味性和有效性。

第五，以语言技能为学习途径，丰富课程育人方式。

语言技能为学生获取信息、构建知识、表达思想、交流情感提供途径。《标准》在原有的基础上增加了"看"的技能，明确指出听、读、看是理解性技能，说、写是表达性技能，丰富了课程育人的方式。五项技能所对应的一级和二级内容要求逐级增加。

例如，在"听"方面：一级要求学生能理解课堂中的简单指令并作出反应；根据图片和标题，推测语篇的主题、语境及主要信息，并在听的过程中有目的地提取、梳理所需信息。二级要求学生能理解日常学习和生活中的简单指令；完成任务、借助图片、图像等，理解常见主题的语篇，提取、梳理、归纳主要信息。此外，语言技能在每一项的要求中均列出了"级别+"的要求，为学有余力的学生继续学习提供选择的机会。

第六，以学习策略为具体方法，确保课程育人落到实处。

授人以鱼不如授人以渔，英语教学不能仅仅停留在知识点传授与答题技能训练的课堂中，而是要为学生的终身发展考虑，提高学习能力，而学习策略就能提高学生学习效率、提升学习效果。课程内容指出，学习策略包括元认知策略、认知策略、交际策略以及情感管理策略等，为学生提高学习效率，提升学习效果提供了具体的方式与方法。其中，元认知策略由2011版课程标准中的调控策略与资源策略整合而成，位于课程内容四策略之首，有助于帮助学生计划、监控、评价、反思和调整学习过程，提升自主学习能力的同时，强调教师要指导学生制订好计划，并通过监控发现情况以调整教学内容及进度；认知策略的内涵在原有的基础上得到了进一步的丰富，如在二级中要求学生在学习内容与个人经历之间建立有意义的联系，这有助于学生采用适宜的学习方式、方法和技术加工语言信息，提高学习效率；交际策略有助于学生发起、维持交际，提高交际效果；新增的情感管理策略有助于引导学生调控学习时的情绪，以积极饱满的态度和热情投入英语学习。

六要素将英语课程的知识内容与活动途径整合在一起，相互交叉，融合统一，强调了学习内容应根据不同学习阶段的学生的认知特点和水平展开，做到因材施教。此外，针对当前英语教学中有待解决的突出问题，不同级别的课程内容均配有相应的教学提示，凸显了不同学段教师的指导作用。

2. 教学提示

对于预备级（1~2年级）的学生，《标准》从三个方面向教师提供教学提示。① 由于低年级学生刚开始接触英语的学习，因此语言学习要以简单的视、听、说为主，教师要在良好的学习氛围中引导学生学习，培养良好习惯。② 教师要注重学生的体验、感知与实践，在激发学习兴趣的同时保持学习的注意力。为此，教师可以通过选取贴近学生生活的主题和学生喜欢的游戏活动引导他们积极学习。③ 教师要采用激励性评价，鼓励学生学习，增强其自信心，使其乐于学习。

对于一级（3~4年级）的学生，《标准》从四个方面给予教师教学提示。① 教师可以通过营造积极的课堂生态创设良好课堂氛围，引导学生积极表达，构建互尊互爱的师生关系。

② 教师应在课堂教学中突出听说,并重视模仿的作用,培养学生形成良好的学习习惯。③ 教师应重视语境的创设,在理解和表达活动中引导学生习得词汇和语法知识。④ 教师应围绕语篇主题意义设计逻辑关联的语言实践活动。

对于二级(5~6年级)的学生,《标准》从四个方面给予教师教学提示。① 教师应根据不同学生的学习需求,因材施教,并采用多种教学方式引起学生学习兴趣,为学生创设能够体验到成功的机会。② 教师应以有意义的学习材料为基础,通过感知、体验、运用、实践等循序渐进的方式培养学生的拼读能力与语音意识。③ 教师应重视对学生英语学习方法的指导,为他们学会学习,促进终身发展奠定基础。④ 教师可以通过开展英语综合实践活动促进学生核心素养的全面发展。

三、学业质量与课程实施解读

(一)学业质量解读

《标准》在原来的基础上增加了学业质量描述和学业质量标准,具体可从以下两个方面进行解读。

1. 学业质量内涵

《标准》指出,学业质量是学生在完成课程阶段性学习后的学业成就表现,反映核心素养要求。学业质量标准是以核心素养为主要维度,结合课程内容,对学生学业成就具体表现特征的整体刻画。英语学业质量标准以学生在语言能力、文化意识、思维品质和学习能力等方面的核心素养及学段目标为基础,结合英语课程的内容和学生英语学习的进阶情况,从学习结果的角度描述各学段学业成就的典型表现。

2. 学业质量描述

英语学业质量描述规定了学生应达到什么水平、形成什么能力以及达到怎样的要求。

一级(3~4年级)要求学生能够在该学段要求的主体范围内,围绕相关的主题群和子主题,并根据规定的语言知识与文化知识等内容的要求,初步运用听、说、读、写、看等语言技能和学习策略,依托一级内容要求规定的语篇类型,感知不同的语言和文化现象,获取基本信息,与他人进行简短交流,具有初步的问题意识,尝试反思学习情况,抱有对英语的好奇心,积极参加课堂活动,愿意与同学合作、交流。

二级(5~6年级)要求学生能够在本学段要求的主题范围内,围绕相关主题群和子主题,根据规定的语言知识和文化知识等内容要求,有效运用听、说、读、看、写等语言技能和学习策略,依托二级内容要求规定的语篇类型,了解不同的语言和文化现象,比较信息的异同,围绕相关主题进行口头或书面交流,具有问题意识,能反思学习情况,学习中遇到困难时主动与他人探讨,寻求帮助。

简单对比一级与二级学业质量描述可以得出结论:《标准》强调了解决具体问题的能力

和对学生学习策略的开发与锻炼,体现了对于结果达成的测评的重视。

(二)课程实施解读

课程实施板块围绕核心素养分成教学建议、评价建议、教材编写建议、课程资源开发与利用、教学研究与教师培训五大板块。

1. 教学建议解读

在教学上,《标准》提出七点建议,分别是:坚持育人为本;加强单元教学的整体性;深入开展语篇研读;秉持英语学习活动观组织和实施教学;引导学生乐学善学;推动"教—学—评"一体化设计与实施;提升信息技术使用效益。其中,信息技术的使用为英语教学的未来发展指明了方向,也对推动单元整体教学与教学评一体化有着至关重要的作用。

2. 评价建议解读

评价建议共分成两个部分,分别是教学评价与学业水平考试两个板块,并在说明时呈现了案例。《标准》指出,评价与考试能够评测学生核心素养的发展水平,促进学生全面、健康而有个性地发展。在形成性评价和终结性评价相结合的多元评价方式下检测和衡量学生在相关学段的学业成就,不仅能够为高一级学校录取提供依据,还能为评价区域和学校教学质量提供参考,并为改进教育教学提供指导。

3. 教材编写建议解读

在教材编写建议板块,标准提出以下八点要求,分别是:坚持思想性原则,落实立德树人根本任务;面向全体学生,保证共同基础;以主题为主线,整体设计教学活动;提高英语教学的真实性,激发学生的学习兴趣与动机;遵循语言能力发展规律,满足不同学段学生学习需求;确保适度的开放性,为灵活使用教材创造条件;注重培养学生的学习能力,为终身学习奠定基础;有效利用信息技术,提高英语教学的智能化水平。

4. 课程资源开发与利用解读

积极开发与合理利用课程资源是有效实施英语课程的重要保障。为此,《标准》提出以下六点建议,分别是:充分利用和有效开发教材资源;突破教材的制约,合理开发教材以外的素材性资源;积极开发和利用学校资源;注重开发和利用学生资源;大力开发和利用数字学习资源;注重课程资源开发与利用的实效性。

5. 教学研究与教师培训解读

《标准》首次提出教学研究与教师培训方面的建议,着力引导教师准确领会课程理念、育人目标和评价要求,不断提升专业素养。其建议主要包括七点,分别是:凝聚智慧,建立教师学习和研究共同体;更新理念,把握课程标准的内容精髓;研读教材,开展基于学情的精准教学;聚焦课例,开展反映真问题的小课题研究;坚持反思,促进自身专业可持续发展;深入课堂,扎根实践,改进教学;拓宽渠道,创新教学研究和教师培训机制,提升教师课程育人能力。

总之,《标准》遵循国家对于立德树人等的一系列要求,体现课程的育人价值、学生发展规律、英语教育教学规律等,优化课程结构和教学内容,促使各项指标在课堂教学、学业评价、教材建设、教师发展等多个方面得到落实,增强课程的可操作性。

揭秘名师课堂

一、案例一

为了更清楚地展现课堂教学如何体现《标准》中提到的内容,案例一将对南京市江宁实验小学桂婷婷老师执教的译林版小学英语 5A Unit 8 "At Christmas" 一课进行分析。

1. 单元分析

本单元重点讨论的话题是"圣诞节",主要介绍了人们在圣诞节通常做的一些事。该课是一节围绕"Christmas"展开的语法课,该主题属于"人与社会"主题范畴,涉及"世界主要国家的传统节日,文化体验"。

2. 学情分析

在话题认知上,学生对西方的圣诞节很熟悉;在学生语言基础上,学生已经掌握了一些有关圣诞节的简单表达,会唱圣诞节的歌曲,为学生语法学习奠定语言基础;在能力上,学生在过去的学习中已经形成了较好的语言表达能力和合作交流的能力。

3. 教学目标及重难点

教学目标:学生能听懂、会读、会说单词短语"a card, a Christmas tree, a present";能使用"first, next, then, finally"描述圣诞节;能正确地理解、朗读课文内容,并在教师的引导和帮助下复述课文内容;能在学习活动中体验圣诞节的文化意涵。

教学重难点:使学生能够灵活运用"first, next, then, finally"进行语言输出;能在真实的情境中正确运用本课词汇和日常交际用语。

4. 教学过程

Step 1: Class rules

教师向学生介绍课堂规则,初步感受本节课所需要掌握的四个关键词。

> First, eyes on me.
> Next, listen carefully.
> Then, think and answer my questions.
> Finally, I sing "Jingle bells, jingle bells", you sing "jingle all the way".

Step 2：Get to know

教师以"chant"的形式进行自我介绍。随后，教师将"first, next, then, finally"后的内容遮盖，引导学生凭借关键词回忆老师的自我介绍。

> Nice to meet you everybody! Listen to me carefully!
> First, I am nice and tall. I am taller than everybody.
> Next, my job is a teacher. I like English very much.
> Then, I can sing and dance. I am happy every day.
> Finally, I like Christmas. I always have fun with friends.
> This is me, Miss V. Do you like me?

Step 3：Let's review

首先，教师以图片的形式呈现已学过的故事，对学生进行提问："What do they do at Christmas?"并要求学生四人一组，选择一幅图进行分享。学生分组分享图片，教师则呈现每幅图的关键句。接着，教师使用数字对图片进行排序。最后，教师引出"first, next, then, finally"代替数字对圣诞活动进行排序，并强调这四个词的重要性："They can make things clear and orderly."

Step 4：Our Christmas party

教师通过板书画出火车，创设要去"Christmas party"的语境，并呈现接下来的四项课堂活动："First：Song time""Next：Game time""Then：Story time""Finally：Sharing time"。

Step 5：Song time

教师用"first, next, then, finally"对迈克一家的圣诞活动进行排序，并对歌曲"jingle bell"进行改编。首先，教师示范演唱。接着，学生以小组为单位进行练习。最后，全班一起唱，歌词如下：

> Jingle bells
> Jingle bells, jingle bells, jingle all the way.
> Oh, what fun it is to ride in a one-horse open sleigh.
> Jingle bells, jingle bells, jingle all the way.
> Oh, what fun it is to ride in a one-horse open sleigh.
> First, we go shopping and see Father Christmas.
> Next, we put some pretty things on the Christmas tree.
> Then, Christmas Eve comes; we wait for presents.
> Finally, we have a lunch with all our family.
> Jingle bells, …

Step 6：Game time

教师通过呈现两段小视频，让学生在观看后记住杰克先后做了哪些事情。第一个视频是制作色拉的四个步骤，第二个视频是制作圣诞贺卡的三个步骤。接着，教师拓展了超过和少于四件事情该如何使用"first，next，then，finally"的方法。

Step 7：Story time

教师带领学生阅读"Vicky's Christmas Eve"的内容，并提问："What does Vicky do on Christmas Eve?"教师通过向学生展示故事中的四幅图，要求学生听一听这个故事，给这四幅图片排序。首先，教师给学生10秒钟的时间阅读图片，接着播放录音，学生边听边对图片进行排序。之后教师依次解读图片。最后，教师隐藏内容，鼓励学生以小组为单位使用"first，next，then，finally"复述故事。

阅读结束后，教师通过提问："Do you like the story? What do you think of the story?"让学生用一个词概括圣诞节并总结所学内容。

Step 8：Sharing time

教师以"KFC day"为范例，让学生以小组为单位进行交流分享。

Step 9：Homework

> Ⅰ：Share the story "Vicky's Christmas Eve" with your friends.
>
> Ⅱ：Try to write down your special day using "first，next，then，finally".

5. 案例分析

（1）融合工具性与人文性，明确课程性质

《标准》建议教师引导学生在学习和运用英语的过程中了解不同国家的文化历史等优秀成果，逐步形成跨文化沟通与交流的意识和能力，为终身学习和适应未来社会发展奠定基础，体现英语课程工具性与人文性统一的性质，表现其基础性、实践性和综合性的特征。案例中，该教师能够在教学中逐步渗透文化知识，并未将工具性与人文性的双重性质割裂开来教学，而是在语言知识与技能的教学活动中逐步渗透文化知识，促使学生学习文化意涵，让学生对西方圣诞节有一定的认识后结合自己的生活经历培养学生跨文化意识。

（2）坚持育人为本，反映课程理念

在教学过程中，教师充分考虑了学生学习条件和经验，通过一系列贴合学生生活经验的活动引导学生在语境中接触、体验和理解真实语言，循序渐进地运用语言，引导学生乐学乐善。

首先，在内容设计上，教师通过将教学内容与课堂规则、自我介绍、课程内容、圣诞歌曲结合的方式，加强了所学内容与学生课堂的联系程度。课堂规则和自我介绍是学生在课堂中经常接触的，教师通过将其与四个词结合的方式，引导学生结合具体的语境对所学内容进行初步的感知，激活已知，建立知识间的联系，内化语言与文化知识，为接下来正式学习

"first, next, then, finally"作铺垫。

其次,教师在创设"Christmas party"这一贴近生活实际的语境中,将四项语言活动融合其中,由浅入深,循序渐进地展开。在"Game time"中,教师呈现了杰克在圣诞节所做的事情的视频。这里教师非常巧妙地展现了与学生年龄相仿、生活相近的实际场景,有利于让学生走进语境,感受语境,理解语境,并引导学生在交流中运用所学语法分享自己的经验。此外,教师还能够利用多媒体技术,帮助学生更生动地感受文化的魅力。

(3) 理论联系实际,落实核心素养

根据课程目标与课程内容对核心素养的培养,教师在实际教学中要以单元教学目标为统领组织语篇内容,规划一系列符合学生学段目标的教学活动,引导学生在学习过程中主动构建对所学语篇的认识,发展能力,逐渐形成素养。

第一,对于语言能力的发展,教师通过一系列丰富多彩的教学活动引导学生在语篇中通过听、说、读、看、写等活动理解语法知识,表达自己的观点,培养了学生语言知识与技能。

教师在"听"方面,教师以播放录音的形式锻炼学生听的能力,有助于学生理解常见主题的语篇,提取、梳理、归纳主要信息;在"说"方面,教师设计了"Sharing time"锻炼学生口头表达的能力,学生能够在教师提供的语言支架复述语篇内容,有利于其根据具体语境的需求,初步运用所学语言,得体地表达自己的情感、态度和观点;在"读"方面,教师鼓励学生解读图片,复述故事,根据上下文线索和非文字信息猜测语篇中词汇的意思,推测未知信息;在"写"方面,教师布置了写作作业,帮助学生巩固课堂所学;在"看"方面,教师能够通过多媒体展示所学知识与游戏引起学生兴趣、使学生主动发现语篇中段落主题句与段落内容之间的关系。

第二,在文化意识的培育上,该教师能够立足课堂交流,使学生感受文化差异。

圣诞节是一个传统的西方节日,学生在学习本课时,会对圣诞节的习俗很感兴趣。在"Story time"中学生能够通过阅读了解圣诞节的传统习俗。当学生在复述故事时,就能了解故事背后的文化背景。随后,教师鼓励学生尝试用一个词概括"Christmas",学生在概括的时候能够根据自己的体验给出不同的答案,最后教师给出"special"这个单词,自然过渡到下一环节"Sharing time"。学生在这一环节的分享中,借助所学语法规则,表达了自己对其他节日的看法,包括"birthday""Mother's Day"等等,有利于培养学生跨文化交际能力。

第三,在思维品质的提升上,《标准》明确要求学生能够在语言学习中发展思维,在思维发展中推进语言学习。

该课作为一节语法课,教师并没有直接将语法规则教授给学生,而是通过创设具体语境,以问题的形式引导学生理解"first, next, then, finally"的意义和用法,并鼓励学生在实际运用中体会其功能。首先,教师在课堂规则和自我介绍中呈现所学单词,引导学生初步感知语法。接着,教师通过对旧知识的回顾,让学生在讨论"Mike's Christmas"的真实语境中感受语法规则。随后,教师结合教学内容帮助学生进一步感知语法规则,并在活动中拓展用法,加深学生的理解程度。最后,教师通过排序及分享活动引导学生巩固和运用语法知识点。

在这个过程中,教师全程没有直接说明语法规则,而是作为一个课堂教学的引导者一步一步引导学生感受规律、发现规律、总结规律和运用规律。最终,学生在"Sharing time"中迁移所学语法知识,实现了个性化的语言输出,提升思维品质。

第四,在学习能力的提高上,《标准》指出英语教学需要关注学生是否喜欢学以及是否知道学,教师要根据学生的认知特点,设计多感官参与的语言实践活动,让学生在丰富有趣的情境中,围绕主题意义,通过感知、模仿、观察、思考、交流和展示等活动,感受学习英语的乐趣。引导学生采用多种学习方式,发挥自己的优势和特长,发现自己的兴趣和潜能,增强学习效能感。

首先,教师能够营造和谐课堂氛围,培养学生学习兴趣与积极主动的学习态度。该教师在教学时使用了学生感兴趣的规则,当教师唱起"Jingle bells, jingle bells"时,学生就会快速回到上课状态,一起唱"jingle all the way"。这样子充满圣诞氛围的歌曲片段既能引起学生的兴趣,又契合学习主题,使学生感受浓烈的文化氛围。同样地,教师对于学生回答的及时反馈也是调动学生积极性的原因之一。该教师在课上能够根据学生的回答灵活追问,为师生关系增添了诙谐和幽默。其次,培养学生合作的能力。在案例中,教师开展了丰富的教学活动,其中对于"Christmas party"情境中的各项活动,教师都会要求学生以小组为单位进行学习。在"Song time"环节,教师先是范唱,学生通过观察教师学唱,接着学生在小组中通过模仿进行练习,之后教师再带领全班一起唱。在"Game time"中,学生通过观察抓取关键信息,再自然而然思考"first, next, then, finally"的使用。在"Story time"环节,教师先是让学生自主学习,接着再以小组为单位进行分享,有利于学生自主学习和合作能力的提升。随后,教师自然而然过渡到"Sharing time",为学生提供展示的机会。

二、案例二

案例二以合肥市奥体小学胡亚男老师执教的人教版《英语》(三年级起点)6B 阅读课 Unit 3 "Where did you go?"第三课时"Part B Read and write"为例。

1. 单元分析

该单元围绕假期展开,单元总目标是使学生学会用多种方式记录与分享假期生活,运用一般过去时交流并讨论假期的经历,并能在假期丰富的活动中增长见闻、收获成长。案例位于该单元的第三课时,是一节围绕"Daily life and problem-solving"为主题的读写课,属于"人与自我"主题范畴,该课以吴斌斌日记的形式使学生感知假期中不好的经历,讨论并分享如何应对。

2. 学情分析

在话题认知上,学生通过一、二课时的学习已经积累了有关分享假期生活的基础认知,但对于生活中不愉快的经历还缺乏一些理性思考;在语言基础上,学生通过学习积累了许多有关假期活动的表达,并且已经学习了如何用过去时表述过去的经历,但对于动词过去式,尤其是不规则形式方面容易出错;在学习挑战上,学生缺乏对语篇结构的了解,难以梳理较长的语篇信息,语言输出环节的准确性也有待提高。

3. 教学目标及重难点

教学目标:学生通过阅读语篇,获得主旨大意,并梳理吴斌斌一家周六的活动细节;学生能够概括并整合吴斌斌一家又好又坏的一天,并借助文本结构图形成结构化知识,内化语篇;学生能够通过小组合作探究,分析推论吴斌斌一家将坏事转好的根本原因,并结合语篇对一家人进行评价;学生能够联系实际生活,讨论面对不好的经历时如何乐观面对,并完成语段写作,同学之间相互分享。

教学重点:学生能够获取语篇大意,梳理活动细节;学生能够写出自己又好又坏的一天。

教学难点:学生能够通过课堂学习内化语篇内容;学生能够结合语篇对一家人进行评价。

4. 教学过程

Step 1:Watch and vote

> Question:How did you record your life?

教师引导学生观看教师暑期纪录片后投票选择自己喜欢的记录生活的方式,激活学生已有生活经验。

Step 2:Look and say

> Question:What did Wu Binbin do over his holiday?

教师通过呈现图片为学生介绍本节课的内容,铺垫背景知识,激活已有的语言知识。

Step 3:View and predict

> Question:What will happen next?

教师呈现图片,学生读图作答并进行预测,建立阅读期待。

Step 4:Listen and check

> Question:How was Wu Binbin's Saturday?

教师播放音频,学生在听的过程中判断自己的猜测是否正确。随后,教师引导学生逐步分析语篇,共同梳理本文话题、主旨大意与细节信息,提取语篇结构框架。

Step 5:Read and match

> Question:What happened to the Wu family? What were the good things? What was the problem? How did they solve the problem?

教师将语篇内容划分为三个部分:好事、问题和解决方案,并列出文本中所提到的事情,引导学生对所发生的事情进行分类,梳理语篇细节信息。

Step 6:Read and think

> Question:Why did Wu Binbin and Dad dress up and make a funny play? What are the changes of feelings of Mum, Dad and Wu Binbin?

学生再一次阅读语篇,教师引导学生思考主人公将坏的一天转变为好的一天的原因及其感受。

Step 7:Retell the text

> Today is …
> It was a … day! In the morning, we had some fun things. But, in the afternoon, we had a problem.
> …
> Finally, we laughed and laughed.

教师引导学生根据语言支架复述语篇。

Step 8:Think and say

> Question:What do you think of the Wu family?

学生通过二人合作并借助电子词典共同思考对吴家一家的认识,丰富词汇表达。

Step 9:Group discussion

> Question:If you have a bad day, what will you do? Give some suggestions to your friends.

教师引导学生小组合作共同讨论在现实生活中如何将坏事转为好事,鼓励学生在 Pad 平台中发表观点。

Step 10:Write and share

> Write and share their bad but good days.

同时,教师和学生能够在 Pad 平台中看到各位学生的分享。

Step 11:Homework

> Listen and repeat after the tape.
> Watch the Chinese video (《塞翁失马》) and summarize the main idea and bad and good things.
> Watch the English video and summarize main idea and the bad and good things.

5. 案例分析

(1) 主题引领,语篇依托,实现育人目标

《义务教育英语课程标准(2022 年版)》指出:"主题具有联结和统领其他内容要素的作用,为语言学习和课程育人提供语境范畴。"该教师授课全程围绕"A bad day but also a good day"展开,通过"A bad day or a good day"带领学生走近语篇,以"Wu Binbin's bad but good day"带领学生深入语篇,再以"My bad but good day"带领学生超越语篇,最终促使学生理解"Life is not only about good days. Be optimistic. Be positive." 回归育人目标。此外,该教师能够以单元目标为统领,确定总单元目标为使学生能够学会用多种方式记录与分享假期生活,运用一般过去时交流并讨论假期的经历,并能在假期丰富的活动中增长见闻、收获成长。教师在此基础上确定各课时目标,以及四个分课时目标的前后关系,根据学生实际情况深入解读和分析单元内各语篇及相关教学资源,使教学具有整体性、关联性和发展性。

(2) 以目标为导向,有效推进活动,落实核心素养

该教师根据目标设计教学活动,并以学习理解、应用实践、迁移创新逐步推进各项活动,落实对学生核心素养的培养。首先,教师引导学生通过阅读语篇,获取主旨大意,并梳理吴斌斌一家周六的活动细节培养学生的语言能力。其次,教师引导学生概括并整合吴斌斌一家又好又坏的一天,并借助文本结构图形成结构化知识,内化语篇,有助于提升学生的语言能力和学习能力。此外,教师引导学生通过小组合作探究,分析推断吴斌斌一家将坏事转好的根本原因,并结合语篇对一家人进行评价,有利于培养学生的学习能力和思维品质。最后,教师联系生活实际讨论面对不好的经历如何乐观面对,完成语段写作,在同学间进行分享,有利于培养学生思维品质、语言能力和文化意识,最终提升学生的核心素养。

（3）以问题链为驱动，秉持英语学习活动观组织实施教学

《义务教育英语课程标准（2022年版）》指出，教师要充分认识到学生是语言学习的主体，引导学生围绕主题学习语言、获取新知、探究意义、解决问题，逐步从基于语篇的学习走向深入语篇和超越语篇的学习，确保语言学习的过程成为学生语言能力发展、思维品质提升、文化意识建构和学会学习的成长过程。案例中，该教师通过学习理解、应用实践、迁移创新等活动，培养了学生的核心素养。

在学习理解类活动中，该教师通过"Watch and vote"和"Look and say"创设主题情境，激活学生已有的生活经验和语言知识，并为接下来的学习活动铺垫了背景知识。在"View and predict"中，教师通过感知与注意活动引导学生通过读图猜测接下来的故事情节，激发学生学习兴趣，建立学生阅读期待。在"Listen and check"中，教师通过获取与梳理活动帮助学生整理文本信息，通过呈现文本结构使学生逐步掌握"topic sentence""main idea"和"details"等知识。在"Read and match"中，教师通过引导学生分类活动，梳理细节，概括整合一天的活动。

在应用实践类活动中，该教师通过"Read and think"进行分析与判断活动，对学生进行提问。在"Retell the text"中，教师引导学生通过语言支架复述语篇，内化与运用所学知识。

在迁移创新类活动中，该教师通过小组合作的形式引导学生对"the Wu family"的思考，在"Think and say"中培养学生批判与评价能力。最后，教师在"Group discussion"和"Write and share"中培养学生想象与创造的能力。

在上述活动中，教师以问题贯穿整个教学过程，层层递进，有助于培养学生思维能力。

（4）充分利用信息技术，助力教学评一体化

"教—学—评"一体化的实施，要求教师要注重各教学要素之间的相互关系，使其建立相互间的关联，体现以学定教、以教定评，同时及时诊断学生在学习过程中的问题，及时反馈、以评促学、以评促教。该教师在课堂上能够巧用多媒体信息技术，使其能够及时掌握学生回答情况，了解学生对课堂教学内容的学习情况，关注学生思考、探究、学习过程与结果。

三、案例三

案例三以新疆生产建设兵团第十二师一〇四团中心小学唐婷老师执教的外研版《英语》（三年级起点）6A M8 U2"I often go swimming"第一课时为例。

1. 单元分析

案例是一节以"Habits"为话题的阅读课，属于"人与自我"主题范畴。

2. 学情分析

在话题认知上，学生在生活中已经积累了一些有关"Habits"的一些经历，但学生对培养良好兴趣爱好没有足够的认知；在学生语言基础上，学生已经掌握了一些简单的一般现在时以及频率副词，为学生的学习作了铺垫；在能力上，学生已经在过去的学习中养成了思考、判断与合作等意识,因此学生具备良好的交流分享能力。

3. 教学目标

语言能力:Students will be able to talk about habits by using adverbs of frequency and simple present tense.

思维品质:Students will be able to form the critical and creative thinking qualities.

学习能力:Students will be able to improve their reading ability and get involved in discussion and cooperate with partners.

文化意识:Students will be able to realize the importance of good habits and build more good habits through reading activities.

4. 教学重难点

教学重点:Students will be able to use adverbs of frequency to talk about habits in simple present tense.

教学难点:Students will be able to know the differences between always, often, sometimes and never. And they can use them correctly to talk about the habits.

5. 教学过程

(1) Pre-reading

Step 1:Warm up

> Question:What do I do in my free time? Do you _____?

教师引导学生猜一猜,并向教师提问有关爱好的问题,激活学生对已有生活经验的认知。

Step 2:Look and perceive

教师通过上述问答创设真实情境,并以图表的形式呈现"always, often, sometimes, never",引导学生通过观察图表猜测频率副词的含义及差异,对所学内容进行初步的感知。

Step 3:Ask and answer

> Question:What do you think of my daily life?

教师通过提问导入本节课所学的话题。

(2) While-reading

Step 4:Look and say

以图片的形式引导学生学习更多有关爱好的词语。

Step 5：Watch and answer

> Question：What do they do?

教师提问，学生根据视频呈现的爱好进行回答。

Step 6：Look and match

> Question：What do they do?

教师引导学生将图片与词组进行匹配。

Step 7：Listen and circle

> Question：How often do they do all these things?

教师引导学生通过听与读圈出图片所对应活动的频率副词。

Step 8：Read and search

教师将学生分为四人小组，共同阅读语篇，并对关键信息进行圈画。

Step 9：Listen and repeat

学生根据图片与音频进行跟读，模仿语音、语调。

Step 10：Let's retell

教师引导学生根据自身学习水平选择以第一人称或第三人称进行复述。

Step 11：Ask and answer

> Question：What do you think of their habits? _____'s habit is _____.
> How can we build good habits? We can often/sometimes ... we can't always ...

(3) *Post-reading*

Step 12：Let's survey

教师创设学生在校园中充当记者的情境，鼓励学生采访好友的日常生活，在教师创设的真实情境中运用所学知识进行交流。

> Do you _____？Yes, I always/sometimes/often _____. No. I never _____.

Step 13：Let's report

教师引导学生根据语言支架与调查结果进行交流分享。

Step 14：Homework

> Listen to the tape and read the text.
> Draw a chart and introduce your habits to your friends.
> Write something about you and your friends' daily life.

6. 案例分析

（1）秉持英语学习活动观，提升学生核心素养

《义务教育英语课程标准（2022年版）》建议教师要有意识地为学生创设主动参与和探究主题意义的情境和空间，使学生获得积极的学习体验，成为意义探究的主体和积极主动的知识建构者。该教师在整个教学过程中将英语学习活动观发挥得淋漓尽致，帮助学生构建结构化知识。

在学习理解类活动中，该教师在"Pre-reading"中带领学生走进语篇，夯实基础。教师鼓励学生猜一猜激发学生兴趣，激活已有知识。随后，教师在真实的情境中通过将频率副词与图表结合的形式引导学生观察所学知识，利用图表引导学生思考，使学生在已有知识经验和学习主题之间建立关联，发现认知差距，形成学习期待。同时，教师通过与学生之间的问答引出本文话题，训练学生的思维，激活学生的背景知识。

在学习理解类活动的基础上，该教师在"While-reading"中通过应用实践类活动带领学生走进语篇，互动生成，并设置了"Watch and answer""Look and match""Listen and circle""Read and search"等活动开展听、说、读、写、看等语言技能实践活动，培养学生思维能力，形成学习策略。此外，该教师设置了"Listen and repeat""Let's retell""Ask and answer"引导学生基于所形成的结构化知识展开描述、阐述、分析、应用等多种意义的语言实践活动，内化语言知识，巩固结构化知识，促进知识向能力的转化。

在"Post-reading"中，该教师设计了一系列迁移创新类活动，带领学生走出语篇，提升素养。该教师创设了学校记者团的情境，鼓励学生在"Let's survey"和"Let's report"中采访好友并形成文字汇报，使学生在想象和创造中获得积极的学习体验，成为探究的主体和积极主动的知识构建者，帮助学生把知识转变为能力，促进能力转化为素养。

（2）以问题贯穿活动，引导学生善学乐学

《义务教育英语课程标准（2022年版）》指出，教师要根据学生的认知特点，设计多感官参与的语言实践活动，让学生在丰富有趣的情境中，围绕主题意义，通过感知、模仿、观察、思考、交流和展示等活动，感受英语学习的乐趣。该教师在教学中能根据学生的已有认知水平，设置一系列问题引导学生通过图表与问答感知知识，模仿和操练梳理并理解知识，观察与思考内化知识，最终运用知识进行交流与展示，在有关爱好的话题中逐步探索频率副词的意义及使用方法。在教学中，教师通过与学生一问一答，自然衔接教学活动，使课堂充满轻松的氛围，有利于调动学生课堂学习与交流合作的积极性。

为新手支一招

如何落实"英语学习活动观"？

英语学习活动观是指学生在英语学习中以主题为引领，以语篇为依托，通过学习理解、应用实践和迁移创新等活动，整合性地学习语言知识和文化知识，进而运用所学知识、技能和策略，并能够围绕主题表达个人观点和态度，解决真实问题，从而达到在教学中培养学生核心素养的目的。它不仅指明了教师教学的方向，还为教师设计、组织与实施教学活动提供了明确的指导。

英语学习活动观包含一系列相互关联、层层递进，指向学习探究的活动，分别是学习理解类活动、应用实践类活动以及迁移创新类活动。学习理解类活动包含感知与注意、获取与梳理、概括与整合三种基于语篇的学习活动。应用实践类活动包含描述与阐释、分析与判断、内化与运用三种深入语篇的学习活动。迁移创新类活动包含推理与论证、批判与评价、想象与创造三种超越语篇的学习活动。

以浙江省宁波市北仑区实验小学汪海波老师基于英语学习活动观对《PEP 小学英语》"Unit 2 Story time"的教学活动设计为例。在故事教学前，教师首先需要解读故事文本，以六要素为维度深入分析故事中所蕴含的教学内容，明确"What、Why、How"，深入探讨语篇说了什么，传递了什么情感态度价值观。教师在进行教学设计时还需考虑"教什么、为何教、如何教"等问题。随后，教师通过英语学习活动观的架构进行教学设计，具体内容如下图 1-3 所示。

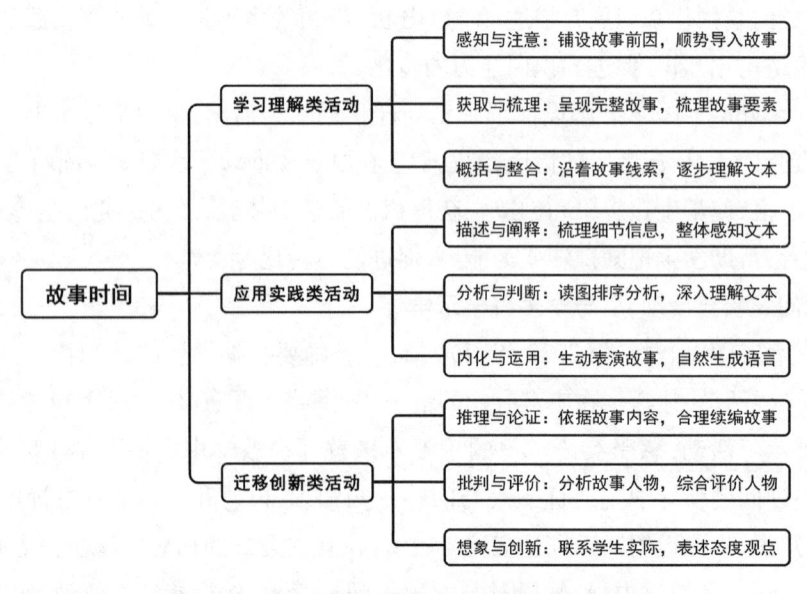

故事时间
- 学习理解类活动
  - 感知与注意：铺设故事前因，顺势导入故事
  - 获取与梳理：呈现完整故事，梳理故事要素
  - 概括与整合：沿着故事线索，逐步理解文本
- 应用实践类活动
  - 描述与阐释：梳理细节信息，整体感知文本
  - 分析与判断：读图排序分析，深入理解文本
  - 内化与运用：生动表演故事，自然生成语言
- 迁移创新类活动
  - 推理与论证：依据故事内容，合理续编故事
  - 批判与评价：分析故事人物，综合评价人物
  - 想象与创新：联系学生实际，表述态度观点

图 1-3 基于英语学习活动观的教学设计框架

参考文献：

1. 中华人民共和国教育部.义务教育英语课程标准(2022年版)[M].北京：北京师范大学出版社,2022.

2. 蒋京丽.发挥育人价值 培养"三有"新人——谈《义务教育英语课程标准(2022年版)》课程内容对初中英语教学的价值[J].教学月刊·中学版(外语教学),2022(05)：20-25+42.

3. 梅德明.正确认识和理解英语课程性质和理念——基于《义务教育英语课程标准(2022年版)》的阐述[J].教师教育学报,2022,9(03)：104-111.

4. 汪海波.基于英语学习活动观的小学英语故事教学活动设计——以Unit 2 Story time为例[J].英语教师,2020,20(20)：127-130+134.

5. 王蔷.全面和准确把握英语课程内容是落实课程目标的前提[J].英语学习,2022(04)：18-33.

6. 张宏丽.课程育人视角下英语课程内容的选择与组织——《义务教育英语课程标准(2022年版)》课程内容部分解读[J].教学月刊小学版(综合),2022(05)：8-13.

板块二 教材解读

关键词

教材结构;编写特点;解读策略

结构图

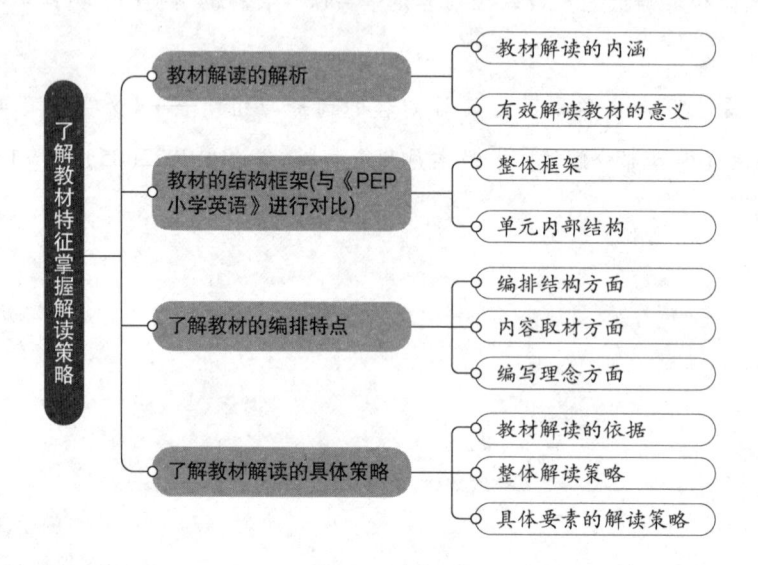

```
                            ┌─ 教材解读的解析 ──┬─ 教材解读的内涵
                            │                  └─ 有效解读教材的意义
                            │
                            ├─ 教材的结构框架   ┬─ 整体框架
了解教材特征掌握解读策略 ──┤  (与《PEP小学英语》进行对比) └─ 单元内部结构
                            │
                            ├─ 了解教材的编排特点 ┬─ 编排结构方面
                            │                    ├─ 内容取材方面
                            │                    └─ 编写理念方面
                            │
                            └─ 了解教材解读的具体策略 ┬─ 教材解读的依据
                                                     ├─ 整体解读策略
                                                     └─ 具体要素的解读策略
```

学习目标

1. 了解教材的结构框架。
2. 了解教材的编排特点。
3. 了解教材解读的具体策略。

学习提示

请你通过上网查找资料,思考以下问题:
在新课程改革的背景下
1. 教材在英语教学活动中扮演什么样的角色?
2. 教师如何借助英语教材来优化课程内容?

一、教材解读的解析

（一）教材解读的内涵

教材有广义和狭义之分，狭义的教材是根据一定的学科任务，编选和组织具有一定范围和深度的知识技能体系，一般以教科书的形式来具体反映。广义的教材除了教科书还包括其他的配套资源，例如：练习册、音频，教学挂图等等。教材具有学科性、学习性、文化性、意识形态性以及专业性等特征。教材是教学内容的重要载体，教材不但会界定教师教的任务，也会界定学生学的任务，是教学过程中的真正核心。解读是指对事物理解的过程或结果。因此，教材解读就可以理解为教育者有目的、有意识地对教材要素进行分析整理，同时进一步深入研究和理解，是对文本意义的持续揭示与建构。

（二）有效解读教材的意义

正确认识教材和解读教材是教师的专业基本功和基本素养，是教师组织课堂教学的基础，是用好教材的前提，也是保证教学改革质量的前提。对于教师来说，教材是建立教学计划的重要基础。教师想要完成教学任务、实现教学目的首先就要熟悉自身所要教授的教学内容，尤其是在小学阶段，小学阶段是学生建立学习基础的重要时期，教师更应该充分了解教材中的内容和教学目的，从而建立符合教材要求的教学计划。因此教师一定要具备一定的教材解读能力，准确把握教材的编写理念和特点，这样才能够详细准确地了解教材中的各项内容，从而有效提高教学效果和质量，最大限度地体现教材的育人价值。

解读教材是教师进行小学英语教学的必备技能，这不只体现在对英语知识的解读，还在于对学生的解读，深入地理解学生的所思所想，了解学生的实际学习情况与需求，明确学生的优势与不足。由此，教师可对学生进行针对性的引导，并改进教学方案，优化教学过程，深入挖掘学生的潜在能力，促进学生的全面发展。

二、教材的结构框架

教材是实现课程目标、实施教学的重要资源，教材在学校教育教学中是知识呈现和传递的重要载体，对学生能力的发展和素质的养成具有十分重要的意义和价值。它是贯彻实施课程标准的关键，是教师进行教学的重要资源，也是学生日常学习的主要内容。在广义范围的教材中，教科书是最为重要的，它不同于其他教学中使用的辅导性、参考性及评价性的资料与图书，是在学科课程的范畴之中系统编排的教学用书，是教学大纲的具体化。英语教材结构体系的合理性、内容的完整性，是为学生提供语言材料，向学生展示不同国家地域的文化，帮助学生形成跨文化意识和跨文化理解交际能力的必要条件。但是，由于我国地域辽阔，教育发展的不均衡、不平衡现象不仅存在于地区之间，在同一地区、同一城市甚至同一学校内。也是出于这样的原因,我国小学阶段的英语教材有各种各样的版本。有北师大版、苏教版、人教版、鲁教版、冀教版、外研版、牛津版、牛津上海版,等等。在本章节,我们选取了牛津上海版和人教版作为样本,就它们各自的结构进行对比分析,帮助读者了解、把握教材结构。

《牛津英语(上海版)》由上海市中小学课程教材改革委员会和牛津大学出版社(中国)有限公司合作改编小学《牛津英语(上海版)》教材,该系列教材是以教育部颁布的英语课程标准为依据,以牛津原版教材为基础,于 2002 年经全国中小学教材审定委员会审查通过后出版发行的。

人教版《英语(PEP)》(PEP Primary English,以下简称 PEP 教材)是由人民教育出版社与加拿大灵通(Lingo Media)国际集团合作编写的小学英语教材。PEP 教材在我国的使用时间最长、影响力较大。

(一) 整体框架

《牛津英语(上海版)》系列共 10 册,供上海小学从一年级起开设英语课的学校使用,每学期一册。每册书都有 4 个模块,每个模块有 3 个单元主题。《牛津英语(上海版)》教材采用了模块建筑体系(Building Blocks),将语言学习视为模块建筑。所有上册的教材都由"Getting to know you""Me, my family and friends""Places and activities""The natural world"四个模块组成,所有下册的书都由"Using my five senses""My favourite things""Things around us""More things to learn"四个模块组成,但每个模块的单元在不同的年级又会安排不同的内容。如下表 2-1、表 2-2:

表 2-1 《牛津英语(上海版)》教材上册各模块内容整理表

Module 1: Getting to know you	1A: Greetings My classroom My face
	2A: Hello I'm Danny A new classmate
	3A: How are you? What's your name? How old are you?
	4A: Meeting new people Abilities How do you feel?
	5A: My birthday My way to school My future
Module 2: Me, my family and friends	1A: My abilities My family My friends
	2A: I can swim That's my family My hair is short
	3A: My friends My family About me
	4A: Jill's family Jobs I have a friend
	5A: Grandparents Friends Moving home

续 表

Module 3: Places and activities	1A: In the classroom　In the fruit shop　In the restaurant
	2A: In the children's garden　In my room　In the kitchen
	3A: My school　Shopping　In the park
	4A: In our school　Around my home　In the shop
	5A: Around the city　Buying new clothes　Seeing the doctor
Module 4: The natural world	1A: On the farm　In the zoo　In the park
	2A: In the sky　In the forest　In the street
	3A: Insects　On the farm　Plants
	4A: A visit to a farm　At century park　Weather
	5A: Water　Wind　Fire

表 2-2　《牛津英语(上海版)》教材下册各模块内容整理表

Module 1: Using my five senses	1B: Look and see　Listen and hear　Taste and smell
	2B: What can you see? Touch and feel　What can you hear?
	3B: Seeing and hearing　Touching and feeling　Tasting and smelling
	4B: What can you smell and taste? How does it feel? Look at the shadow!
	5B: What a mess! Watch it grow! How noisy!
Module 2: My favourite things	1B: Toys I like　Food I like　Drinks I like
	2B: Things I like doing　My favourite food　Animals I like
	3B: Animals　Toys　Clothes
	4B: Sports　Cute animals　Home life
	5B: Food and drinks　Films　School subjects
Module 3: Things around us	1B: Seasons　Weather　Clothes
	2B: The four seasons　Rules　My clothes
	3B: Shapes　Colors　Seasons
	4B: Sounds　Time　Days of the week
	5B: Signs　Weather　Changes

续表

Module 4: Things we do	1B: Activities　New year's Day　Story time
	2B: Activities　Mother's Day　Story time
	3B: My body　Children's Day　Story time
	4B: A music class　Festival in China　Story time
	5B: Museum　Western holidays　Story time

PEP 教材系列共有 8 个分册,共计 46 单元,另有 6 个学习单元,2 个复习单元,48 课时完成,供小学三年级至六年级学生使用。其中,六年级下册为 4 单元,42 课时。PEP 教材并没有固定的模块,每个单元在形式上是相对独立的,但在内容上会有联系。内容整理如下表 2-3。

表 2-3　PEP 教材各单元内容整理表

三年级上册	Unit 1	Hello!
	Unit 2	Colors
	Unit 3	Look at me!
	Unit 4	We love animals.
	Unit 5	Let's eat!
	Unit 6	Happy Birthday!
三年级下册	Unit 1	Welcome back to school!
	Unit 2	My family
	Unit 3	At the zoo
	Unit 4	Where is my car?
	Unit 5	Do you like pears?
	Unit 6	How many?
四年级上册	Unit 1	My classroom
	Unit 2	My schoolbag
	Unit 3	My friends
	Unit 4	My home
	Unit 5	Dinner's ready
	Unit 6	Meet my family

续 表

	Unit 1	My school
	Unit 2	What time is it?
四年级下册	Unit 3	Weather
	Unit 4	At the farm
	Unit 5	My clothes
	Unit 6	Shopping
	Unit 1	What's he like?
	Unit 2	My week
五年级上册	Unit 3	What would you like?
	Unit 4	What can you do?
	Unit 5	There is a big bed.
	Unit 6	In a nature park
	Unit 1	My day
	Unit 2	My favorite season
五年级下册	Unit 3	My school calendar
	Unit 4	When is Easter?
	Unit 5	Whose dog is it?
	Unit 6	Work quietly!
	Unit 1	How can I get there?
	Unit 2	Ways to go to school
六年级上册	Unit 3	My weekend plan
	Unit 4	I have a pen pal.
	Unit 5	What does he do?
	Unit 6	How do you feel?
	Unit 1	How tall are you?
六年级下册	Unit 2	Last weekend
	Unit 3	Where did you go?
	Unit 4	Then and now

（二）单元内部结构

1.《牛津英语(上海版)》教材的单元内部结构

《牛津英语(上海版)》教材中包含众多板块，并且随着年级的增加会加入一些新的板块。小学1年级的教材中包含"Look and learn""Look and say""Say and act""Listen and enjoy""Play a game""Ask and answer""Do a survey"板块。教材在2年级的时候新增了"Enjoy a story"和"Learn the sounds"两个板块。在3年级的时候新增了"Ask and answer"板块，并用"Read a story"取代了"Enjoy a story"板块。在4年级的时候新增了"Look and read""Make and play""Think and write"板块。在5年级的时候新增"Tick and say""Write""Ask and answer"板块。但是总的来看，牛津上海版小学英语教材有以下几个核心板块："Look and learn""Look and say""Say and act""Listen and enjoy""Play a game""Ask and answer""Read a story""Learn the sounds""Do a survey"。

2. PEP教材的单元内部结构

PEP教材的每个单元分为ABC三个模块，AB模块要求掌握，B模块是在A模块语言的基础上加深印象，C模块为选学，是AB模块知识的扩展和综合的语言运用，不要求掌握。A模块由课题导入"Let's try""Let's talk""Let's play""Let's learn""Let's chant""Let's sing""Letters and sounds""Let's spell"等组成。B模块由"Let's talk""Let's play""Let's learn""Let's check""Let's survey""Read and write""Let's wrap it up"等组成。C模块由"Story time"组成，每个模块还会根据内容的不同创建不同的练习。总的来看，PEP教材的核心板块有"Let's try""Let's talk""Let's play""Let's learn""Let's chant""Let's sing""Let's do""Let's spell""Read and write""Story time"。

3. 两种教材主要板块对比分析

《牛津英语(上海版)》和PEP教材主要板块的对比分析如下表2-4。

表2-4 牛津英语(上海版)和PEP教材核心板块对比分析表

《牛津英语(上海版)》	PEP教材	板块关键词	板块功能介绍
Look and learn	Let's learn	词汇	主要学习内容是以图片和单词相结合的方式呈现本单元的核心词汇，进行教学。
Look and say	Let's talk	句型	主要学习内容以活动生动的情景为依托，呈现本单元的核心句型，以此来训练学生的听说技能。
Learn the sounds	Letters and sounds	语音	主要内容是语音教学，目的是让学生初步了解英语语音知识，了解字母和字母组合在单词中的发音，并初步学习音标。
	Let's spell		

续 表

《牛津英语(上海版)》	PEP 教材	板块关键词	板块功能介绍
Listen and enjoy	Let's chant Let's sing Let's try	听力	主要是以与本单元主题相关的有韵律的歌曲或者吟唱为载体,让学生以一种轻松愉快的方式巩固识记本单元所学的内容,并锻炼学生的听力能力。
Play a game	Let's play Let's do	游戏	主要是以游戏活动为载体,让学生通过有趣的游戏进一步巩固所学内容,培养小学生的听说和思维等能力,达到学以致用的目的。
Look and read	Read and write	阅读	围绕本单元主题,进一步提供综合性的语言学习材料,复现本单元所学习的句型和词汇,并在此基础上进行拓展,增加学生的阅读量,通过任务进行操练。
Read a story	Story time	故事	主要是以图文结合的形式为学生提供与本单元内容相关的小故事,让学生进行拓展阅读,丰富学生的视野,提高学生的英语阅读能力,同时也可以达到巩固本单元所学内容的目的。
Say and act Ask and answer Do a survey	Let's wrap it up Let's check Let's survey	练习	主要是采用对话、调查、练习题等方式,将本单元以及已学过的词语和句型整合在一起让学生得到综合操练,起到复习巩固及灵活运用的目的。

通过对两种教材主要板块进行对比分析后,我们发现无论是牛津英语上海版还是 PEP 教材,教材所设置的板块都涵盖了对学生听说读写的训练,同时,这两种教材的板块虽然在名称上各不相同,在细节上也有一些细微的差异,但功能是很接近的。

三、了解教材的编排特点

(一)编排结构方面

1. 相同点

第一,两种教材都是按照"话题—功能—结构—任务"相结合的原则编写的,设置了循序渐进的语言实践活动,通过每项活动任务的完成,达成语言教学目标。

第二,两种教材都是围绕主题进行单元组织的,每一个单元就是一个教学单位,除了语言知识的呈现,听说读写的训练在单元中的各个板块中均有所体现,是知识学习和能力培养的综合体,各项活动均围绕单元主题展开。前面有铺垫,中间有内容呈现,后面有复习、拓展、交流,旨在全面提升学生的语言综合能力。

2. 不同点

第一,《牛津英语(上海版)》教材的编排形式采用的是模块建筑体系,是螺旋式上升的,体现了外语教学重复、循环、发展、提高的学习理念,通过不断的复习和循环保证语言能力的层层递进、不断提高。而 PEP 教材编排则采用滚动递进式的结构,体现了目标的阶段性和连续性。

第二,《牛津英语(上海版)》教材每个单元的话题内容彼此是相对孤立的,前后没有什么联系,语言的复现率比较低。与之相比,PEP 教材中的每两至三个单元在选材内容上具有一定延续性。如 6A U2"Ways to go to school"在内容上衔接了 U1"How can I get there?"这样的安排能够让学生将新旧知识联系起来,有利于学生掌握语言知识,提高语言能力。

(二) 内容取材方面

在内容取材上,我们首先对两种教材的内容主题进行了梳理,旨在发现两种教材在内容取材上的特点。具体内容如下表 2-5、表 2-6。

表 2-5 牛津英语(上海版)教材各年级内容主题整理表

	《牛津英语(上海版)》小学英语教材
一年级	问候、打招呼、文具用品、身体部位、行动、家庭成员、外形描述、数量词 1—6、水果、食物、动物、颜色、玩具、饮料、季节、季节特征、天气、衣服、生活物品。
二年级	时间、物体特征、数量词 7—10、行动、特征描述、身体部位、娱乐设施、课室用品、餐具、天气、动物、植物、食物及描述、颜色、物体特征、交通工具、行动、季节与季节特征、交通规则、衣服、体育活动。
三年级	问候、名字询问、年龄、外形描述、学校场所、水果、物品、昆虫、动物、植物、交通工具、味道、玩具、衣服、形状、山川河流、户外活动。
四年级	认识新朋友、能力、感受、家庭成员、职业、学校场所、地点与方位、价格、规则指令、户外事物、天气、水果、物体特征、体育项目、动物、家庭场所、声音描述、时间、频率、乐器、节日。
五年级	序数词 1—6、日期、交通工具及规则、职业、量词、方位、地点、衣物、生病症状、步骤用词、程度用词、指令标志、物主代词、动物、描述过去的事情、食物、学校课程、公共场所指令、天气、过去与现在对比、家具、博物馆、西方节日。

表 2-6 PEP 教材各年级内容主题整理表

	PEP 教材
三年级	学校、认识朋友、文具用品、颜色、打招呼、打招呼、身体部位、动物、食物、饮料、生日、数字 1—10、学校、国家、家庭成员、动物园、方位词、玩具、水果、数量词 11—20。
四年级	课室用品、文具、学习用品、朋友、外貌描述、家庭场所、晚餐、食物、餐具、家庭成员、职业、数词、学校场所、方向、楼层、时间、日常活动、天气、方位、动物、植物、服饰、购物、服饰。

续 表

	PEP 教材
五年级	人物性格,课程科目,食物及描述,体育活动,房间物品、方位、山川河流、日常活动、季节、活动、景色、节假日安排、娱乐活动、月份、异国文化、日期、序数词 1—10,户外活动,公共场所礼仪。
六年级	方位、询问语,交通方式、交通规则、周末活动,介绍笔友、外貌描述、职业、理想、描述感情、生病、提出建议,形容外貌、比较级、描述过去的事情、过去与现在的对比、日常活动。

在经过对两种教材内容取材的对比分析后,我们发现两套小学英语教材在内容选择中有很大的相似度。首先,这两种教材选择的话题种类都非常丰富,选择的角度也都贴近学生的日常生活。从与个人相关的话题,日常生活中的活动,生活用品,到社会方面的话题,再到自然界等方面的话题都有所涉及,这些种类丰富的话题设置能够更好地激发学生对英语学习的兴趣。其次,两种教材话题的分布上都主要围绕学生生活进行,辅助以一定的社会文化知识。在 PEP 教材中出现最多的话题分别是学校、朋友、食物、数词和动植物,在牛津英语上海版小学英语教材中出现最多的话题分别是学校、食物、动物、交通、家庭。辅助性的话题包括节假日、季节、职业、社交礼仪等。两种教材通过着重设置与小学生个人生活息息相关的话题,并在话题分布的比重上有主次分别,这样能够更有针对性地让学生学会与生活密切相关的语言知识,并使学生运用在日常生活当中,体现了义务教育英语课程工具性与人文性的统一。

(三)编写理念方面

在教材的编写理念上,两套教材的基本立足点都是把学生作为英语学习的主体,充分考虑了小学生的心理特点和语言学习的规律,以激发学生学习兴趣,调动学生学习的积极性,达到教师与学生互动从而提高学生综合语言能力的教学目的。具体而言,两套教材在编写理念上都体现了以下特点:

(1)根据素质教育的精神,依据儿童的认知发展特点,着眼于学生的全面发展和长远发展。
(2)遵照现代语言教学的理念,突出语言的交际性和实践性,注重语言输出与运用。
(3)渗透文化信息,注重对学生情感态度价值观的教育,体现英语的育人价值。

四、了解教材解读的具体策略

(一)教材解读的依据

1. 依据课程标准

教材解读要以《义务教育英语课程标准(2022 年版)》为依据。课程标准规定的是国家对国民在某方面或某领域的基本素质要求,因此,它毫无疑问地对教材、教学和评价具有重要指导意义,是教材、教学和评价的出发点与归宿。义务教育阶段英语课程的总目标是:通过英语学习使学生发展语言能力,培育文化意识,提升思维品质,提高学习能力。具体而言,发展语言能力是指学生能够在感知、体验、积累和运用等语言实践活动中,认识英语与汉语的异同,逐步形成语言意识,积累语言经验,进行有意义的沟通与交流。培养文化意识是指学生能够了解不同国家的优秀文明成果,加深对中华文化的理解和认同,树立国际视野,坚定文化自信。提升思维品质是指学生能够在语言学习中发展思维,在思维发展中推进语言学习,能够有理有据表达观点,逐步发展逻辑思维、辩证思维和创新思维。提高学习能力是指学生能对学习保持兴趣,主动参与语言实践活动,在学习中善于倾听,乐于交流,学会自主探究合作互助,学会反思评价学习进展,学会自我管理,提高学习效率。因此,无论教材、教学还是评价,出发点都是为了课程标准中所规定的这些素质的培养,最终的落脚点也都是这些基本的素质要求。可以说,课程标准中规定的基本素质要求是教材、教学和评价的灵魂,也是整个基础教育课程的灵魂。教材解读也必须围绕着这一基本素质要求,不能脱离这个核心,这样才能保证教学的正确方向。

2. 依据核心素养

在核心素养大背景下,发展学生核心素养已经成为时代发展趋势。英语作为小学生的必修课程之一,也将承担着培养学生核心素养的重要责任。因此,小学英语教师在进行教学时必须以英语核心素养为依据,以此来促进学生核心素养的发展。英语学科的核心素养主要由语言能力、思维品质、文化意识和学习能力四方面构成。其中,语言能力是核心素养的基础要素,文化意识体现核心素养的价值取向,思维品质反映核心素养的心智特征,学习能力是核心素养的关键要素。学生以主题意义探究为目的,以语篇为载体,在理解和表达的语言实践活动中,融合知识学习和技能发展,通过感知、预测、获取、分析、概括、比较、评价、创新等思维活动,构建结构化知识,在分析问题和解决问题的过程中发展思维品质,形成文化理解,塑造学生正确的人生观和价值观。教材解读是教学的重要过程之一,因此,教师在进行教材解读时必须要考虑到英语核心素养的要求,并以此作为教材解读的依据,这样才能有效保证教材解读的正确方向。

3. 依据学生学情

教师教学的对象就是学生,每一个学生都有与众不同的特点,每个班级也有属于这个班级独特的特点。除此之外,基于学生学习的教学是核心素养导向的教学必须确立的基本理念,教育部原部长陈宝生在 2017 年全国教育工作会议上明确强调,要"建立以学习者为中心的人才培养模式"。基于这些要求,教师在进行教学时必须要着重考虑到学生的学情,贯彻"以生为本"的教学理念,根据学生的实际学习情况来进行有针对性的教学。教学过程是一个环环相扣的过程,教材解读是其中不可缺少的一部分,教师在解读教材组织教学时一定要真正考虑到学生的学情,以教材为基础,创设精彩的情境来激发学生的学习兴趣,强化学生的学习体验,达到提高课堂效率的目的。

（二）整体解读策略

1. 遵循教材特点

教材是编写者们从适龄学生的实际认知情况出发，从现代素质教育理念提倡的教学方法出发，对教育教学内容精心加以编排与设置的智慧体现。教材不仅是课程标准的代言人，更是集中了众多专家、学者的专业智慧和学科水平，是学科知识的精华和智慧的结晶。教材是教学活动开展的重要依据和对象，只有对教材进行深入的分析，把握教材的特点，才能够确保教学活动有效开展。重视教材的编写特点，认真揣摩与分析教材编写者的意图，与教材对话，与教材编写者对话，并以此为基础更好地实施与组织教学活动。可以说，遵循教材的特点，科学解读教材，是优化课堂教学和落实英语核心素养的重要保障。

2. 明确相应学段的要求

英语学科课程标准，是确定英语学科一定学段的课程水平及课程结构的纲领性文件。《义务教育英语课程标准（2022年版）》将义务教育阶段的英语课程分为三个学段，各学段目标设有相应的级别，即一级建议为3~4年级学段应该达到的目标，二级建议5~6年级学段应该达到的目标，三级建议为7~9年级学段应达到的目标。小学阶段需要完成的是一级和二级综合语言运用能力目标，不同学制可根据具体情况作适当调整。据此，教师在对教材进行解读之前，要深刻了解英语课程标准，参考课程标准对于各学段的要求，既不能滞后，也不能超前，这样才能使英语教学符合学生的认知发展规律，适应学生的身心发展特点。

表2-7　小学阶段综合语言运用能力目标对照表

语言能力学段目标	感知与积累	一级	能感知单词、短语及简单句的重音和升降调等，能有意识地通过模仿学习发音；能大声跟读音视频材料；能感知语言信息，积累表达个人喜好和个人基本信息的简单句式；能理解基本的日常问候、感谢和请求用语，听懂日常指令等；能借助图片读懂语言简单的小故事，理解基本信息；能正确书写字母、单词和句子。
		二级	能领悟基本语调表达的意义；能理解常见词语的意思，理解基本句式和常用时态表达的意义；能通过听，理解询问个人信息的基本表达方式；能听懂日常学习和生活中简单的指令、对话、独白和小故事等；能理解日常生活中用所学语言直接传递的交际意图；能读懂语言简单、主题相关的简短语篇，获取具体信息，理解主要内容。
	习得与建构	一级	在听或看发音清晰、语速较慢、用词简单的音视频材料时，能识别有关个人、家庭，以及熟悉事物的图片或实物、单词、短语；能根据简单指令作出反应；体会英语发音与汉语发音的不同；能借助语音、语调、手势、表情等判断说话者的情绪和态度；能在语境中理解简单句的表意功能。
		二级	在听或看发音清晰、语速适中、句式简单的音视频材料时，能获取有关人物、时间、地点、事件等基本信息；能识别常见语篇类型及其结构；能理解交流个人喜好、情感的表达方式；能根据图片，口头描述其中的人或事物；能关注生活中或媒体上的语言使用。

续　表

语言能力学段目标	表达与交流	一级	能围绕相关主题,运用所学语言,进行简单的交流,介绍自己和身边熟悉的人或事物,表达情感和喜好等,语言达意;在书面表达中,能根据图片或语境,仿写简单的句子。
		二级	能围绕相关主题,运用所学语言,与他人进行简单的交流,表演小故事或短剧,语音、语调基本正确;在书面表达中,能围绕图片内容或模仿范文,写出几句意思连贯的话。
文化意识学段目标	比较与判断	一级	有主动了解中外文化的愿望;能在教师指导下,通过图片、配图故事、歌曲、韵文等获取简单的中外文化信息;观察、辨识中外典型文化标志物、饮食及重大节日;能用简单的单词、短语和句子描述与中外文化有关的图片和熟悉的具体事物;初步具有观察、识别、比较中外文化的意识。
		二级	对学习、探索中外文化有兴趣;能在教师引导下,通过故事、介绍、对话、动画等获取中外文化的简单信息;感知与体验文化多样性,能在理解的基础上进行初步的比较;能用简短的句子描述所学的与中外文化有关的具体事物;初步具有观察、识别、比较中外文化异同的能力。
	调试与沟通	一级	有与人交流沟通的愿望;能大方地与人接触,主动问候;能在教师指导下,学习和感知人际交往中英语独特的表达方式;能理解基本的问候、感谢用语,并作出简单回应。
		二级	对开展跨文化沟通与交流有兴趣;能与他人友好相处;能在教师引导下,了解不同文化背景下人们待人接物的礼仪;能注意到跨文化沟通与交流中彼此的文化差异;能在人际交往中,尝试理解对方的感受,知道应当规避的谈话内容,适当调整表达方式,体现出礼貌、得体与友善。
	感悟与内化	一级	有观察、感知真善美的愿望;明白自己的身份,热爱自己的国家和文化;能在教师指导下,感知英语歌曲、韵文的音韵节奏;能识别图片、短文中体现中外文化和正确价值观的具体现象与事物;具有国家认同感,对中华优秀传统文化感到骄傲。
		二级	对了解中外文化有兴趣;能在教师引导下,尝试欣赏英语歌曲、韵文的音韵节奏;能理解与中外优秀文化有关的图片、短文,发现和感悟其中蕴含的人生哲理;有将语言学习与做人、做事相结合的意识和行动;体现爱国主义情怀和文化自信。
思维品质学段目标	观察与辨析	一级	能通过对图片、具体现象和事物的观察获取信息,了解不同事物的特点,辅助对语篇意义的理解;能注意到不同的人看待问题是有差异的;能从不同角度观察周围的人与事。
		二级	能对获取的语篇信息进行简单的分类和对比,加深对语篇意义的理解;能比较语篇中的人物、行为、事物或观点间的相似性和差异性,并作出正确的价值判断;能从不同角度辩证地看待事物,学会换位思考。
	归纳与推断	一级	能根据图片或关键词,归纳语篇的重要信息;能就语篇信息或观点初步形成自己的想法和意见;能根据标题、图片、语篇信息或个人经验等进行预测。
		二级	能识别、提炼、概括语篇的关键信息、主要内容、主题意义和观点;能就语篇的主题意义和观点作出正确的理解和判断;能根据语篇推断作者的态度和观点。

续 表

思维品质学段目标	批判与创新	一级	能根据个人经历对语篇内容、人物或事件等表达自己的喜恶；初步具有问题意识，知晓一问可有多解。
		二级	能就作者的观点或意图发表看法，说明理由，交流感受；能对语篇内容进行简单的续编或改编等；具有问题意识，能初步进行独立思考。
学习能力学段目标	乐学与善学	一级	对英语学习感兴趣、有积极性；喜欢和别人用英语交流；乐于学习和模仿；注意倾听，敢于表达，不怕出错；乐于参与课堂活动，遇到困难能大胆求助。
		二级	对英语学习有较浓厚的兴趣和自信心；能积极参与课堂活动，注意倾听，大胆尝试用英语进行交流；乐于参与英语实践活动，遇到问题积极请教，不畏困难。
	选择与调整	一级	能在教师帮助和指导下，制定简单的英语学习计划；能意识到自己英语学习中的进步与不足，并作出适当调整；能尝试借助多种渠道学习英语。
		二级	能在教师指导下，制定并完成简单的英语学习计划，及时预习和复习所学内容；能了解自己英语学习中的进步与不足；能在教师指导下，初步找到适合自己的英语学习方法；尝试根据学习进展调整学习计划和策略；能借助多种渠道或资源学习英语。
	合作与探究	一级	能在学习活动中尝试与他人合作，共同完成学习任务；能在学习过程中积极思考，发现并尝试解决语言学习中的问题。
		二级	能在学习活动中与他人合作，共同完成学习任务；能在学习过程中认真思考，主动探究，尝试通过多种方式发现并解决语言学习中的问题。

3. 整体把握，挖掘教材中的连续性

教师在解读教材的过程中，要遵循"大教材观"的要求，教师要厘清整套教材中的各种话题，对于各册各单元主题话题之间的内容要了然于心。教师整理各册单元话题后，应能够找出各册话题之间的相关性，这对备课与教学都有非常重要的作用。教师应在备课中将学生已学话题融合进去，真正做到从旧知到新知的自然呈现，符合语言学习的自然规律，能更好地促进学生英语综合能力的发展。

4. 合理创新教材

一般来说，课堂中的教材有两种不同的形态：一是教科书，二是经过教师加工的教案。往往在实际教学活动中，教案对教学产生的影响更大，它们可以被视为"执行中的教材"。有效的教案常常是教师将自己的教学实际与对教材的认识结合以后形成的加工产品，体现了教师教学的创造性。为此，我们老师在解读教材、用好教材的过程中，还应当结合实际情况对教材内容加以创新，以赋予教材更加活跃的生命力。这就要求教师具有一定的灵活的"文本再构"的能力。灵活的"文本再构"是实现教材整合的重要手段之一，它要求教师从模块出发，对各板块进行分析重整，形成一个兼具情境性、人文性和科学性，可操作性强的新的语言学习材料。这样可以使教学过程更贴近学生的学习实际，更切合学生的语言基础，尊重语言学习规律，关注语言的整体呈现，有利于提升学生的语言综合能力。

（三）具体要素的解读策略

1. 单元标题

眼睛对于人来说,是心灵的窗户,有什么样的眼睛就有什么样的心灵。单元标题就像一个单元的眼睛,因此了解单元标题的形态和类型是非常有必要的。标题通常是对本单元内容的提炼与概括,涉及本单元的核心语言或重点功能语句,这可以帮助学生预测文章内容,激发学习兴趣。同时,单元标题还是单元之间的纽带,互为一体。从而使学生能够循序渐进地学习,融会贯通,扎实稳固地掌握语言知识。除此之外,单元标题还是师生之间课堂活动互动的纽带,教师可以通过标题的核心功能让学生围绕核心展开语言活动,学生也可以围绕核心标题通过各种形式(听、说、读、写、译)来提高英语综合运用的能力,以此促进师生课堂配合的默契。因此,教师在解读教材的时候要重视对单元标题的解读,单元标题也可以成为教学很好的切入点。牛津上海版小学英语教材每个年级都由8个固定的模块组成,每个模块都有一个明确的标题,各个单元的内容都是围绕这个标题展开的。

例如,3B M1的标题是"Using my five senses"教师可借助这一标题引导学生思考五官有哪些,然后引出下面"Seeing and hearing""Touching and feeling"以及"Tasting and smelling"各个单元的学习内容。

再例如,《牛津英语(上海版)》教材5A M1 U2"My way to school"和5A M3 U1"Around the city"就可让学生通过标题连贯起来学习。学生去学校的方式主要讲述交通工具,而城市周围的事物主要讲述在城市中常见的一些地点,教师可以将这两个单元的知识联系起来让学生学习城市中有哪些地点,并学习我们可以到达这些地方的交通工具,这样就很好地将"My way to school"和"Around the city"联系在了一起。既提升了学生的英语语言能力,又可以培养学生将知识联系起来的能力。

因此我们要充分重视对单元标题的挖掘,使学生对文本的学习不断地深入提高,融会贯通,培养学生的逻辑思维能力。

2. 指令

教材指令是指教材中的指令性和解释性话语,这些指令在指引教学的同时也揭示教材所倡导的外语学习模式、方法和策略。教材中每个单元都有丰富的学习活动,各个板块的指令可以成为教师设计教学活动的重要提示,这些活动指令涵盖看、听、说、读、演、写等方面,为学生明晰学习任务、提升学习能力指明了方向。最常见的指令是语言指令,即通过语言告诉学生要做什么、该怎么做。因此,教师在解读教材时,必须高度重视教材中的各类活动指令。鉴于低年级学生有限的语言积累,教材活动指令常配有形象直观、一目了然的图示指令。课堂上,学生借助图示指令,就很容易理解活动要求,明白该做什么和怎么做。

例如,《牛津英语(上海版)》教材中的指令有"Look and learn""Look and say""Say and

act""Listen and enjoy""Play a game""Ask and answer""Read a story""Learn the sounds""Do a survey"等,这些指令简洁明了,教师可以通过对指令进行细致地讲解使学生能够清楚明白各板块的具体要求,这样可以更好地促进学生进行自主学习。

3. 文本

文本内容是教材的核心内容,教材的每个单元都有不同的板块来锻炼学生的听说读写能力。目前,越来越多的教师已经意识到了文本解读的重要性,有效的文本解读是设定小学英语课堂教学目标和达成教学效果的前提和保障。因此教师必须掌握一些提升文本解读有效性的策略,具体包含以下几点:

第一,教师要关注文本的整体语境,挖掘语言的交际特点。有意义的语言交流前提是学生能够在语境中正确使用核心语言,以展示语言的交际功能。教师应引导学生在语境中感知、理解、学习、模仿、内化直至运用语言。

第二,教师要依据核心素养对文本进行解读,关注学生的全面发展培育。学生核心素养的内在意义在于使学生通过语言知识的积累,逐步形成语言技能,并在语言运用的过程中感受语言中蕴含的情感及文化,形成思维品质,习得学习策略。为此,教师可借助核心素养中语言能力、思维品质、文化意识、学习能力四个维度来解读文本。

第三,教师要立足于英语学科本位,挖掘教材文本的育人功能。教师只有把教材当作一个完整的、不可分割的统一整体,以话题为线索,以学生发展为目标,解读和内化教材编排体系,揣摩编者的编排理念,才能深入挖掘英语教材的价值。教师在解读教材文本时还应该分析文本和学生生活之间的联系,明晰文本知识的语用情境,提炼文本中的育人价值,体现英语教学"立德树人"的价值追求。

第四,在进行文本解读时,教师还应具有自己独特的见解。当前教育要求教师具有专业发展的能力,教师学习的原点离不开教材,教师提升专业水准的源头是具备独立解读教材的能力。能够统领教材,与教材编者对话,尝试独立解读教材,是教师专业发展核心竞争力的显著特点。所以,教师在借鉴教师用书时应结合教学需求和学生水平加以改进,使文本解读师本化、生本化、校本化。

总之,文本解读能力能够很好地反映教师的信息视域、思维宽广度,也可以衡量学生获取知识的方法是否科学,思维发展的要求是否实现,品德培养的目标是否达成。教师在解读文本时,应依靠自己的专业素养,借鉴他人的观点、建议,在不断反思中促进自己文本解读能力的提高,同时也要充分发挥文本解读能力对个人专业成长的助推作用,并以此为抓手促进学生学科核心素养的发展。

4. 插图

由于小学生的抽象思维还没有得到充分的发展,所以他们习惯以直观形象思维思考。为了配合小学生的身心发展特点,小学英语教材中含有大量色彩鲜艳、生动活泼,极具吸引力和感染力的插图。教材插图不仅仅是为了美观,它通过图片的形式与文本进行有效结合,是教材内容中至关重要的部分,是形象化的教学资源,在英语教学尤其是小学英语教学中的地位举足轻重。这些插图能对文本内容起到直观的说明、揭示作用,不仅有助于激发学生对英语学习的兴趣,更为重要的是,形象直观的插图,可以创设语言环境,生动表现出故事情节,这可以很好地帮助学生理解文本所传递的语言信息,成为培养学生观察、理解、比较、分析、推断等思维品质的利器。教师应该准确把握教材的编排意图,充分挖掘插图的价值,使其更有效地服务于学生的真实语言输出。

例如,《牛津英语(上海版)》教材中 3A M3 U3"In the park"里的"look and learn"板块中,教材给每个单词都配上简单的插画(图 2-1),这可以很好地帮助学生理解单词的意思,更有助于学生识记住这些单词。

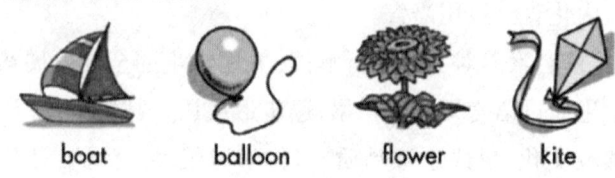

图 2-1 《牛津英语(上海版)》: 3A M3 U3"In the park look and learn"板块插图

再例如,同系列 5A M3 U3"Seeing the doctor"中的"Read a story"板块中的插图(图 2-2),对于教师进行故事教学有很大的帮助,这个故事配有四个插图,插图与文本构成一个整体,互相印证,互为依托。进入故事教学前,教师可以充分利用插图的形象性,为课文提供直观线索,让学生结合自身的知识和生活经验,对文本内容进行预测,培养他们的观察能力和思考能力。同时,插图对于学生复述故事内容也有很好的帮助,插图为学生复述提供了语言支架,可以有效降低复述的难度,从而锻炼学生的口头表达能力和概括能力。

因此,插图不是教材中可有可无的,而是不可或缺的有益补充。教师在英语教学中应当将插图作为重要的教学资源,和教学融合,使语言知识更加具象化,促进学生对语言的理解和内化,实现小学英语课堂教学高效化。

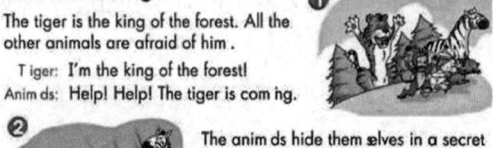

图 2-2 《牛津英语(上海版)》: 5A M3 U3 "Seeing the doctor Read a story"板块插图

5. 人物

教材中除了交际情境、精美插图和拓展活动等教学素材外,人物信息也是一个庞大的不可忽略的资源库。教材中的人物多以活泼、开朗、乐观、向上等形象分散穿插于小学阶段的教材中,陪伴每位学生度过小学英语学习时光。随着学生学龄特征和认知特征的不断增长,课本中人物的爱好、生活习惯、个性特征、行为习惯等也都随着一起成长。如《牛津英语(上海版)》中知性的"Miss Fang",和学生一起成长的"Tom""Alice""Kitty""Ben""Eddie""Danny""Peter""Jill",以及可爱的"Sam"和"Ginger"等,他们和学生一起分享趣事、快乐学习。教师在解读教材时可以考虑教材人物设定前后的联系,将教材中人物的角色特征迁移利用到每一课时的情景中,让图文、人物角色、每一个细节都得到放大,教材文本就能得到最大程度的开发和利用。

例如:在《牛津英语(上海版)》教材 2A M2 U1"I can swim"中的"Look and say"板块,有"Can you _____? Yes, I can./No, I can't"这个句型。同时,从文本中我们可以知道"Danny"不会写字,但会画画。这些可以看作是"Danny"的个性特点。在之后的 4A"M1 U2 Abilities"中的"Look and say"板块,在学习"Can he/she _____? Yes, he/she can./No, he/she can't"这个句型时,教师就可以自然联系 2A M2 U1"I can swim"的"Look and say"板块中的第一人称表述的句型,让学生回想"Danny"可以做的一些事情,然后再引入到第二人称的表述方法。这样,教师就可以通过"Danny"将新旧知识联系起来,这不仅可以给新课一个很好的开始,也可以让学生有效巩固之前学习过的知识,更容易接受新的内容。

再如,教师可以在期末复习时,以"Jill"为中心,复习 4A M1 U1"Meeting new people"和 M2 U1"Jill's family"这两个单元。前者的主题是结交新朋友时的介绍,后者的主题是介绍自己的家人。教师可以把"Jill"当作文本的主人公,来到新的班级,结交新的朋友,并向大家介绍自己的家人。这样一来,学生就可以把知识串联起来,减轻学习的负担。

6. 音频、动画

一般来说,英语教材都会配有音频资源,因此音频和视频也是教材不可或缺的一部分,对于教学帮助也很大。音频、视频教学是一种以音频或电子动画的形式进行知识传播,通过声音以及动画形象传递情感与认知的教学模式。考虑到小学生的认知特点,他们对传统单一的课堂形式缺乏兴趣,而对动静相融的课堂则兴味盎然。因此,教师在解读教材的过程中也要重视对这类音频和视频的合理运用。语言的学习是从听开始的,而音频是听力的重要资源。同时,随着语音、语调、语气的不同,所传递的文本信息也有所不同,背后所蕴含的情感、文化等因素也有所不同。聆听音频,观看动画不仅可以帮助小学生获取有效信息,还可以帮助他们挖掘文本中的情感、文化要素,给予学生情感、文化认知领域的直观输入,使学生在语言操练、模仿、表达的过程中获得更为深入的体验。

例如,教师在教学《牛津英语(上海版)》教材 1A M4 U3"In the park"中的"Look and say"和"Look and learn"板块时,可以运用《小猪佩奇》中"有趣颜色"这一集的动画片段,帮助学生观察与感知原声动画的生理发音,从而掌握发音原理。上课时,教师可以先为学生播放该动画片段,学生在观看时会不自觉地进行模仿,如黄色"yellow"的读音为"/jeləʊ/"这时教师可以将各个音标拆解,指导学生分别读出各个音素的发音,使学生掌握各个音素的发音方法。

总之,音频、动画教学的应用不仅能够丰富教学素材,还能实现课内知识的拓展与延伸,能够有效激发学生的求知欲与探索欲。但这种教学仍有不足之处,教师要引起重视,教师在进行选材时要突出课程重点,避免使这些资源的使用流于形式。

揭秘名师课堂

案例选取的是上海市七宝明强小学英语教师沈雯晴对《牛津英语(上海版)》教材 5B 中"Look and say"板块中的对话进行的教学。其文本的主要内容是:"Ben""Kitty"和"Mum"在家讨论想看什么电影、喜欢这个电影的理由以及最终三人一起去看什么电影。下面将对本节课进行简单的回顾,并对教师的教材解读进行分析。

一、课堂实录

整节课可以分为六个关键环节。

环节一:话题导入,激发学生学习兴趣。

教师在课堂开始的时候介绍:"Wow, a film festival is coming. That is a big event in Shanghai. It's the Shanghai International Film Festival."为学生创设上海国际电影节这样一个情境。接着教师通过询问"Do you like films?""What film do you like?"这样一些问题激活学生已有的生活经验,让学生快速融入课堂氛围,为接下来的教学做好准备。

环节二:观看电影动画,回顾旧知。

在这个环节,教师用动画视频呈现了学生熟悉的八部影片,并引导学生对这些电影进行分类,回顾有关电影类型的词汇,激活学生已有的经验,为之后的表达作准备。

环节三:观看动画视频,默读对话内容,初步感知文本。

在这个环节,教师先让学生观看了动画形式的对话,又让学生默读,并要求他们"Underline the films on at the cinema. Circle the film they want to see together."教师让学生带着问题自主阅读文本,初步感知文本内容。这可以很好地培养学生自主阅读、获取信息的能力。

环节四:采用多种方式学习对话片段,使学生了解"Ben""Kitty"和"Mum"各自喜欢的电影以及相应的理由。

在这个环节,教师采用看图、视听、回答、朗读、角色扮演等多种方法来进行教学。除此之外,教师还运用板书梳理对话内容,让学生可以依据关键信息对文本内容进行复述,实现语言输出。在整个环节的教学过程中教师循序渐进地开展教学,既重视学生对对话内容的理解,又重视学生语言的积累,同时还培养学生从具体思维走向抽象思维的能力。

环节五：借助问题和电影宣传手册，鼓励学生进行语言输出。

这个环节主要是对学生学习到的内容进行练习和创造，主要包含两个活动。活动一教师的指令是："The Film Festival is coming. What are you talking about at home? Group 1, you are Kitty. Group 2, you are Ben. Group 3, you are Mum. OK?"让学生通过扮演不同的角色复习文本内容。活动二教师的指令是："The Film Festival is coming. Look, you have a film guide for this festival. You can read it and tell me what film you like and why."学生可以自主选择电影宣传手册上的任意电影来进行表达，以此来丰富学生的语言输出，提高学生的表达能力。

环节六：布置课后作业，加深情感体验。

在这个环节，教师布置了"1. Read the dialogue""2. Try to write it down if you can"这两个家庭作业，帮助学生巩固所学知识。在课堂的最后，教师播放了一些电影的片段，其中包含了令人温暖、令人快乐、令人激动和令人励志的一些情节，让学生观赏并体验电影带给我们的丰富感受，让学生积累关于电影的语言知识并为下一节课的内容作铺垫。

二、点评反思

总体来看，整堂课的设计和安排合理恰当，也取得了不错的教学效果。这一切都离不开教师对教材的精准解读。

（一）本单元教材分析

表 2-8 《牛津英语(上海版)》教材 5B M2 U2"Films"教材分析表

项 目	内　　容		
话 题	人与社会√　　　人与自然 (本单元话题"Films")		
功 能	交往√　　　感情　　　态度		
育人价值	了解电影的相关知识，通过观看有意义的电影帮助学生树立正确的世界观、人生观以及价值观，提高学生思想境界。		
教材板块定位	核心板块	Look and say	核心句型：Shall we?
		Look and learn	核心单词：ticket、ticket office、entrance、exit、seat
		Learn the sounds	发音：/m/、/n/、/ŋ/
		Read a story	阅读：Snow white
	次核心板块	Say and act	听说演：Going to the cinema
		Listen and enjoy	听：Listening
		Ask and answer	练习句型：— Shall we see? — OK./I want to see ...

（二）通过解读文本设计教学目标和重难点以及课时分配

1. 单元教学目标

（1）知识与技能

① 能准确理解、朗读并运用核心词汇"ticket、ticket office、exit、entrance、seat"介绍影院设施，做到语音标准，书写正确。

② 能用核心句型"Shall we …?"提出观影建议，并能用句型"I like … I want to see …"交流喜欢的电影，并简述理由。

③ 读懂电影 Snow White 的内容简介，并能简单复述电影情节。

④ 能知晓辅音字母及字母组合"m、n、ng、nk"的发音规则，并能正确朗读含有"/m/、/n/、/o/"的单词。

（2）文化与情感

学习和了解观影礼仪，感受经典影片的魅力，体会电影带来的乐趣。

（3）学习策略

① 在课堂交流中注意倾听，积极思考，参与讨论。

② 利用提供的学习资源，通过阅读、讨论、合作、交流、练习等形式完成学习任务。

2. 课时分配

表 2-9 《牛津英语(上海版)》教材 5B M2 U2 "Films"课时分配表

	第一课时	Films I Like
Unit 2　Films	第二课时	Seeing a Film
	第三课时	I Love Seeing Films

3. 教学重点和难点

表 2-10 《牛津英语(上海版)》教材 5B M2 U2 "Films"教学重难点分析表

教学重点	用句型"I like … I want to see …"分享和交流喜欢的电影，并简述理由。
教学难点	从喜爱的电影类别、电影名字、选择理由等方面表达自己喜欢的电影及理由。

4. 第一课时教学目标

（1）能在 Film Festival 的语境中，初步感知、理解核心词汇 cinema 的意思。

（2）能在 Film Festival 的语境中，听懂并朗读核心句型"Shall we …"。

（3）能根据影讯资料，运用句型"I like ... I want to see ..."分享和交流喜欢的电影，并简述理由。

（4）能在交流和分享喜欢的电影的过程中，体验电影带来的不同感受。

（三）遵循课程标准、核心素养的要求解读教材

从该教师设置的教学目标和教学重难点以及整堂课的设计和实施情况来看，该教师对教材的解读符合英语课程标准以及英语学科的核心素养。教师从知识技能、文化情感和学习策略四个方面进行教学目标设计，涵盖了英语课程标准语言技能、语言知识、情感态度、学习策略和文化策略五个方面。这与英语学科的核心素养也是相契合的。教师依据英语课程标准和英语学科核心素养的要求进行教材解读，设计出符合学生认知特征和心理发展特点的教学目标和教学课堂设计，促进学生综合语言能力的发展。

（四）教师依据学生学情进行文本解读

这节课的授课对象是小学五年级学生，他们通过四年多的英语学习已经积累了一定的基础词汇和句型，具备了一定的英语学习能力和简单的英语运用能力。本节课是 5B M2 U2"Films"的第一课时，也是在教材中第一次涉及电影的相关知识。教师在上课之前了解到学生在日常生活中会有观看电影的经历。除此之外，本班学生在 4B"Days of the Week"的"Happy Weekends"这个话题中交流过自己喜欢的一些电影类型及影片名字。所以学生对电影的相关知识并不陌生。依据这样一些信息，教师深入挖掘教材中符合本班学生特征的教学要点进行了课堂设计。

（五）教师对教材文本进行再构

教材中的原始对话文本如下：

> "Mum: Shall we go to see a film this afternoon?
>
> Ben & Kitty: Great!
>
> Mum: There are three films on at City Cinema: *Snow White*, *Toy Story* and *Rabbit Run*. Which one do you want to see?
>
> Ben: I want to see *Toy Story*. It's funny.
>
> Kitty: Can we see *Snow White*? I want to see the princess.
>
> Mum: I want to see *Snow White*, too. Shall we see *Toy Story* next time, Ben?
>
> Ben: OK.
>
> Mum: It's on at two o'clock. Let's leave home at one thirty."

教师为了使文本内容更加贴合本班学生的生活经验，在依据英语学科课程标准以及本班学生学情的前提下，对教材文本深入分析后进行了改编。改编后的对话文本如下：

> "Mum：The Film Festival is coming. Shall we go to see a film this afternoon?
>
> Ben & Kitty：That's cool.
>
> Mum：There are a lot of films on at Wanda Cinema：*Frozen*, *Zootopia*, *Star Wars*, *Kung Fu Panda* and so on. Which one do you want to see?
>
> Ben：I want to see *Zootopia*. The story is about a rabbit and a fox. It's funny.
>
> Kitty：Can we see *Frozen*? I like the princess.
>
> Mum：That's a good idea. The pictures are nice. It has five stars.
>
> Kitty：Shall we see *Frozen* this afternoon?
>
> Ben & Mum：OK.
>
> Ben：Shall we see *Zootopia* next time, Kitty?
>
> Kitty：Great! Thank you, Ben.
>
> Mum：It's on at two o'clock. Let's leave home at one thirty."

通过对比两个版本的文本，我们可以发现该教师对文本分析后作出了如下几点修改：

第一，该教师给文本增设了语境。教材所给的文本并没有交代对话开展的背景，教师如果没有任何的铺垫，直接开始教授文本内容的话会有些生硬。教师在对教材文本进行分析后，在文本的开头补充了"The Film Festival is coming."这样一句话，很自然地交代了这个对话展开的背景。通过这样的修改，使得这段对话更加真实，也可以让学生在学习和表达的过程中更加自然、流畅。

第二，该教师对教材内容进行了整合，深度挖掘了教材中的连续性，体现了"大教材观"。教师在对话文本中联系了同一单元中"Ask and answer"板块，这个板块解释了电影讲述的主要内容，运用句型"The story is about …"。这为学生在描述喜欢某部电影的理由时提供了更加丰富的依据。这部分内容与教材文本贴合度很高，放在一起很自然，使学生的语言输出内容更加丰富。

第三，该教师对教材文本中的影院名称进行了更换。教材文本中的影院名称是"City Cinema"，教师为了让文本更加贴近学生的生活，将文本中的电影院名称修改为学生所在城市中的一家电影院——"Wanda Cinema"。这样一个小小的改编，就可以极大地激活学生已有的生活体验，使其在学习的过程中对教师创设的情境的体验感更加真实，学习的兴趣和课堂参与感也会更强，教学效果会更好。

第四，该教师对教材文本中的电影名称进行了替换。教材文本中的电影名称是 *Snow White*，*Toy Story* 和 *Rabbit Run* 替换为近年来上映的动画电影 *Frozen*，*Zootopia*，*Star Wars* 等。教师为了不改变教材原有的特色，在替换影片的时候也很用心，替换后的影片与原影片在类型上是一一对应的。这些电影深受孩子们的喜欢,与学生们的生活经验联系更密切,更容易激发学习兴趣,提高课堂上的参与积极性。

总之,通过对比分析修改前后的文本内容,我们可以清晰地感受到教师在基于学生的知识储备和学习特点对文本内容进行优化和重组之后,文本内容更加贴近学生的学习实际,切合学生的生活经验和语言基础。这更有利于提升学生的语言能力。

(六)该教师运用动画视频资源服务教学

这堂课的成功还离不开该教师优秀的动画制作。为了让学生在课堂上有更好的情境体验,提高课堂活跃度,该教师精心剪辑了相关电影的片段,精心制作了电影册,以及电影海报。这些要素看似并不是这堂课所必需的,但是却能极大地提高教学的效率和质量。那些直观的图片、引人注目的电影动画片段,可以极大地丰富学生在课堂学习中的视觉体验,激发学生的学习兴趣。

案例二

案例二选取的是海南省三亚市第七小学英语教师柳扬雪对外研版《新标准英语(三年级起点)》4B M3 U1"Robots will do everything"中的"Listen, point and find 'will'"板块进行的教学。文本的主要内容是:"Sam"和"Daming"围绕 robots 能够做哪些事情展开的对话。下面将对本节课进行简单的回顾,并对教师的教材解读进行分析。

一、课堂实录

整节课可以分为五个关键环节。

环节一:热身。教师在课堂开始的时候发出指令:"Watch a video about robots then answer 'What is the video about?'"通过让学生观看生动形象的视频激发学生学习英语的兴趣,激活学生对于机器人的了解并将学生引入到本节课的语境中来。接下来教师让学生围绕"What do you know about the robot?"进行头脑风暴,师生间进行"Free talk"以此来激活学生的思维、已有的图式及知识储备。

环节二:呈现。在呈现环节,教师通过让同学们猜测"Sam"和"Daming"在讨论什么的方式提出核心问题,呈现整体情景会话,帮助学生初步感知理解对话内容。接下来通过:"Look at the pictures and then guess why did Sam say Wow? What can the robot do?""Watch a video about what the other robots can do?"和"Work in groups and guess what will the robots do? And what won't the robots do?"等问题一步步引导学生深入理解文本内容,培养学生思维品质的开放性和逻辑性。

环节三:操练。在此环节,教师采用会话操练"三递进"法帮助学生进行语言操练。第一步,体验性朗读,让学生观看课文动画,逐句跟读,提醒学生注意模仿语音、语调。第二步,半真实交流,学生在座位上三人一组分角色朗读对话。学生可借助书本进行对话练习和展示,教师引导学生务必注意对话过程中的表情和语气。第三步,真实交流,学生三人一组上台,分别扮演"Daming""Sam"和"robot",脱离书本面对全班同学进行表演。学生由上一步看着书本进行角色扮演,到本阶段脱离书本表演会话,过程中内化语言,从而进行真实的表达交流。

环节四:应用。这个环节主要是让学生灵活运用本节课所学知识进行创造。教师让各个小组选取一个最喜欢的机器人,把它想象成心目中最理想的样子,并绘制思维导图。在此过程中,教师为学生提供参考案例,便于其理解和操作。最后,要求学生以小组为单位在讲台上展示小组设计的机器人。其他小组成员要认真聆听、做好记录,拿出表格勾出设计相同的部分。这一环节的活动从学生的认知风格出发,通过开放性的任务,给予学生创造的空间,帮助他们复习巩固所学知识。

环节五:总结和作业设计。这一环节教师通过询问:"What have you learned today?"让学生总结本堂课学会了什么,让学生对学习的内容进行整体的回顾和反思,加深记忆和理解。最后教师布置的作业为:"Please write something about your ideal robot."开放性的作业既可以让学生发挥想象又可以巩固当天学习的内容,很好地体现了由浅入深的教学层次。

二、点评反思

该教师对教材文本进行了很好的解读,取得了有效的教学效果。

(一)教材分析

表 2-11 《新标准英语》4B M3 U1 教材分析表

项 目	内 容
范 畴	人与自我　　　人与社会√　　　人与自然
子主题	科学技术改变生活
功 能	交往√　　　感情　　　态度
育人价值	了解机器人的现状,畅想机器人的未来,并明白机器人并不会为我们做所有的事情,我们需要依靠自己的道理。

(二)该教师通过文本解读设计教学目标和教学重难点

1. 第一课时教学目标

(1)学生能够听懂会说"will, everything, homework, won't"等词;

(2)学生能够理解:"Robots will do everything."句型;

(3)学生能够运用"will"描述自己想象中的机器人将会做的事,并能够绘制思维导图介绍自己想象中的机器人;

(4)学生能够通过对机器人的描述激发对科学的热爱,并能够通过小组合作培养合作精神。

2. 第一课时教学重难点

表 2-12 《英语》4B M3 U1 教学重难点表

教学重点	学生能够灵活运用句型"Robots will ..."谈论机器人将会做的事情。
教学难点	学生能够从用"can"描述机器人的现状迁移到用"will"描述想象中机器人的未来。

（三）教师运用思维导图对文本进行解读

思维品质是核心素养的重要组成部分，反映核心素养的心智特征。《义务教育英语课程标准（2022年版）》指出英语教学应该能够让学生在语言学习中发展思维，在思维发展中推进语言学习，逐步发展学生的逻辑思维、辩证思维和创新思维。思维导图能够将思维、思考的过程用直观的、图示的方法表现出来，促进学生阅读思维能力的发展，提高其阅读能力。该教师十分注重学生思维品质的发展，通过对文本进行分析，将学生已经学过的知识与本节课的教学内容运用思维导图的方式呈现出来，帮助学生将新旧知识联系起来，能够迅速激活学生已有的图式及知识储备，激活学生的思维。除此之外，该教师在应用环节巧妙地设计了开放性的任务，让学生小组内选取一个最喜欢的机器人，把它想象成心目中最理想的样子，并绘制思维导图，并向同学展示。这遵循了"学思结合、用创为本的英语学习活动观"的要求，使该活动既立足于教材又跳出教材，充分体现了语言与社会生活的相关性，可以很好地帮助学生复习和强化所学知识。

（四）教师注重对教材插图的解读

小学英语教材是图文并茂地展示英语知识的，教材中的插图也是重要的教学资源，该教师对插图进行了细致的解读，并很好地运用于教学过程中。该教师在呈现环节没有直接将文本呈现出来，而是巧妙地运用插图让学生进行"图文解码"。例如，教师首先让学生观察第一幅图并抛出核心问题"What are they talking about?"使学生通过图片预测文本内容，初步理解对话。接下来，再让学生观察图片2和图片3，并提出问题"How does Sam feel?""Why did he say Wow? What can the robot do?"等一系列问题，让学生猜测机器人做了什么样的事情让"Sam"如此惊讶，给予学生想象的空间，锻炼学生的思维能力。在整个过程中教师也引导学生关注图片的细节以及人物表情的变化，让学生在语用环境中正确理解人物角色的情感，为之后的角色扮演奠定基础，避免学生在对话表演中出现机械、公式化的对台词现象。这位教师通过"图文解码"这种方式将教材插图和文本内容很好地结合起来，激发了学生的学习积极性，构建了良好的学习情境帮助学生理解英语，掌握文本想要表达的意思。

（五）教师通过文本解读对学生进行情感渗透教育

英语是一门工具性和人文性相统一的学科，英语课程不仅承担着培养学生基本英语素养的任务，还承担着提高学生综合人文素养的任务。该教师通过对文本进行解读，深入挖掘文本中的育人价值，对学生进行情感渗透。对于文本"They will do our homework too！""No, they won't."教师并没有简单地进行知识教学，而是借助文本内容向学生抛出具有思辨性的问题:"What's your opinion? Will the robots do our homework?"让学生通过思考表达自己的想法,锻炼学生的辩证思维,从而进一步让学生明白机器人并不能够做所有事,有些事情还需要靠人类自己。或许危险环境的工作会被机器人替代,重复标准操作的动作会被机器人替代,需要高速计算和快速反应的操作工作会被机器人替代,但是我们人类有灵活多变、创新创意的思维和丰富细腻的情感,这些是无法被机器人所替代的。辩证的看待问题使学生具有积极向上的良好心态,促进学生身心健康发展。

案例三

案例三选取的是东莞市南城阳光第二小学的英语教师使用 PEP 教材 6B"Unit 3 Where did you go?"中的"Part B Read and write"板块进行的教学。主要内容是通过"Wu Binbin"的日记阐述了假期中他和家人一天所经历的好事和坏事,以及他们是如何化解的。下面将对本节课进行简单的回顾,并对教师的教材解读进行分析。

一、课堂实录

整节课可以分为四个关键环节。

环节一:"Pre-reading preparation"。在这一环节中主要包含"Free talk"和"Review and say"两个活动。教师首先提问:"How was your last holiday?"并展示出思维导图供学生参考,引导学生进行"Free talk",表达自己的观点。接着,教师又展示出之前学习过的"Let's learn"板块的图片,并询问"How was Wu Binbin's last holiday?"让学生描述"Wu Binbin"的假期生活。通过这两个活动可以有效激发学生的学习兴趣,并复习短文中出现的动词过去式,激活学生的旧知,为之后的短文学习奠定基础。

环节二:"While-reading procedure"。在这一环节中,教师首先分步呈现课文第一部分的图片,引导学生观察图片,描述图片,使学生借助图片思考:"How did Wu Binbin meet Max? What happened to them?"可以对文本内容有一个大致的了解。接下来教师呈现出第二部分的图片,让学生通过观察图片中人物的表情和动作展开想象并预测发生了什么,使学生初步建构文本,并在预测、推断的过程中发展思维能力。接着在"Read and number"环节,让学生初读文本,获得关键信息,梳理事情发生的先后顺序,为图片排序,培养学生的阅读策略和逻辑思维能力。然后,教师要求学生带着问题再读文本,找出"Wu Binbin"一家一天的具体活动,判断哪些活动属于"good things",哪些属于"bad things",并思考为什么"Wu Binbin"会将这次经历记录下来,引导学生关注语言信息、文本细节和文本体裁。除此之外,教师还设计了"Think and say"活动,通过问题"If you were Wu Binbin, what would you do?"启发学生讨论,发表自己的意见,让学生通过文本理解凡事都有好坏两面,通过自己的努力,一些坏事也可以变为好事。最后,通过"Try to read""Listen and imitate"等活动让学生再度回归文本,尝试朗读和模仿练习,并在这一过程中教师对学生进行语音纠正。通过这一系列活动深化学生对文本的理解,达到内化于心的效果。

环节三:"Post-reading activity"。在这一环节中,教师通过引导"Read and find"从而分析文本中坏事转化为好事的过程。接着教师再通过呈现一些"坏事"的图片让学生展开想象,通过何种努力可以将这些"坏事"转化为好事。然后,教师给予学生"Writing tips",让学生注意写作的结构、表达和语法内容,并鼓励学生进行写作练习。在学生完成后,教师采用生生互评以及师生共读共赏的方式对写作练习进行详尽的批改。最后,教师布置了课后作业,主要内容为:要求学生反思,订正课堂的写作练习,再结合自身的生活经历完成一篇记录自己难忘的一天的日记。将课堂所学知识运用于实际生活当中,学以致用。

二、点评反思

该教师对教材文本进行了很好的解读,取得了良好的教学效果。

(一)教材分析

表 2-13　PEP 教材 6B U3 教材分析表

项　目	内　　　容
范　畴	人与自我√　　　　人与社会　　　人与自然
子主题	生活与学习中的困难、问题和解决方式
功　能	交往　　　　感情√　　　　态度
育人价值	培养学生积极乐观的态度

(二)该教师通过文本解读设计教学目标和教学重难点

1. 教学目标

(1)能够在图片和老师的帮助下读懂日记内容,完成相应的读后活动。

(2)能够按照正确的语音、语调、意群朗读短文,能模仿文本,续写、创写日记。

(3)能够运用不同的阅读策略获取文本中不同类型的信息,同时基于文本思考、评价主人公的行为和品质。

(4)能够积极参与讨论,从不同角度辩证地看待事物,联系个人实际,总结文本学习给自己的启示,逐步形成积极乐观的态度。

2. 教学重难点

表 2-14　PEP 教材 6B U3 "read and write"板块教学重难点表

教学重点	能在图片的帮助下正确理解并朗读这篇日记,完成读后练习。
教学难点	能够按意群阅读,并在有限时间内用一般过去时书写自己曾经历过的"糟糕却又美好"一天。

(三）教师能够充分运用教材指令引领学生学习

具有启发性的问题，可以一步步引导学生进行深入思考和探索新知。该教师能够关注到教材所给的问题指令，运用这些指令引领学生通过思考逐步理解文本内容。例如，教师在"While-reading procedures"环节并没有直接让学生进行文本阅读，而是先呈现出一部分插图，让学生观察图片、对比图片回答教材所给的指令问题："Discuss with your partner. How did Wu Binbin meet Max？What will happen next？"在过程中教师还补充了新的问题"What happened to them？"通过让学生观察图片预测文本内容，初步建构文本，并在预测、推断的过程中发展思维能力。除此之外，对于一些表述不够明确的教材指令，该教师也进行了补充说明，旨在使学生清晰明白学习任务并能够自主完成，提高学生自学能力。例如：该板块在教材中有一处指令是"Number the picture"，对于一些基础不是很好的学生可能并不能清楚地了解该项活动的具体要求，于是该教师在进行这项活动时补充道："Here is a passage from Wu Binbin, and these pictures are not in the right order. When you finish reading the passage, please number them in a right order, Ok？"这时学生就可以清楚地知道任务的要求是依据阅读文本内容来对图片进行排序，可以很好地提升学生的学习自信心和积极性。

（四）教师能够合理创新教材

教材是依据《标准》编写的教学用书，是实施教学的工具。教师在教学时要尊重教材，但不拘泥于教材，敢于大胆灵活地处理教材。该教师就做到了这一点，在教材中当学生通过阅读文本找出"Bad things"和"Good things"之后，任务是"Now write about your bad but good day."学生在此时虽然对文本内容有了初步的理解，但这样的安排对于学生来说仍具有一定的难度，因此，教师在实际教学过程中并没有采用教材所给的顺序，而是依据教材设计了两个新的活动"Read and use"和"Try to write"，并把教材中的任务"Now write about your bad but good day."安排到课后让学生独立完成。"Read and use"是教师为学生提供了两组图片，每组图片都配有一些"More useful expressions"供学生参考，帮助学生造句。如下图：

图 2-3 课件图

通过这样创设开放性任务，可以有效降低学生造句的难度，从而增加学生运用所学知识进行输出的积极性和自信心，任务答案并不唯一也可以很好地锻炼学生的开放性思维。"Try to write"活动是教师让学生发挥自己的想象，并模仿教材所给的文本，将自己在"Read and use"活动中造的句子拓展为日记。有了上一个活动的铺垫，学生可以较为轻松地仿写出日记。经过课上一系列循序渐进的练习，学生在完成课后作业时也可以从容一些。该教师对教材内容的加工处理,体现了教师教学的灵活性与创造性,也赋予了教材更加活跃的生命力。

为新手支一招

探讨"小学英语教学文本再构"的问题

新课程标准要求教师能结合教学需要和学生的认知水平,创造性地使用教材,提高教学的有效性。为了更好地使教材服务于教学,教师在教学实践过程中可对文本进行一定的调整和补充,使教材更加切合教学实际,更加符合本班学生的兴趣特点,有效地促进学生语言的习得和运用。

一、文本再构的含义

通常来说,文本再构是指以教学内容为基础,结合学生的理解和接受能力,从教学内容、知识架构和教学顺序等方面对教材进行适当的调整和科学的改编,让学生通过体验、实践、参与、合作和探究等方式,提高对知识的理解和解析能力,从而达到更好的教学效果。

二、文本再构常见的形式

1. 课本剧

《牛津英语(上海版)》小学英语教材以模块为单位,每个模块一个话题,下面又分为三个小单元,内容都十分贴近学生的生活实际。因此,很多话题都非常适合改编为课本剧。课本剧一般都比较轻松有趣、简单易懂,文本中可以结合板块的词汇和句型,训练学生的语用能力和学习能力。这种形式也很容易得到学生的喜爱。

2. 绘本

课本剧是文本重构比较好的方式,能有效激发学生的学习兴趣,激活学生的思维。但课本剧并不是唯一的形式。教师在分析教材时,应该认真研读教材,挖掘教材的内涵,根据小学生的年龄特点和心智特征进行合理重构。

3. 故事

高年级的教材中开始陆续呈现故事,这是学生非常喜欢的内容。教师可以结合学生的特点和教材文本,对故事进行重构、改编或续写等。教师可以在教学过程中让学生首先通过教材中的插图了解故事大意,并通过提问启发学生思考,激发学生的想象力,然后通过思维导图的形式引导学生自主创编故事。这种形式也可以达到很好的教学效果。

4. 书信/邀请函

随着学生学习的深入,除了对话和语篇外,教师还可以用新的文体,如书信、邀请函等进行文本再构。

5. 综合形式

根据教材内容和课程需要,教学中的文本再构不是单一和固定的。根据教学内容、课程标准和学情,有些是综合性的文本再构。教师可以将几种方式综合起来运用。

三、文本再构的注意事项

小学英语教师在进行文本再构时,还需注意以下几点:

第一,教师应关注模块的整体性。从模块的整体性出发,对教材进行深入解读和再构,对资源进行整合和利用,对模块内容进行优化和重组,从而促进学生综合语言运用能力的提升,落实英语学科核心素养目标。

第二,教师应关注文本的真实性。教材中的许多话题是与学生生活实际息息相关的,教师在重构文本时要关注文本的真实性。如在教学"clothes""hobby""daily life""weekend"等话题时应联系实际,使学生更容易理解和运用。

第三,教师应关注文本的生活化。教师在进行文本再构时,必须从实际出发,文本内容要符合学生的认知特点和知识储备,教师个人的教学风格和特色以及师生的生活实际经历等。这样更容易引起学生的共鸣,更有利于教学成功进行。

第四,教师应关注语言的复现性。语言学家认为,二语习得者能够通过听或读的练习大量接触目标语,从而习得词汇知识。单词复现率和语境丰富度被认为是影响学习者词汇知识习得的两个主要因素。因此,教师在文本再构中注重词汇或句型复现性,会大大提高学生掌握目标词汇和句型的效率。

第五,教师应关注文本的趣味性。根据小学生的年龄特点和爱玩爱演的天性,教师在进行文本再构时,必须考虑到文本的趣味性。课本剧的创作必须生动有趣。例如,可以增加诗歌、歌曲,设计幽默、夸张的人物语言、动作、神情,设计有冲突的故事情节等,以不断激发学生的学习兴趣和热情,进一步促进学生的语言习得和综合素养的发展。

参考文献:

1. 董玲,王杰,赵静远,张米岚.小学英语课程与教学[M].上海:华东师范大学出版社,2017.
2. 陈剑.小学英语单元整体教学视角下的教材解读[J].教学与管理,2015,No.630(17):53-55.
3. 陈雅静.核心素养背景下的小学英语教材资源解读[J].基础外语教育,2017,19(06):88-93+112.
4. 彭家鑫.《牛津英语》(上海版)与《PEP英语》教材对比分析——以小学英语五年级(上)教材为例[J].校园英语,2018,No.431(43):88-89.
5. 李志莹.小学英语教材整合中的文本再构[J].教学与管理,2020,No.799(06):98-100.

板块三 教学目标确定

关键词

教学目标;目标撰写;应用策略

结构图

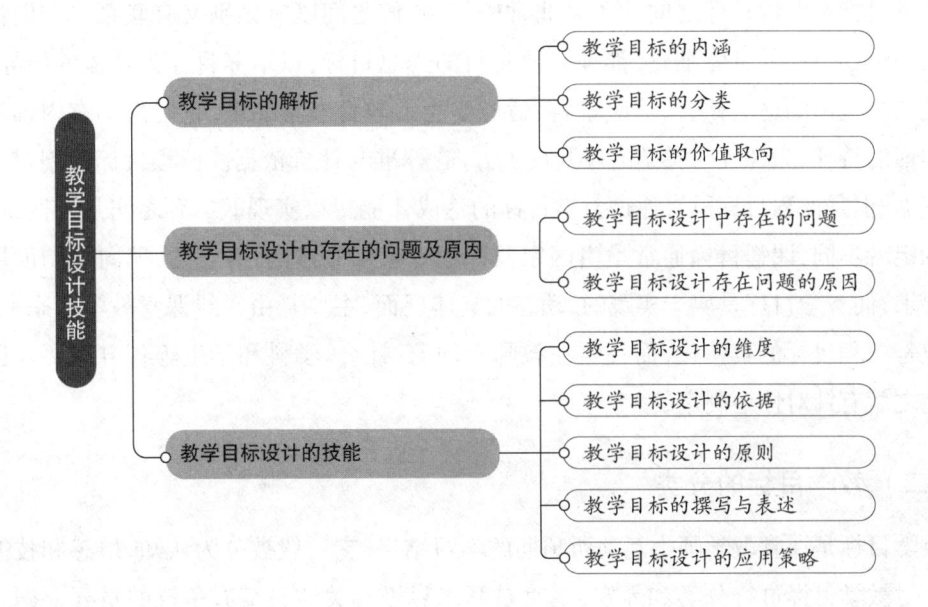

```
                                    ┌─ 教学目标的内涵
                   教学目标的解析 ────┼─ 教学目标的分类
                                    └─ 教学目标的价值取向

教学目标                             ┌─ 教学目标设计中存在的问题
设计技能  ─ 教学目标设计中存在的问题及原因 ─┤
                                    └─ 教学目标设计存在问题的原因

                                    ┌─ 教学目标设计的维度
                                    ├─ 教学目标设计的依据
                   教学目标设计的技能 ─┼─ 教学目标设计的原则
                                    ├─ 教学目标的撰写与表述
                                    └─ 教学目标设计的应用策略
```

学习目标

1. 了解教学目标的内涵。
2. 了解小学英语教学目标的分类与价值取向。
3. 说明小学英语教学目标设计与叙写过程中存在的问题及原因。
4. 举例陈述小学英语教学目标设计与撰写的基本原则和维度。
5. 根据教学内容和主题设计与撰写小学英语教学目标。

学习提示

思考:科学制定合理可行的教学目标的基本依据有哪些?

一、教学目标的解析

《标准》基于义务教育培养目标,将党的教育方针具体化,将课程目标从综合语言运用能力转向了由语言能力、文化意识、思维品质和学习能力等四个方面构成的核心素养目标,明确了英语课程的育人价值。单元教学目标是总体目标的有机组成部分。教学目标要以发展英语学科核心素养为宗旨,围绕主题语境整体设计学习活动。

(一)教学目标的内涵

教学目标是教学过程中师生预期达到的学习结果和标准,教学目标是进一步具体细化在课程中的教育目的和培养目标,它能在方向上引领和指导课堂教学活动的实施和顺利进行,并能够为课堂练习和教学评价提供相对具体、客观的标准和依据。

教学目标和课程目标之间的关系非常密切,它们之间既有区别又有联系。它们都是教育目的和培养目标的具体细化,都是以教育目的为总目标,以培养目标为具体的指导,在各自的范围内提出的适应社会、适应学科、适应学生的教育教学要求,它们都具有内容和行为两个方面的特征,为课程与教学的展开提供方向、标准与评价依据。课程目标是制定教学目标的依据,但是课程目标只有通过教学目标的达成才能得以实现。二者之间是有区别的,它们的制定者不同,课程目标通常是由国家及课程专家来制定的,静态的、偏向于制度层面的课程要求,而教学目标是属于实践的、动态的具体层面,主要是由一线课堂教学者来完成的,它不仅是课程目标的具体化,而且是在教师对国家、社会、学科和学生等各方面要素进行深入研究之后有针对性地制定的。

(二)教学目标的分类

教学目标是课堂教学师生互动所预期的学习结果,它一般被分为认知、情感和技能三大领域。对教学目标进行分类和界定,一直是学术界极其关注又富有争议的重要课题。就认知领域的教学目标而言,人们提出了众多观点和见解,形成了不同的智育目标观。在我国流行的智育目标观有两种,即将知识、技能、智力并列的智育任务观和布卢姆的认知领域教育目标分类学。

教学目标按不同的标准也有很多的分法与表达方式。在西方,教学目标一般可以区分为终极目标和直接目标:终极目标是为了使受教育者将来能够从事各种社会性活动所要实现的目标;直接目标是为了使学习者掌握各种从事社会活动时所需的活动工具、行为方法所要实现的目标。前者如掌握一门或多门语言,以便在跨国公司中与国际友人共求发展;后者如学习驾驶、打高尔夫等运动技能,可以提升工作和生活的效率和品质。

1956年布卢姆出版了《教育目标分类学》一书,引起了极大的反响。他提出教学目标应包括认知领域、情感领域、技能领域。布卢姆对认知领域进行了详细的划分,这是布卢姆的一个重要贡献。他认为认知领域包括六个阶段:知识、领会、运用、分析、综合、评价。

心理学家加涅在《学习的条件》一书中提到,学习的结果就是要形成学生的五种能力:智力技能、认知策略、言语信息、运动技能和态度。加涅的学习结果分类理论较全面地解释了英语学习的不同结果,如言语信息可以解释为语言知识和文化知识的学习,智慧技能可以解释为语法规则及运用规则的听说读写的技能训练。更重要的是,加涅对不同学习结果的规律作出了科学的阐释,在此基础上进一步提出了一个相对完整的教学设计过程模型。该模型涉及目标的确定和陈述、教学任务的分析、教学事件与媒体的选择和使用以及学生学习的测量和评价。

(三)教学目标的价值取向

由于人们对学生的身心发展规律和特点、对社会需求的重点以及知识的性质和价值的看法各不相同,对于三者之间的复杂关系的理解存在着不可避免的差异,因而教师对于课程目标与教学目标的价值取向是有所不同的。在课程目标与教学目标的价值取向上,主要有普遍性目标、行为性目标、生成性目标和表现性目标四种基本形式。这四种课程目标与教学目标各有优点和不足,教育活动是多元的,我们应该综合使用,互为补充,扬长补短,使其各自发挥特长。

二、教学目标设计中存在的问题及原因

课程改革的成败在于教学方案的实施,而实施的主要对象就是教师,教师的教学设计能力关系到学校工作质量。目前教师正逐渐地走出传统备课的一些误区,课堂教学过程中教师既注重活动形式的多样化,也注重学生的语言运用实际效果,使课堂教学活动能够紧密联系学生的真实生活世界。大多数教师都能够做到课前充分备课,课后以多种方式积极反思课堂教学实施,以进一步提升教学实效,最终能够促进学生的语言能力发展。

但是,教师在设计教学目标时,还需要注意以下问题。

(一)教学目标设计中存在的问题

1. 教学目标叙述表达不清

科学合理的教学目标是评价学生学习结果的重要依据。有的教师在叙述教学目标时倾向于使用传统意义上的心理动词,较少使用行为动词,这就导致了教学目标笼统、含糊不清。典型的问题有:① 教学目标的主体错误,以教师为主体或既有教师为主体又有学生为主体;② 行为动词相对抽象,教学目标本身就具有评价教师教学效果和学生学习效果的作用,如果行为动词很抽象,不具体,那这个功能就无法实现;③ 缺乏程度,程度的表述,可以使目标更

加精确。如学生能用"I want a …""I can draw a …""Do you like my …?"等句型来讨论自己所拥有的文具。该目标的表述没有涉及条件和程度。对此,可以进行修改:学生能使用之前学过的"I want a …""I can draw a …""Do you like my …?"等句型,结合颜色及其他形容词,在相关语境中自由讨论自己所拥有的文具。以学生为主体进行表述,"讨论"这个动词非常具体,也表述了行为产生的条件"之前学过的句型",属于提示因素;在相关的语境中讨论使得词汇和句型的学习变得有意义。这样的目标叙述表达才具有可测性。

2. 知识与技能目标内容不全面

《牛津英语(上海版)》教材中从一年级到五年级都设计了歌曲和歌谣环节;从二年级开始学习字母,有对字母书写的相关要求;从三年级开始学习专门的语音知识,主要是字母以及字母组合在单词中的发音规律和对句型的书写要求。这些要求在《标准》的课程目标中也明确作出了规定。语言知识和语言技能目标中要求:学生要感知简单的拼读规则,尝试借助拼读规则拼背单词;对于字母和单词做到正确书写,能写出简短的语句,能演唱英语歌曲,诵读英语诗歌。

但是,部分教师在设计教学目标时缺乏针对说唱技能的表述,教材中的很多歌曲重点围绕重点语句和词汇进行了设计,它能很好地帮助学生巩固语言知识,降低记忆单词的困难,符合小学生的天性,可以激发学生的学习兴趣。但是许多教师没有将其设计为教学目标,更没有提及会唱相关歌曲。另外,还缺乏针对书写技能的表述。教材对于书写的教学目标设计,循序渐进,从字母到单词再到句型,符合学生身心发展规律。但是分析教学目标时发现,很多教师在教学目标的表述中没有提及学生应该达到什么样的书写技能标准。

3. 学习策略目标缺失

课堂教学过程中,学生在教师的引领和帮助下能够较好地完成语篇或者词汇句型的学习,教学目标的达成率较好。但是,一旦要求学生尝试独立地预习和理解一定的语篇时,学生却不知所措、无从下手。由此可见,教师在课堂往往容易注重讲解语言知识点和组织学生进行操练,对于学生的自主学习能力的锻炼和培养还需要加强,学生并没有在理解知识和操练技能的过程中习得语言学习的方法,事实上,关于方法的知识是更重要的知识。

因此,我们在设计语言教学目标的时候,还需要考虑更重要的一个维度,即学习策略教学目标的达成。心理学的研究表明,学习策略是可以通过教学掌握的。学习策略是一种特殊形式的知识,它可以陈述性知识的形式来表现,也可以程序性知识的方式来呈现,同时学习策略还是一种策略性知识。

学习策略的教学渗透,要求教师不仅要具备良好英语水平,还要善于归纳总结,能够举一反三,要注重培养学生的发散思维,授人以鱼不如授人以"渔"教给学生"渔"的方法,使他们在更多的时候知道靠自己如何去收获果实。

4. 文化意识目标缺失

教师在确定教学目标的时候一般会有一种侧重强调知识与技能教学的倾向,而相对忽视对于学生学习策略的指导、情感态度的培养以及文化意识的培养。例如在教学《牛津英语（上海版）》2A M1 U3"A new classmate"的时候把教学目标确定为：① 学生能够理解并拼背有关数字类的核心单词。② 学生能够掌握简单的自我介绍方法。这种确定教学目标的出发点是典型的知识和能力本位思想。很多教师感觉新课程、新教材的知识数量和难度已经有所降低，但仍然觉得一周三到四节英语课不足以达成新课程标准要求的教学目标。所以他们认为在教学中过多强调学习英语的积极情感、态度和进行文化教学会挤占知识和技能教学的时间，甚至有耽误知识和技能学习的危险。因而不少教师在进行课堂教学目标设计时对于文化意识教学就干脆不提及。

教师所面对的问题太现实了，他们的担忧完全是合理并且可以理解的。因为知识和技能的教学是可以量化的，是显性的，而情感态度和价值观更多是隐性的，教师很难看到情感态度的教育活动给学生带来的明显变化和发展，因此很多教师依旧抱着知识本位和能力本位态度进行教学。

情感态度价值观目标的设计除了以上的问题外，还有一种情况，许多教师虽然考虑到了情感态度价值观目标，但是具体到课时目标，会出现缺乏针对性，缺乏实效性，目标设计得太大、太宏观，不具有可操作性等问题。如《牛津英语（上海版）》多次出现关于动物的教学内容，很多教师凡是遇到动物的主题，都将情感态度价值观目标设计为爱护动物，保护动物，不会根据学生的不同，年级的不同，灵活制定。

又如 PEP 教材 4A U1"This is my new friend"中，教师将情感态度价值观目标设计为：培养学生的跨文化交际意识，发展跨文化交际能力，在了解文化背景的同时，培养热爱祖国的情感。该教材内容为不同国别的学生进行日常问候，情感态度价值观目标涉及文化意识和热爱祖国，由日常问候上升为热爱祖国，虽与教材主题相符，但缺乏知识技能载体，会显得很空泛，太过于拔高。

（二）教学目标设计中存在问题的原因

1. 对教学目标设计意识的不足

钟启泉认为，教师的课程意识就是指教师在课程实施过程中，在对课程目标理解的基础上，能够把课程目标进一步细化为教学目标。① 教师要想设计出合理的教学目标，就必须要对课程标准进行合理解读，要认同课程理念，要对教材进行分析改造，要对学生情况进行精确分析，只有这样，才能够制定出有效的教学目标。

但是在实践中，有些教师在课堂教学目标设计中并不会花大量的时间，设计比较随意，或借鉴或照搬参考书、教师用书甚至网络资源。导致他们虽然内心一致认同课堂教学目标的主体是学生，但实际设计出来的课堂教学目标的主体是教师；他们更愿意花更多的时间在教学活动和教学模式的设计上，有个"大概"的课堂教学目标，心里"有谱"，课堂就没有太大

---

① 钟启泉,郭刚德.课堂教学中教师课程意识的回归[J].中国民族教育,2004（2）：33-35.

问题;还有一些教师认为,课堂是一个动态的过程,有太多不确定因素,且目标没有达成是因为教学的方法和手段出现问题,在调控、反思、评价时也更多地倾向于课堂教学过程而不是课堂教学目标。

2. 对课标理念、教材和学情分析不准确

《标准》指出义务教育阶段英语课程的总目标及各方面的分级目标,要求更加全面,更加细致,这为广大英语教育工作者课堂教学目标的设计和实施提供了参考要求。若是教师不对《标准》进行分析,那么很有可能出现《标准》要求学生在相应的学段需要掌握的一些知识、技能、情感等,学生并没有达到,甚至有可能出现四年级的学生学习了本该五年级学生学习的知识或技能的现象,这就违背了学生的自然发展规律,学生学习的持续性不够持久。

教材是根据《标准》规定的课程目标、教学要求和实际需要、英语学科发展的特点以及学生发展的现状而编写的。教师依据教材进行教学,要认真地分析教材中《标准》要求掌握的知识点以及需要掌握的程度,为课堂教学目标的设计做好准备。有的教师把知识点看作单独的存在,并不考虑知识点在整本教材中的位置,不了解学生对这个知识或技能已经习得的程度和将来应该习得的程度,导致新旧知识混合在一起,眉毛胡子一把抓,使得课堂教学目标中的知识和技能目标设计不准确。

学生是课堂教学的主体,是课堂教学面向的对象。"教"的目的是学生的"学",不同地区、不同学校、不同班级的学生的英语学习情况都是有很大差异的,学生们的已有知识水平、认知能力、年龄与心理特征、学习兴趣、情感需求都不一样。由于英语教师在设计课堂教学目标之前对这些方面的解读和分析不到位,导致课堂教学目标的设计存在偏差。从知识水平上来讲,在进行课堂教学目标设计之前,教师要了解学生已经有的知识储备,根据学生的具体情况而设计课堂教学目标,并且关注每一位学生的全面发展。如教师所授班级学生基础较差,课堂注意力分散,对英语学习失去兴趣,那么教师在设计课堂教学目标中的过程与方法时,激发学生的英语学习兴趣可以作为其中的一部分内容。

3. 对三维目标理解的表面化

对于三维目标的理解,很多教师除了对知识与技能目标的理解比较一致,对于其他二维目标理解都比较片面。有的教师将过程与方法目标定位成教学过程,有的教师侧重教学方法。对于情感态度价值观,有些教师认为就是道德渗透。有部分教师会提到:我写情感态度价值观一般就写热爱祖国、爱护动物,等等。可见教师对于过程与方法停留在方法层面,对情感态度价值观,大部分教师理解等同于德育。教师设计的过程与方法目标、情感态度价值观目标与知识技能相分离,这在一定程度上反映出大部分教师对于知识的理解,仅停留在符号层面,而没有关注到符号表征背后蕴含的情感态度价值观,这种静态的知识观使知识丧失了活力,成为惰性的知识。问题的提出离不开情感态度价值观,教师看不到知识背后所蕴藏的问题和情感,学生就只是盛放知识的容器,这样的教学难以激发学生的兴趣和好奇心。

三、教学目标设计的技能

教学目标在教学过程中起着指示方向、引导教师实施教学方案的作用。课堂教学活动需要完成怎样的语言学习任务，以怎样的形式来完成任务，最后要达成怎样的结果，都要受到既定教学目标的指导和制约。教学目标在教学过程中的每一个环节都起到导向功能和制约作用。因此，确定准确合理、具体可行的教学目标是教师应该掌握的一项基本教学技能。

（一）教学目标设计的维度

《标准》基于英语核心素养提出教学目标，包含语言能力、文化意识、思维品质、学习能力的综合语言运用能力目标。其中，语言能力指运用语言和非语言知识以及各种策略，参与特定情境下相关主题的语言活动时表现出来的语言理解和表达能力。英语语言能力的提高有助于学生提升文化意识、思维品质和学习能力，发展跨文化沟通与交流的能力。文化意识指对中外文化的理解和对优秀文化的鉴赏，是学生在新时代表现出的跨文化认知、态度和行为选择。文化意识的培育有助于学生增强家国情怀和人类命运共同体意识，涵养品格，提升文明素养和社会责任感。思维品质指人的思维个性特征，反映学生在理解、分析、比较、推断、批判、评价、创造等方面的层次和水平。思维品质的提升有助于学生学会发现问题、分析问题和解决问题，对事物作出正确的价值判断。学习能力指积极运用和主动调适英语学习策略、拓展英语学习渠道、努力提升英语学习效率的意识和能力。学习能力的发展有助于学生掌握科学的学习方法，养成良好的终身学习习惯。[①]

为了促进学生的全面发展，教师在进行课堂教学的过程中应该整体设计教学目标，以学生语言能力、文化意识、思维品质和学习能力的发展为基础，培养学生的英语综合运用能力。当然，并不是每节课都要涵盖这四个目标的各个方面，教师应该根据具体的教学内容制定适合自己学生的切实可行的教学目标。

（二）教学目标设计的依据

课程目标与教学目标是根据社会对人和教育的要求以及人的自身发展规律与最终追求而制定的，社会对人和教育的要求与人的自身发展需求两者之间是相辅相成的，具有发展与要求的内在一致性，这两者都是制定课程与教学目标的基本依据。

课程与教学是联系教师与学生的中介，具体表现为课程和教学活动的实施，教师在制定课程与教学目标的时候必然要直接针对所要学习的具体学科知识。

《标准》中明确提出：英语课程围绕核心素养，体现课程性质，反映课程理念，确立课程目标。英语课程要培养的学生核心素养包括语言能力、文化意识、思维品质和学习能力等方面。该标准对于小学英语课堂教学的语言能力、文化意识、思维品质和学习能力目标有详细

---

① 中华人民共和国教育部.义务教育英语课程标准.北京.北京师范大学出版社，2022：5.

具体的要求描述。

(1) 发展语言能力

能够在感知、体验、积累和运用等语言实践活动中，认识英语与汉语的异同，逐步形成语言意识，积累语言经验，进行有意义的沟通与交流。

(2) 培育文化意识

能够了解不同国家的优秀文明成果，比较中外文化的异同，发展跨文化沟通与交流的能力，形成健康向上的审美情趣和正确的价值观；加深对中华文化的理解和认同，树立国际视野，坚定文化自信。

(3) 提升思维品质

能够在语言学习中发展思维，在思维发展中推进语言学习；初步从多角度观察和认识世界、看待事物，有理有据、有条理地表达观点；逐步发展逻辑思维、辩证思维和创新思维，使思维体现一定的敏捷性、灵活性、创造性、批判性和深刻性。

(4) 提高学习能力

能够树立正确的英语学习目标，保持学习兴趣，主动参与语言实践活动；在学习中注意倾听、乐于交流、大胆尝试；学会自主探究，合作互助；学会反思和评价学习进展，调整学习方式；学会自我管理，提高学习效率，做到乐学善学。

教师需要仔细研读《标准》，然后联系教学内容和学生实际制定每一教学单元、每一教学课时的教学目标。

(三) 教学目标设计的原则

教师确定教学目标的过程中应有换位思考的意识，针对教材所提供的实际教学内容和教学目标：教师设身处地站在自己学生的角度来考虑他们的有关生活经验、具体的学习需要、现有的语言认知水平等，以及小学英语课程的总体学习目标；教材需要规定学生对知识学到怎样的程度；学生的身心、年龄特点；新旧知识之间的联系；学生能用所学语言做什么事（生活中的真实场景和课堂上的学习内容）等方面来确定有针对性的教学目标。要让学生明白，只有通过使用所学语言进行交际活动才能真正达成教师所预设的教学目标，这样的语言学习才能让学生有参与感与成就感。教师在确定教学目标时需要遵循以下的原则。

1. 教学目标设计的统一性

格式塔心理学理论强调的一个观点是经验和行为的整体性，认为整体不等于而且大于部分之和。感觉并不是通常人们所认为的各种感觉要素的复合，知觉也不是先感知到事物的各种成分然后再注意到整体，而是先感知到事物的整体，然后才会注意到组成整体的各个部分。该理论对教学目标设计的启示在于：其一，教学目标的制定必须与单元主题相统一，统一于整个小学阶段的学习目标和具体要求；其二，单元与单课目标必须是统一的，单课目标应该要服从于单元整体目标，即分课时的教学目标要统一于单元整体目标，单课教学目标是单元目标的分解。它们应该是局部与整体的关系。因此,一节课的教学目标的达成应该放在一个单元、一个学期乃至整个学科教学中来考察,从而提高教师对教学过程的正确把握。

表 3-1　学科核心能力矩阵表

维　度	3—5 年级目标
语言运用	具有简单的运用英语的能力 能用英语就熟悉的话题与他人进行简单对话 能借助视觉媒体理解与学习水平相当的语言材料 能用学到的词汇和句型进行简单表达
学习策略	初步具有运用学习策略的意识 能在语言实践活动中互帮互助 能借助直观媒介学习简单的语段 能尝试使用词典学习词汇
语言文化	初步具有文化差异意识 能初步意识到英语国家与中国的文化差异

如在《牛津英语(上海版)》3A M3 U3 的"In the park"一课时,教师设计了如下的教学目标:

	单　元	单　课
语言知识与技能	1. 能准确运用"flower""boat""balloon""kite"等核心词来描述公园里的景物,语音标准并能正确书写。 2. 能运用"Look at the …""What colour …?""It's …"等核心句型对公园里的景物进行问答。 3. 能模仿语段写一写自己在喜欢的公园里发现的景物和进行的活动。 4. 能知晓"u"在开音节单词中的发音,并能准确朗读儿歌。	P1:1. 能正确跟读含有字母"u"的单词,了解字母"u"在单词中的基本的读音。 2. 能正确朗读核心词"balloon""flower""kite"能跟读核心词"boat"。 3. 用正确的语音、语调朗读核心句型"Look at …""It's …"并能听懂、读懂。能用核心句型"What colour is it?""It's …"对事物的颜色进行询问和应答。 P2:1. 能朗读含有"u"的单词以及儿歌,知道"u"在单词中的基本发音。 2. 能听懂、读懂核心词"boat""balloon""flower""kite"。能用核心词表达公园里的事物。 3. 能用核心句型"Look at …""It's …"描述公园的事物及其颜色,并能正确抄写。 P3:1. 能正确朗读儿歌,并选出含有该发音的单词。 2. 能用核心词表达公园里的事物,并正确书写。 3. 能用核心句型并结合旧知描述公园的事物和颜色,以及公园的活动,并能进行简单的语段仿写。

本案例中第一课时能正确跟读含有字母"u"的单词，了解字母"u"在单词中的基本的读音。第二课时能朗读含有"u"的单词以及儿歌，知道"u"在单词中的基本发音。第三课时能正确朗读儿歌，并选择出含有该发音的单词。三个分课时目标都统一于单元总目标。

本案例单元目标制定围绕模块主题"Places and activities"和单元话题"in the park"，符合该学段的学习具体要求。这样由上至下、从整体到局部地设计，且单课目标统一于单元目标，教师对每一单元、每一课时达成的目标会更清晰而明确。

2. 教学目标设计的全面性

美国心理学家霍华德·加德纳提出的关于多元智能的新理论，要求教师在单元整体教学目标制定的维度上要做到多元。在设计单元整体目标时，不单单要注重培养学生的知识能力，更不能忽略过程的体验和情感的培养；还要全面关注学生的学业成果、学习习惯和学习兴趣。做到显性目标和隐形目标相结合，体现全面的育人观。

如在《牛津英语（上海版）》3A M3 U1 的"My school"一课时，教师设计了如下的教学目标：

知识与技能	1. 能尝试运用发音规律，正确朗读含有/əu/音素的词。 2. 能正确朗读并运用单词"school""library""hall""toilet""playground""classroom"，并掌握其音、义、形。 3. 能听懂、朗读并运用句型"What's this/that?"进行询问，并用"It's ..."做出正确应答。 4. 能口头询问或简单书面介绍学校不同的场所，做到内容完整、表达流利、拼写及语法基本正确。
过程与方法	1. 通过儿歌，正确朗读含有/əu/音素的单词，掌握其发音规律。 2. 能在语境中，借助图片等感知、理解并运用有关学校场所类的单词"school""library""hall""toilet""playground""classroom"等进行表达、描述并书写。 3. 能在语境中，通过表演对话了解、理解并运用句型"What's this/that?""It's ..."进行询问、应答和会话。 4. 能在向新同学介绍学校场所的语境中，借助担任志愿者的机会，介绍学校的相关信息、相关场所，做到内容完整、表达流利、拼写及语法基本正确。
情感态度与价值观	1. 通过对话交流，了解学校的各类设施与功能，感受在学校中的生活。 2. 通过志愿者介绍活动，增进了同伴之间的情感交流，体会学校生活的乐趣。

本案例从"知识与技能""过程与方法""情感态度与价值观"三个方面制定单元教学目标。有"育人"方面的正确运动方法，"情感"方面的增进同伴交流，"习惯"方面的养成良好运动习惯，"兴趣"方面的感受运动魅力，"态度"方面的表达对运动的喜好，"思维"方面的运动的注意事项，等等。体现了本单元相关的情感目标。

不仅如此，本案例从三个维度来制定单元目标，并进行具体的描述。着重关注《小学中高年段英语学科基于课程标准评价指南》的评价维度"学习习惯"中的模仿、表达和书写习惯，通过担任志愿者向新同学介绍学校的活动，提高了学生的学习兴趣，结合显性和隐性目标，充分体现单元整体教学目标设计的全面性。

3. 教学目标设计的递进性

在设计单元整体教学目标时,还应考虑每一个单课的目标在前一课时的基础上是否递进以及延续,分课时教学目标相对单元整体教学目标而言是否体现语言的持续积累性,同时注意单课目标的推进,呈复现并螺旋式上升的状态。

如在《牛津英语(上海版)》3A M4 U1 的"Insects"一课时,教师对三个课时分别设计了如下的教学目标:

课时	Unit	Period 1	Period 2	Period 3
教学目标	1. 知道元音字母"u"在单词中闭音节的读音规则。 2. 能准确理解、朗读本单元的核心词:"bee""ant""ladybird""butterfly"等昆虫类的单词;能用本单元核心词"black"等介绍昆虫的颜色,能用本单元核心词"fly"等介绍昆虫的能力,并了解昆虫的不同特性。 3. 能运用核心句型"What is it?""What's this?"介绍昆虫,并学会用"It's a/an ..."回答。 4. 能用"Look at the ...""It's ...""It can ...""It's very ..."介绍昆虫的大小、颜色、能力以及对昆虫的直观感受。 5. 能在语境中分享交流昆虫的生活习性。 6. 尝试感知昆虫的奇妙,体验发现探索的快乐。	1. 初步感知元音字母"u"/ʌ/在单词中的发音,能正确跟读。 2. 能听懂并正确朗读本单元的核心词:"bee""ant""ladybird""butterfly"等昆虫类的单词,能用本单元核心词"black"等介绍昆虫的颜色,在语境中感受昆虫的外部特征。 3. 能听懂本单元的核心句型:"What is it?""It's a/an ..."。 4. 能听懂并能用"It's ..."介绍昆虫的大小和颜色。 5. 了解昆虫的基本特征,发展观察能力,激发探索欲望。	1. 在儿歌朗读中感受元音字母"u"在单词中的发音/ʌ/,初步了解闭音节的读音规则。 2. 能正确朗读本单元的核心词:"bee""ant""ladybird""butterfly"等昆虫类的单词,能用本单元核心词"fly"等介绍昆虫的能力,在语境中感受四种昆虫的不同特性。 3. 能用本单元的核心句型:"What is it?""It's a/an ..."介绍昆虫。 4. 能用"Look at the ...""It's ...""It can ...""It's very ..."介绍昆虫的大小、颜色、能力以及对昆虫的直观感受。 5. 进一步感知昆虫的不同特性,提升发现能力,发展探究能力。	1. 尝试运用读音规则,正确朗读含有字母"u"/ʌ/的单词。 2. 熟练朗读本单元的核心词:"bee""ant""ladybird""butterfly"等昆虫类的单词,并能在情境中熟练运用。 3. 能在情境中熟练运用句型:"What is it?""It's a/an ..."了解对方喜欢的昆虫。 4. 能听懂和朗读:"I can find it in the ...",介绍昆虫的生活习性。 5. 能用核心单词和句型,并结合已有的旧知,完成昆虫信息交流分享的任务。 6. 能在与他人分享交流的过程中,进一步学会观察自然、发现自然,热爱自然。
主题/话题	Insects	Get to know the insects	Know more about the insects	Insect Day

本案例中对语音的要求,教师在设定第一课时的目标时用到了"初步感知",到了第二课时的目标描述就是"在儿歌朗读中感受",到了第三课时的目标"尝试运用读音规则进行朗

读"。同样对词汇和句型的要求亦是不断复现、层层递进。

在目标设计时,分析单元整体目标设计后,还要考虑单课目标,使单课目标之间呈现出相关性和递进性,这样符合语言学习和认知发展的规律,对提升学生语用能力起到了积极的推动作用。

4. 教学目标的实践性

实践是确立语言知识或是语言技能等目标的基础,依据《标准》中的教学目标要求,我们在做教学目标设定时,要强调实践这一标准:引导学生在应用实践类活动中内化所学语言和文化知识,加深理解并初步应用;坚持学用结合,引导学生在迁移创新类活动中联系个人实际,运用所学解决现实生活中的问题,形成正确的态度和价值判断。[①]

如在《牛津英语(上海版)》5A M3 U3 的"Seeing the doctor"一课时,教师设计了以下的教学目标:

课时	语 言 能 力	语 言 知 识
教学目标	借助核心词汇和框架,学习、体会健康生活的重要性,学生能制作健康手册,将所学融于生活、用于生活中,学习并分享更多的健康好习惯,内容完整、表达流利、拼写及语法基本正确。	1. 能熟练运用核心词"fever, toothache, cough, cold, take some medicine"等进行病情的描述和建议,并能正确拼写,掌握其音、义、形。 2. 能熟练运用核心句型"We should ... "进行表达。 3. 能准确理解并朗读含有字母组合"er, ir, ur, or"和"a"的儿歌,正确朗读其他发音为 /ɜː/、/ə/ 的词,并熟悉字母组在单词中的发音规律。

本案例为最后一个课时的教学目标,学生从简单的朗读、模仿逐渐到自主学习,最终能够用英语做事情,在语境中进一步巩固核心语言,提升语用能力。最后将本课任务落实于自己的生活,制作健康手册,让语言学习与运用更有意义。让学生能够联系个人生活实际,自信、正确地介绍健康提示、健康好习惯和健康生活的理念。

(四) 教学目标的撰写与表述

确定好单元整体教学目标之后,还应该用准确、恰当的词汇表达。教师在撰写教学目标时应避免前面所提到的问题。教师可以根据教学实际需要,对教学目标表述的方式做出正确的选择,但同时还要注意行为主体、行为表现、行为条件和行为程度的正确表述,切实提高单元整体教学目标的可观察性、可操作性和可检测性。

1. 行为主体必须是学生

判断一堂课的教学是否成功和有效,最主要的是看学生在上完一节课后有没有获得实实在在的进步,因此单元教学目标的描述并不是教师的教学实施,而是学生学习的变化结

---

① 教育部.义务教育英语课程标准(2022 年版)[M].北京:北京师范大学出版社,2022:3.

果。有些教师这样表达，"让学生……""培养学生……""帮助学生……"等，这些都是教师主体的行为活动，偏离了学生主体性的定位，这就影响了教学目标的指向性。因此，教师在撰写单元教学目标时能把重心移到学生上来，发挥学生主体性，例如"学生能介绍……""能拼读……""根据……能表达"等，确保学生是行为主体。但有些时候，可以省略行为主体，默认教学目标指向的行为主体是学生。

2. 行为表现可操作、可测量

选取目标表述句中的谓语的行为动词时，要求能清楚表达通过学习之后学生能够到达什么样的程度。因此，行为表现的动词是单元整体目标撰写时最基本的成分，要采用可观察、可操作、可检验的行为动词来描述，这样能增强单元整体教学目标的可观察性和可测性。如表示听的技能"倾听、听懂"等，表示说的技能的"模仿、朗读、询问、应答、会话、口头介绍"等，表示读的技能的"读懂、获取"等，表示写的技能的"书写、书面介绍"，表示演的技能的"表演"等许多与技能训练相关的词，这些行为动词便于操作和检测，因此在目标表述时应尽量使用。如果采用描述心理活动的行为动词，如"清楚""初步学会"等来表达行为表现，会显得比较模糊、抽象，难以观测和评价，教学活动就难以实施。

3. 行为程度体现不同层次的要求

行为程度是指学生对目标所达到的表现水平，用以测量学生学习的结果所达到的程度。在单元整体目标撰写中，如"能做到内容完整、表达流利""拼写及语法基本准确""正确朗读或应答"，这些表述中的状语部分限定了目标水平的表现程度，也便于检测。还可以在单元整体目标中，采取"大部分学生能正确获取信息……"这样的目标表述，不仅使教师的教学有了方向，而且还可以检测单元教学目标的达成度。

4. 行为条件必须明确、具体

教学目标中的知识与能力目标，过程与方法目标，以及情感、态度与价值观目标，三者应有机融合，用具体、明确可操作的语言来表达。比如"通过儿歌……正确朗读……""借助图片……表达、描述……""借助调查……进行询问、应答和会话""通过倾听模仿……，听懂、读懂……，获取……""借助信息表……介绍……"等描述方式，思考具体教学方法。

另外，在"过程与方法"维度中，采用"在……语境中"的方式，教师在词汇、句法和语篇的学习中，都应关注语境的创设，加强学生在语境中学习词句的意识。总之，单元整体教学目标中的行为条件要结合其他类型的目标，不能抽象、模糊，应该表达得具体、明确。

5. 情感态度、价值观目标要便于评价

由于人的情感的变化、态度的转变都需要一个过程，短时间的教学活动不容易使其发生变化，同时情感的变化是内隐的、不易察觉的。这些都给情感态度、价值观的单元目标设计带来了一定的挑战。有些教师设计的单元目标过于空洞和宽泛，难以实施和达成。如有的教师把情感目标表述为"培养学生的爱国主义精神""培育学生的英语语言表达能力"。而英语语言表达能力是需要长时间培养形成的，无法通过一个课时或一个单元的教学后速成，因

此情感态度、价值观的目标表述切勿大而空,应该是具备可操作性,可以实现并可以检测的。

如在《牛津英语(上海版)》5B M4 U2 的"Western holidays"一课,教师只要把单元整体教学目标的情感态度价值观目标设定成"通过了解万圣节的活动,感受中西文化的差异和魅力"就可以了。单元教学目标是一个完整、有联系性的整体,因此在表述目标时,不能有所偏失,不能过度强调某一项目标而忽视其他目标,应该相互渗透,全面融合,使用恰当、合理的表达方式。根据《上海市小学英语学科教学基本要求》(下简称《教学基本要求》),教师在撰写学习水平要求时可以用到以下词语。

表 3-2 《上海市小学英语学科教学基本要求》学习水平界定表

水平级别	行为描述　用词范例
知道(A)	知晓、跟读、抄写、背记、朗读、书写、了解……
理解(B)	听懂、读懂、应答、选择、获取、判断、分析……
运用(C)	会话、表达、描述、写出、转换、推理、掌握……
综合(D)	赏析、辩论、编写、搜集、筛选、处理、制作……

注:综合(D),是初中和高中的学习水平要求,小学阶段学习水平最高只要求达到运用(C)。

(五) 教学目标设计的应用策略

教师在单元教学目标设计之前要先明确确定本单元整体教学目标的依据。就目前而言,单元教学目标设计的制定依据主要有课程标准、教学要求、教材内容、学生实际情况等。课程标准规定了对学生学习的要求,教材则是学生达到课程标准规定要求的载体。学生通过教材内容的不断学习和积累,从而达到课程标准规定的分级要求和阶段学习目标。因此设计单元教学目标时,首先需要了解并分析这些因素。

课程标准基本要求评价指南 → 课程目标单元目标单课目标 → 教材内容校本实际 → 学情分析个性差异

图 3-1　教学目标设计的依据

1. 解读课程标准,把握英语教学基本要求

教师需更好地了解和把握课堂教学目标的内容,在分析课程标准、教材的基础上设计课堂教学目标。《标准》规定了义务教育阶段英语课程的总目标和学段目标,并将义务教育英语课程分为三个学段,各学段目标设有相应的级别。附录有具体的项目要求和对应的目标明细表格,还有具体每个等级的课例,课例涉及的课型有听力课、口语课、阅读课、写作课等,这些都可以供教师查阅和参考,帮助教师更好地理解《标准》的要求。因此,教师在进行课堂

教学目标设计的时候,应仔细查阅《标准》内容,了解本学段的学生需要掌握的知识、技能、情感以及需要掌握的程度,做到心中有数。

在设计教学目标之前,需要把握教材内容,了解教材涉及的主题和知识点的分布和编排。从单元或模块甚至整本书来分析知识体系,了解知识点的呈现方式、呈现特点、难易程度、掌握的程度。教师在综合分析的基础上进行梳理,以便更好地把握本节课的知识要点,更准确地定位课堂教学目标设计。

如在外语教学与研究出版社小学英语(三年级起点)5A M2 U1 "What did you buy?"第一课时,教师设计了以下的教学目标。

知 识 与 技 能	过 程 与 方 法	情感态度与价值观
(1) 能借助多种活动听懂、会说和运用以下单词:"can" "any";能理解和认读单词"list" "need" "first" "lost" "how much" "cheese"等。 (2) 能在情境中运用句型:"What did you buy?" "How many ... did you buy?" "I bought ..." 这类语句以及旧知识进行购物主题的交际,完成购物的任务。	(1) 能在课堂交流中注意倾听、仔细观察、积极思考、积极运用所学英语进行表达与交流。 (2) 能积极与人合作、主动请教、互相帮助,共同完成学习任务。	能积极参与课堂活动,乐于模仿,敢于表达,养成良好的购物习惯。

本案例的教学目标设计基于《标准》中对五年级的要求,即需要达到二级初步口语的水平,能与他人交流简单的学习与生活信息,初步具备连贯表达的能力,能就熟悉的话题与他人进行问答,在教师指导下看图讲故事;语法的要求是在具体语境中理解过去时的目的意义和用法,在实际运用中能体会过去时的表意功能。教师在对《标准》进行解读之后,结合学情(四年级下册开始接触并学习过去时,之前已经有了关于过去时的知识储备,包括肯定句、否定句、一般疑问句),要求有关于本单元主题的词汇和句型的目标,并能口头运用交谈。因此,本案例目标设计中,教师要求学生掌握相关词汇的和语法句型的目标要求,要求掌握的程度比较适合。

又如在《牛津英语(上海版)》4A M4 U1 "A visit to a farm"一课,教师设计了以下的教学目标。

知 识 与 技 能	过 程 与 方 法	情感态度与价值观
(1) 能在参观农场的语境中借助图片、音视频看懂、听懂、理解、跟读、朗读、背记 "hay, corn, grass, meat" 这些核心词,语音正确。 (2) 能在参观农场的语境中借助图片、音视频看懂、听懂、理解、跟读、朗读背记核心句型 "Don't ..." 并能运用祈使句语气应答及表达,语音语调正确,语言流畅。	(1) 通过歌曲、游戏活动、对话表演、看图说话、"story map"阅读形式等方法习得语言。 (2) 通过角色扮演、询问应答、故事表演等小组活动,与同学积极配合、合作。	(1) 积极尝试用所学的语言描述参观农场的过程,了解动物的食性,体会参观乐趣,同时感受遵守规则的重要性。 (2) 通过故事学习,感受农场动物的聪明可爱,感受人与自然的和谐相处。

知 识 与 技 能	过 程 与 方 法	情感态度与价值观
(3) 能在参观农场的语境中借助图片、音频听懂、理解、朗读相关单词和词组:"pen, live, swing, feed … with, pet the sheep, milk the cow"等,语音基本正确。 (4) 能借助图片、音视频、"story map"等看懂、听懂、理解、朗读、阅读对话、故事等语篇内容,并能提取相关信息,厘清脉络。能借助板书、思维导图、图片等尝试对话、描述、复述、创编故事,语音语调基本正确,结构基本合理,并能表情达意。 (5) 能借助图片、音视频知晓辅音字母组合"sc-,sk-"的发音,并能借助其规则朗读含有这些字母组合的单词和句子,发音正确。		

本案例根据相关学习内容细读《教学基本要求》,在明确具体要求的基础上进行目标的思考与制定;并根据目标的相关因素,从知识与技能、过程与方法、情感态度价值观三个维度进行具体的教学目标描述,力求全面和精准,目标的设定由浅入深,逐步达成单元教学目标,并且突出了英语课程工具性和人文性的双重性质。

2. 明晰课程目标,确定单元和单课目标

教师在确定每一节课的教学目标前,一方面先将课程总目标、学段目标、学期目标、单元目标逐级分解地落实到具体的课堂教学中去,这些目标之间是层层包含的关系(图 3－2)。

另一方面,教师要认真落实每个单元教学目标,只有实现了每个阶段的教学目标,才能实现英语学科的整体学科目标。前后单元、单课目标的设计要衔接,如果前后教学目标脱节,缺少联系性,势必会增加后继教学的困难。因此教学目标的达成要放在一个单元、一个学期、一个学段任务乃至整个学科教学中来考察。

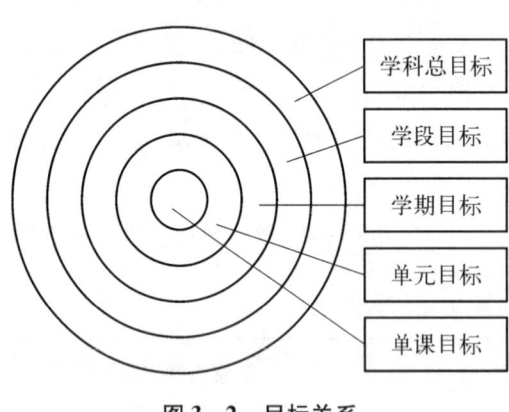

图 3－2 目标关系

如在《牛津英语(上海版)》4A M3 U3 "In the shop"一课,教师设计了以下的单元和单课目标。

单元目标:

(1) 学习音标/sm/、/sp/、/st/,并了解其在单词中的发音情况,例如:"small, spend, stocking"。

(2) 初步感知、理解并能尝试运用量词结构表达物品的数量。例如:"a packet of sweets" "a loaf of bread" "a bar of chocolate" "a bottle of juice"。

(3) 初步感知、理解并能尝试运用目标句型询问商品价格、指出商品在超市的分区并表述选择该商品的理由。

(4) 学生能列出购物清单并进行介绍，学会简单的购物对话，并能读懂、表演故事"Panda's Glasses Shop"。

(5) 学生通过学习与体验，逐步培养买东西事先列清单、有计划地购物、理性生活的好习惯。

分课时目标：

	知识与技能	过程与方法	情感态度与价值观
第一课时	1. 在语境中感知、理解并初步运用词组："a packet of" "a loaf of" "a bowl of" "a bar of" "a bottle of" 2. 在语境中感知、理解、操练和初步运用句型："How much is it/are they? It's/They're ... yuan."	1. 通过听，感知和理解词组："a packet of" "a loaf of" "a bowl of" "a bar of" "a bottle of" 2. 用"a packet of" "a loaf of" "a bowl of" "a bar of" "a bottle of"来表达事物的数量。 3. 进一步掌握句型："How much is it/are they? It's/They're ... yuan."	通过了解"Kitty"和家人为即将到来的节日制订购物计划，让学生学会根据自己的需要有计划地购物。
第二课时	1. 在语境中感知、理解、操练和初步运用句型： "Here's the ... section." "What do you want? I want ... " 2. 在语境中感知、理解和操练句型： "How much is it/are they? It's/They're ... yuan. It's/They're for ...."	1. 通过听，感知和理解句型：用"Here's the ... section." "What do you want? I want ..."来说明想要选购商品在超市所处的区域，用"How much is/are ...? It's/They are ... yuan."来询问和回答所购买商品的价格，并能用"... can ..." "It's/They're for ....."的句型表达自己选购该商品的理由。 2. 进一步掌握句型"Here's the ... section. What do you want?" "I want ... " "How much is it/are they?" "It's/They're ... yuan." "... can ... It's/They're for ...." 3. 通过做任务游戏，完成对超市区域和商品价格的描述。	在"'Kitty and Mum'一起逛超市"的语境中体验和家人购物的乐趣；通过到超市不同区域挑选商品，了解生活用品的基本分区，增强生活能力；通过根据超市商品广告自制购物单的活动，培养学生合理规划购物的良好习惯。
第三课时	1. 在语境中感知、理解、操练和初步运用句型： "How much is it/are they?" "It's/They're ... forest yuan." 2. 在语境中感知、理解和操练句型： "It's/They're for .... Because ...."	1. 通过听，感知和理解句型：用"How much is it/are they?" "It's/They're ... forest yuan."来询问和回答商品的价格。 2. 用"How much is/are ...?" "It's/They are ... forest yuan."来询问和回答所购买商品的价格，并能用"It's/They're for ...." "Because ...."的句型表达自己选购该商品的理由。 3. 进一步掌握句型"How much is it/are they?" "It's/They're ... forest yuan." "It's/They're for ...." 4. 写一写并演一演在"Panda's glasses shop"里的购物情景来输出语言。	学生通过体验"'Kitty'的爸爸将化妆成圣诞老人的样子参加今年的圣诞派对"的语境，一起走进"Panda's glasses shop"，进一步探究一些特殊的商店——森林商店。

续 表

	知识与技能	过程与方法	情感态度与价值观
第四课时	1. 在语境中感知、理解、操练和初步运用句型:"I have a packet of ... It's/They are from the ... (section) in the supermarket." 2. 在语境中感知、理解和操练句型:"It's/They are for Christmas ... (party/decoration/gifts)" 3. 在歌曲中学习并掌握字母组合/sm/、/sb/、/st/的发音。	1. 通过听,感知和理解句型:"I have a packet of ... It's/They are from the ... (section) in the supermarket."来介绍自己为圣诞节所购商品。 2. 用"It's/They are for Christmas ... (party/decoration/gifts)"句型表达自己选购该商品的理由。 3. 进一步掌握句型 "I have a packet of .... It's/They are from the ... (section) in the supermarket." "It's/They are for Christmas ... (party/decoration/gifts)" 4. 通过介绍为圣诞节所购的商品,输出本课时的关键词和句型。	通过在"和家人、朋友度过一个愉快的圣诞节"的语境中理解和学习目标词汇和句型来介绍自己为圣诞节购置的物品以及用途,体验购物的乐趣。

本案例可以说明单课与单元整体目标设计是整体与局部的关系。参照了《标准》《教学基本要求》《小学英语单元设计指南》(下称《指南》)为单元整体设计规划提供了支撑。每一课时的目标都会有在知识与技能、过程与方法、情感态度与价值观方面的复现,体现结构和内容上的连续和递进,逐渐达成单元整体教学目标,实现阶段的课程总目标。

3. 解析教材内容,结合校本课程安排

教材是教学的重要内容与标准,是学生达到《标准》规定要求的载体。在单元整体目标设计时,除了教材中的单元目标外,还要包含单元与单元、课时与课时之间主题和内容紧密相关的模块目标和课时目标。因此在解析教材时,我们不仅要关注教材所呈现的内容,还要关注教材中分课时与单元之间隐含的内在关系。更要意识到教学内容不仅要基于教材,还要充分挖掘隐藏在教材文本下的内涵。需要教师深层次地研读教材内容,根据单元与单课目标内在联系,设计出合理的单元整体教学目标。与此同时,教师整合和单元目标接近的教材资源,还可以结合校本的课程内容,适当拓展英语课堂教学目标的宽度和深度。

如在讲授《牛津英语(上海版)》2B M1 U1 "What can you see?"一课时,教师将第三课时复习课和本校校本教材《小眼睛,大世界》相结合,设计了以下教学目标

(1) 能在语境中运用有关颜色类的单词"white""purple""black""brown""orange"等。

(2) 能在语境中运用特殊疑问句"What colour is it/are they?"来询问物体的颜色,并用正确的句型进行回答。

(3) 通过游戏、歌曲等活动了解颜色词除表示其具体实际的色彩外,还会由于不同国家的不同文化而具有不同的含义。

II. Let's read:

1. look blue

   e.g. He looks a little blue today.

2. white lie

   e.g. We don't want to hurt her, so we tell her a white lie.

3. have a green thumb

   e.g. My mom has a green thumb.

4. go red

   e.g. When I ask about her new job, she goes red.

5. black mood

   e.g. Today he has been in a black mood.

III. Let's try:

Ⅰ. Read and choose:

1. He is a dark horse. I didn't know he was good at the game.

   A: He wins the game.　　B: He loses the game.

2. He never listens to his parents. He makes a lot of trouble.

   He is a black sheep.

   A: 活泼的小孩　　　　B: 害群之马

图 3-3　上海市徐汇区建襄小学二年级校本教材

本案例在整体了解教材特点和内容的基础上，结合本校的校本教材特点仔细梳理了教学内容，选取丰富的教学资源，并巧妙地设计单元教学目标，帮助学生了解颜色类型的词所具备的多层含义，扩宽了学生的文化视野，取得了良好的教学效果。

4. 研究学生学情，有效关注个体差异

英语学科有着强烈的实践性，语言能力又具有很强的个体特征，因此教师在设计单元整体教学目标时必须对学生的学习情况、年龄特点、认知方式、情感需求等作充分的了解，使学生始终处于学习主体地位。单元教学目标不应该是一成不变的，而是要按照学情变化灵活地作出相应的调整。还应根据学生的实际情况及需求分层地设计教学目标，有些能力薄弱的学生只要求识记单元的核心内容，能力较强的学生还要在此基础上学习更多拓展性的内容。因此体现学生的主体性不是空洞的口号，也不是简单的教学形式，而是要实实在在地表现在学生学习的过程中。

揭秘名师课堂

本文将以《牛津英语（上海版）》4B M2 U1 "Sports" 的教学实践为例，通过分析课程标准、教材内容、学生情况等制定单元整体教学目标的内容，具体的设计过程如下。

1. 课程标准解读

《标准》中英语课程分级目标结构为：小学阶段应完成一到二级目标；其中，小学阶段三到五年级的目标，可概括为"具有简单运用英语的能力，初步具有运用学习策略的意识和初步具有文化差异的意识"。

2. 对照学科基本要求进行教材分析

本单元所属模块与主题是 4B M2"My favourite things"的"Sports"。本案例的话题是兴趣与爱好（interests and hobbies），主要功能是询问（Inquires）。通过"Does he/she like（doing）?"来询问他人对运动的喜好。本单元的学习内容围绕语音、词汇、句法及语篇展开。

本单元中的核心板块是："Look and learn""Look and say""Learn the sounds"次核心板块为："Say and act""Look and read""Say and answer"非核心板块为："Listen and enjoy""Read and complete"。

纵向分析教材，在一、二年级第二学期的 Module 2 也出现过该话题"My favourite things""Things I like"。在三年级第二学期的 Module 2 的"My favourite things"，谈论的是最喜欢的动物、玩具和衣服。《牛津英语（上海版）》教材的编写特点之一就是：模块单元体系呈螺旋式上升，各年级的模块复现同主题内容。这种学习内容不断重复、循环、发展、提高的编写特点，体现了外语学习的规律。

对照《教学基本要求》以及学科核心能力矩阵表（表 3-1），对语音、词汇、词法、句法、语篇五个维度进行梳理。

3. 学情分析

本单元通过"Does ... like（doing）?"来询问他人对运动的喜好与否。学生在二年级的学习中也曾经接触过类似话题，如"Things I like"，要求学生能用"Do you like（doing）?"来询问对方喜欢的游戏或运动等。因此，对本单元的话题和内容学生是具有一定基础知识积累的。

本单元的学习内容围绕语音、词汇、句法及语篇展开。在语音部分，学生除复习字母在开音节单词中发 /aɪ/ 的发音规律外，还接触了"pie""fries"等字母"ie"组合发 /aɪ/ 的单词；在词汇部分，学生主要学习有关运动的单词和短语，除需要知道它们的音、义、形外，还要在语境中适当地运用；在句法部分，学生主要学习句型"Does ... like（doing）?""Yes, he/she does."或"No, he/she doesn't."除需了解此句型的含义外，也需学会在语境中使用此句型结构来询问他人对事或物的喜好；同时，学生将围绕主题"自己和同伴喜欢的运动"展开语篇学习，并能在语境中围绕话题进行表达。在这些学习内容中，学生曾经在三年级上阶段学习过发/au/的开音节发音;在二年级下阶段学过"basketball""football"等球类运动词;在二年级下阶段也学习过"like doing"("running""skating""swimming""riding my bicycle"等)的短语结合"Do you like (doing)?"的句式,并对一般疑问句"Does … like(doing)?"和特殊疑问句"What does … do?"在以前的学习中也有所接触。因此,本单元的学习内容除字母组合发音、个别球类词是新知识点以外,学生对其他的学习内容都有了一定的了解。

4. 教学目标的确定与表述

知 识 与 技 能	过 程 与 方 法	情感态度与价值观
(1) 能了解字母组合"ie"发/aɪ/的发音规律,并尝试运用规律,正确朗读含有/aɪ/音素的单词; (2) 能正确朗读并运用有关运动的词组"play football""play table tennis""play volleyball""play basketball",并掌握其音、形、义; (3) 能听懂、朗读并运用句型"Does … like(doing)?"询问他人是否喜欢做某件事,并用"Yes/No."作出正确应答; (4) 能了解并朗读语篇,获取语篇中的相关信息,提高听说能力、阅读能力、理解能力和交际能力; (5) 能口头询问或书面介绍自己与同伴喜欢的运动,做到内容完整、表达流利、拼写及语法基本正确。	(1) 能通过儿歌,正确朗读含有/aɪ/音素的单词,掌握其发音规律; (2) 能在语境中,借助图片等,感知、理解并运用有关运动的词组"play football""play table tennis"等进行表达,描述并书写; (3) 能在语境中,借助调查等活动,了解、理解并运用句型"Does … like (doing)?"进行询问、应答和会话; (4) 能在语境中,通过倾听、模仿、表演等活动,听懂、读懂语篇,获取语篇中的相关信息,提高阅读能力、理解能力和交际能力; (5) 能在"邀请同学参加学校运动俱乐部"的语境中,借助相关信息表,介绍自己与同伴喜欢的运动,做到内容完整、表达流利、拼写及语法基本正确。	(1) 通过了解好朋友或同伴喜欢做的运动项目,体会运动的魅力; (2) 通过对话交流活动,表达自己对运动的喜好,增进同伴之间的情感交流; (3) 通过学习游泳运动的注意事项,了解正确运动的方法,养成良好的运动习惯。

为新手支一招

在阅读教学中,如何更有效地达成情感目标?

小学英语教学的主要任务之一是培养小学生英语阅读能力,阅读能力也是小学英语语言技能教学目标的一个很重要的组成部分。在阅读教学中,如何促进情感目标的有效达成,怎样落实到我们平时的课堂中,是需要思考的课题。

1. 品读体验,聚焦主题

品读体验是情感体验的一种方法,教师在指导学生品读(朗读、赏析)阅读素材的过程中,使其产生与阅读素材相应的情感体验,引起心灵的共鸣,以达到知识与情感的统一。借助品读体验,能够渲染出一种氛围,构成一种蕴含丰富的意境。让学生在变化的语音、语调中受到感染,不仅能让学生锻炼口语,熟悉作者的写作风格,掌握必要的句型语法,积累优美词句,还能在阅读中体验作者想表达的情感,体验作者的心情,走进作者的情感世界,从而丰富学生自身的情感体验。在品读体验中,学生的情感得以体现和加强,三维目标也由此得到有效整合。

2. 情境体验,关注理解

情境体验是指教师通过创设问题情境,引发学生主动思考、参与和体验的过程。在英语阅读教学中,应该根据学生现有的知识水平、心理特点和思想上的焦点,设计一些能引起学生兴趣的问题与任务,引导学生积极思考并参与,不自觉地进入"情境"。情境的创设,可以唤醒学生自身潜在的生活经验和内在情感,这不仅可以帮助学生加深对文本的理解,而且能使学生在特定情境中产生的情感体验借助情境得以巩固,从而丰富和陶冶学生的情操,最大限度地拓展学生的学习空间。

3. 角色体验,情感升华

所谓角色体验,就是在英语阅读教学中,选取文本中在语言、动作、心理活动方面都具有个性化特征的典型片段,让学生根据选取文本的情节及故事脉络,揣摩人物的性格特征,通过角色扮演,体验各种角色的情感发展,领会文本中角色的感受。角色体验可以化抽象为直观,变枯燥为生动,激发学生的学习兴趣,使学生对文本阅读素材中人物形象的认识进一步加深,对人物的情感进一步了解。角色体验非常强调让学生自我感受和自我体验,表演的过程也就是琢磨课文、推敲语言、体会情感并使情感形之于外的过程。

参考文献:

1. 崔允漷.教学目标——不该被遗忘的教学起点[M].北京:人民教育出版社,2004.

2. 王蔷,程晓堂.英语教学法教程[M].北京:高等教育出版社,2000.

3. 中华人民共和国教育部.义务教育英语课程标准(2022年版)[M].北京:北京师范大学出版社,2022.

4. 朱浦.小学英语单元教学设计指南[M].北京:人民教育出版社,2018.

5. 王策三."三维目标"的教学论探索[J].教育研究与实验,2015(01):1-11.

6. 阳利平.厘清教学目标设计的三个基本问题[J].课程·教材·教法,2014(05):86-91.

板块四 教学过程设计

关键词

设计要素；设计步骤；设计活动

结构图

```
小学英语教学过程设计
├── 教学过程设计的要素
│   ├── 话题
│   ├── 语境
│   ├── 教学目标
│   ├── 教学内容
│   ├── 板书
│   ├── 语用
│   └── 评价
├── 教学过程的价值体现
│   ├── 体现知识掌握技能
│   ├── 体现育人价值功能
│   └── 体现学生发展价值
├── 教学过程设计的步骤
│   ├── 教学过程呈现的原则
│   └── 教学过程一般环节介绍
└── 课堂活动的设计
    ├── 课堂活动设计的原则
    ├── 课堂活动设计的方法
    └── 课堂活动设计的类型
```

学习目标

1. 了解教学过程设计的要素。
2. 了解教学过程的价值。

3. 了解教学过程设计的步骤。

4. 了解课堂活动的设计。

> **学习提示**
>
> 思考：单元整体教学下的过程设计需要如何展开？

单元整体教学设计是指教师以教材单元为整体所展开的一种系统化、科学化的教学设计。具体包括在单元教材教法分析的基础上，依据学生的情况和特点，确立单元教学目标，开展单元教学活动，设计并布置单元作业，实施单元评价，并配套教学资源等一系列的教学设计过程。《标准》指出课程实施要加强单元教学的整体性，推动实施单元整体教学。事实上，在近几年，《牛津英语(上海版)》教材的教学实践都是基于"单元整体教学"下的教学。《标准》指出："教师要以单元教学目标为统领，组织各语篇教学内容，规划系列教学活动，实施单元持续性评价，引导学生在学习过程中逐步构建对单元主题的认知，发展能力，形成素养。"因此，了解单元整体教学模式下的过程设计显得尤为重要。

《牛津英语(上海版)》教材每册内容由四个模块组成，每个模块有三个单元。每个单元设计有核心板块，如核心词汇板块"Look and learn"，核心句型板块"Look and say"，语音学习板块"Learn the sounds"以及次核心板块"Read a story""Listen and enjoy""Play a game""Do a survey"等共同组成。其中，"Look and learn"与"Look and say"是相互联系的，句型教学中包含词汇教学，语音学习则穿插于各课时教学中。而语篇故事或其他次核心板块的教学内容基本也是基于本单元的核心词汇或句型而展开和补充。因此，教材的整体编排是遵循知识学习螺旋上升的原则，但教师在进行教学设计时，还需要进行单元整合，创造性地使用教材。

一、教学过程设计的要素

教学过程(Teaching procedure)是教学中最重要、最核心的环节。教师应在教学实施前，设计好教学过程。教学过程设计则是指教师基于课程标准，把握基本要求，依据教学内容与学情，以目标为导向，设计教学过程推进步骤，通过教学过程的展开实现教学目标。因此，在教学过程的设计中，离不开各种关键要素，如话题、语境、目标、内容、板书、语用、评价等。只有充分了解各项要素，并将各要素综合考虑于教学过程设计中，才能更好地推动教学过程的展开。

（一）话题

"主题"是英语课程内容的构成要素之一。《标准》指出："主题具有联结和统领其他内容要素的作用,为语言学习和课程育人提供语境范畴。"《牛津英语(上海版)》教材设有模块主题和单元主题,每个课时又需要根据主题和语境设计课时话题。基于单元整体教学进行教学过程设计时,话题的整体性和连贯性是教学过程设计的源头与基础。教师需创设有效的、具有关联性、逻辑性,围绕单元主题的单课时话题,以带动教学内容的推进。

如 3BM4U1 单元教学主题是"My body"(我的身体),围绕主题,可设计以下四课时的话题,话题之间具有关联性,又有延伸性与递进性。

课 时	话 题	项 目 来 源
Period 1	The growth of a baby	Look and learn & Listen and enjoy
Period 2	Useful body parts	Listen and say, Listen and enjoy
Period 3	Drawing our bodies	Say and act & Draw and say
Period 4	Enjoying our bodies	Play a game & Revision

(二) 语境

传统教学中,教师往往习惯于以讲授法的方式进行课堂教学,即通过各种图片、词汇卡片等向学生展示新授词汇或句型,以跟读的方式进行操练和记忆。而这样的教学方式,容易使教学零散化、碎片化。脱离了语境的教学,没有整体的情境,无论是词汇教学还是句型教学,都变得枯燥乏味机械化,且每课时之间没有衔接。在单元整体教学的设计中,语境的创设是为词汇或句型教学提供有力的依托,基于教材与话题,创设能统领、贯穿整个单元的完整的语境,为学生的语言习得提供有效的支撑。以 3B M4 U1"My body"这一单元为例:

第一课时,"The growth of a baby",以胎儿"Amy"的发育过程为故事背景,学习身体相关部位及其特点,学习用"I have … ""My … is/are … "表达;同时,了解胎儿的发育过程。

第二课时,"Useful body parts",延续第一课时的情境,介绍"Amy"出生后的成长过程,在此过程中观察身体部位的特点,并了解其功能,学习用英语"I can do … with … "表达。

第三课时,"Drawing our bodies",由故事人物"Amy"转到学生自己,以自画像为训练任务,通过对话进一步巩固本单元的核心词汇以及"I have … ""My … is/are … ""I can … with … "等核心句型,能结合"These are … ""They are … "等句型理解人体部位的单复数用法,了解人体部位的特点、功能,进一步描述自己、认识自己。

第四课时,"Enjoying our bodies",创设学生开展游戏派对的情境,在游戏活动中进一步感受、操练与运用相关祈使句型,能在讲练中运用、复习单元核心知识点,落实技能训练;在关注技能训练、实现语用达成的同时,能较熟练地描述自身的身体部位(包括特点与功能);能学会运用自画像,尝试写话训练;在和朋友分享交流的过程中感受乐趣,感受个体的与众不同。

（三）教学目标

教学目标是教学设计中最重要的组成部分。教学目标的设计分为单元整体目标与课时话题目标。要注意单元目标的制定，必须联系学生学情与教学内容，确定单元目标并达成的过程，即学生在各活动任务中不断把学习知识转化成学习技能的过程，以此帮助学生提升英语综合素养。再根据单元总目标，划分课时，设计单课时话题与课时目标。基于单元整体概念的原则，围绕单元目标制定课时目标，是有机的、有序的、整体的，各课时之间是有关联的、延续性的、层层递进的。课时目标的达成，是为单元总目标达成而服务的。如 3B M4 U1"My body"的单元目标为：通过本单元，学习更多的身体部位类单词，如"body""head""shoulder""arm""finger""hand""knee""leg""foot(feet)"等，注意发音、拼读以及单复数；进一步学习运用"I have … ""My … is/are … "等相关句型；能结合"This is … ""It's … ""These are … ""They're … ""I can … with … "等句型描述与介绍各自的身体部位，感受其特点与功能。在此过程中，学会观察与思考，感受个体的不同。课时目标如下：

第一课时教学目标：① 通过一个胎儿的发育过程，学习如："head""body""shoulder""arm""hand""finger""hand""leg""foot"等身体部位的词汇，关注其单复数。② 在情境中尝试运用"I have … ""My … is/are … "等句型来描述自己的身体部位，感受其数量与特点。③ 了解一个胎儿的发育过程，感受生命成长的奇妙。

第二课时教学目标：① 能在语境中进一步操练身体部位的名称。② 能运用"I can … with … "句型描述自己各身体部位的功能。③ 尝试运用"I have … ""My … is/are … ""I can … with … "等句型简单描述自己的身体特征及功能。④ 能在思考和分享交流的过程中感受到乐趣，感受身体的美好。

（四）教学内容

一个单元通常由几个课时组成，每课时的教学内容基于单元整体规划与话题展开。因此，教学内容的确定是基于教材进行整合、划分、选择与优化的，并不是完全对照着教材的内容，按顺序进行教学，而是需要对单元整体教学内容进行合理安排。各课时的教学内容需体现整体性、连贯性、延续性、渐进性、逻辑性，且教学内容可依据教材内容进行适当补充或改编，以更好地符合学生的认知，符合教学话题与目标。

（五）板书

板书是课堂教学中重要的辅助工具，是教师在教学过程中将文字、图画等，用不同颜色、形式呈现于黑板上的教学行为。板书作为一种传统教学媒介，有着新型媒体技术不可代替的作用。板书是教学内容的高度概括，是教学过程的浓缩呈现。有效的板书设计，能够帮助教师在教学过程中激发学生学习兴趣，提高学生对知识的理解与记忆，理清学习思路，并借助板书完成语用表达。板书的呈现形式有多种，如图文式、提纲式、表格式、流程式、导图式等，应根据不同教学内容和需达成的不同教学目标，设计相对应的板书，并在教学过程中真正体现板书的作用。

（六）语用

《标准》提出，英语语言能力是构成英语学科核心素养的基础要素。英语语言能力的提高蕴含文化意识、思维品质和学习能力的提升，有助于学生拓展国际视野和思维方式，开展跨文化交流。因此，语言运用能力是教学中需要重视培养的能力，语言学习的最终目的即是达成语言的运用。如果在教学中仅重视教学内容和活动的丰富设计，却没有深入教学每一个知识点，使得教学过程变得仓促，语言学习与操练只流于形式，减少学生内化语言知识的时间，会导致在反馈时学生难以输出语用表达。可见，在教学过程设计中需重视如何培养学生的语言表达能力，语用任务的达成度是检验语言学习的有效衡量标准。

（七）评价

"教学评一体化"是现今核心素养教育下的新型教学模式，即课堂教学中，教师的教、学生的学以及教学评价是共同存在、相辅相成的。课堂上的教学评价属于形成性评价，课堂评价更注重考查与判断学生是否在教学过程中内化所学知识，是否能将语言知识转化为语言能力。评价维度通常根据不同课型、不同年段、不同教学目标等进行设置。教师对学生不同的表现情况作出对应的评价。教师对学生的即时评价能够快速地指出学生学习过程中存在的问题，或对其表现给予肯定及鼓励。而教学评价不仅是指课堂上教师对学生的评价，同时也包括学生对自己的自评。

二、教学过程的价值体现

（一）体现知识掌握技能

教学过程不仅仅是教师"教"知识的过程，更重要的是学生"学"知识的过程，也就是学生学习知识并形成技能的过程。在学习过程中，学生以独立思考或合作探究的形式获取知识，在潜移默化中，将学习的知识与技能内化为个人的经验与能力。有效的教学过程设计，能够帮助学生通过一堂课的学习在教学过程中探索、理解并掌握新知识、新技能。

（二）体现育人价值功能

《标准》强化了课程育人导向。指出"教师要把落实立德树人作为英语教学的根本任务，准确理解核心素养内涵，全面把握英语课程育人价值"。英语课程承担着提高学生综合人文素养的任务，教师应引导学生树立爱国主义精神，开阔国际视野，增强国际理解和综合人文素养,培养学生健康人生观、坚强意志力和多元文化认同的品质,增强学生的社会责任感,从而全面落实英语学科育人目标和任务。因此,越来越多的德育知识和科学文化知识被融合进教学过程中,在学习语言知识的同时,学生的思想品德、科学素养、文化意识等方面也能得到进一步提升。

(三) 体现学生发展价值

促进学生身心健康、使学生全面发展是所有教学的立足点和根本点。因此,教学过程的展开不仅是推进学生学习、发展认知的过程,也是促进学生身心发展的过程。在教学过程中,教师的教学设计是有意识的,而学生在无意识的过程中能动地认识活动、调动情感、调节意志。在教学过程中,有效的设计能够循序渐进地促进学生自身的各项能力,包括智力、体力、情感、态度、价值观等的全方面发展,着力发展学生核心素养。

三、教学过程设计的步骤

教学过程的呈现形式各异,不同的教学方法、不同的课型,其教学步骤都有不同之处,但总体而言,教学设计一般遵循"总分总"的原则,教学过程一般应包含信息:教学步骤(Procedures)、教学内容(Contents)、活动名称及方式(Methods)、设计意图(Purposes)。

当前《牛津英语(上海版)》教材中小学英语教学多为任务型教学模式,就此模式而言,教学过程设计的步骤一般由"任务前准备(Pre-task preparation)、任务中过程(While-task procedure)、任务后活动(Post-task activity)、作业设计(Assignment)"四大环节展开。

(一) 教学过程呈现的原则

1. 框架清晰、语言精练

英语学科教学过程的呈现一般以表格式为主,清晰的框架式结构让人对教学过程设计一目了然。同时,应尽可能以精练、简洁但又清晰、规范的语言,方便读者(教师)通过教学过程设计,能对课堂的整体教学思路、内容及方法等有所了解。

2. 结构完整、针对性强

不同的课型在过程设计中呈现不同的表达形式。如词汇和句型课中,步骤名称一般为"Pre-task preparation""While-task procedure""Post-task activity";而故事课型中,经常以"Pre-reading""While-reading""Post-reading"呈现教学步骤。因此,教学过程设计需考虑不同课型与不同教学内容,做针对性的调整。

3. 逻辑清晰、层次分明

教学环节有"任务前准备、任务中过程、任务后活动、作业布置"的任务分层,教学内容根据情境安排有先后出现的顺序性,活动方式也会依据教学内容与目标要求,由浅入深进行操练。因此,不管是环节、内容还是活动,其呈现方式应是清晰的,有逻辑的,最简单的方式便是在表格中,用不同的词与序号加以区分,体现层次性。如任务中过程环节,以"Scene 1, Scene 2 …"的方式呈现故事的发展;以"Learn"表达需学习的核心词汇或句型是什么(认读掌握);以"Practice"表达需操练的内容是什么(理解运用)。在"Scene 1"中,不同的活动以 1-1,1-2……编号逐一呈现;"Scene 2"对应的活动则用 2-1,2-2……表示。

如《牛津英语(上海版)》3B M4 U1"My body"中的"Useful body parts"的任务中过程环节中场景 1 的教学过程呈现如下:

Procedures	Contents	Methods	Purpose
While-task procedure	**Scene 1:** Amy is nine months old. **Practice:** hands, I can … with my hands. **Learn:** knee(s)	1-1 Listen to Amy's first part 1-2 Learn the sentence: 　　I can clap with my hands. 1-3 Read a rhyme 1-4 Make a rhyme 1-5 Read in roles 1-6 Go on listening 1-7 Learn:knee(s) 1-8 Sing a song 1-9 Learn the sentence: 　　I can crawl with my hands and knees. 1-10 Learn:crawl 1-11 Read in roles	通过聆听"Amy"九个月时的描述,学习用简单的英语句型来描述身体的能力,帮助学生进行语段的输出,为后文的学习作铺垫。 通过不同形式操练新授单词,学习其意义,学会运用。

(二) 教学过程一般环节介绍

1. 任务前准备(Pre-task preparation)

此环节一般设计教学内容如下:

(1) 语音学习

近几年,语音学习逐步被视为教学中的重点内容之一,语音学习这一板块也更适合放进任务前准备环节,无论是低年级的字母学习,还是高年级的音标学习,放入学习准备阶段,是为接下去的词汇或句型学习做好铺垫,毕竟语音是单词学习的基础与前提。

(2) 热身

热身环节是为开启新课学习之前,激发学生学习兴趣所做的准备。在刚进入上课的前几分钟,基于小学生的性格特点,学生往往不能很快进入学习状态,因此热身活动有利于快速吸引学生,将学生的注意力带入学习之中。热身活动的设计多为有趣的、轻松的,同时尽可能与教学内容相关联的,如儿歌吟唱(Sing a song)、视频欣赏(Enjoy a video)、日常问候(Daily talk)等。

（3）复习旧知

在轻松愉快的热身活动之后，一般会设计一到两个活动，复习并检验上一课教学内容，同时为本课时教学内容作准备和铺垫。如通过快速反应（Do a quick response）帮助学生复习第一课时词汇；通过选择说话（Choose and say）复习第二课时所学句型与语篇。旧知的复习是为更好地引入新知并将所学用入新知，因此，复习旧知的方式需与新知内容有所联系与递进。

2. 任务中环节(While-task procedure)

任务中环节即新知学习的过程是一堂课中最主要的环节。此环节一般设计教学步骤如下：

（1）呈现

呈现环节是引出新知的初始阶段。教师可以借助多媒体教学手段，根据教学内容，运用各种方式呈现即将学习的新授内容，使学生对新的学习内容有初步的感知和认识，如展示图片、观看动画、整体聆听、猜谜、问答等多种形式。

（2）操练

操练环节中，教师需根据教学内容，设计大量的、与教学内容相关的、可实施的多样化活动，以帮助学生在操练过程中内化语言知识。教师可以设计不同形式的操练方式，如问答练习、替换练习、朗读儿歌、改编儿歌、角色扮演等。操练的活动大多较为机械式，为反复"说"英语而达到对新知识的深刻理解。

（3）应用

不同于操练新知，在应用新知的环节中，教师会设计任务型练习，此类练习是意义操练，目的是能用所学的语言知识解决实际应用问题，将语言学习变成语言技能，也就是能达到语用输出。教师设计的任务应符合教学内容与学生实际情况，是具有可操作性、交际性、有意义的。

3. 任务后活动(Post-task activity)

在课堂的最后环节，一般为新知学习之后的巩固、复习与拓展迁移环节。此环节中，教师通常会对本课所学全部内容进行归纳总结、整体复习。可以整体聆听（观看）整个故事/对话，再以不同形式的活动整体操练本课知识，也可设置适当的拓展延伸练习，以提升学生运用语言知识、迁移知识的能力，帮助激发学生创新思维。同时，在任务后环节中，整堂课的育人价值、文化或德育渗透也可在此进行总结和升华。

4. 作业设计(Assignment)

作业的设计是教学过程设计的最后环节，同时也是教学过程设计中重要的一部分。作业的设计需考虑教学内容、学情、课型等多方面因素。作业的目的是为帮助学生复习巩固所学内容，并能通过练习进一步掌握与运用知识。作业的设计应避免机械化、无意义式的作业类型，在"双减"政策下，作业设计更应转向为有意义、可操作，综合性、实践性强的作业。课后作业应为课堂教学内容的延续，低年级注重口语作业，高年级注重口语加书面结合。既要设计知识型、理解型作业，也要有技能型、实践型作业。如低年级以听、说、唱、演作业类型为主；高年级则在此基础上，以分层的形式进行布置，增加课外阅读、合作探究等创新型作业。

四、课堂活动的设计

教学过程是由教师与学生共同参与、合作完成的教与学的过程。在教学过程中,课堂活动是指学生在学习过程中,教师为了让学生完成课堂学习任务而实施的多种教学方案、思路,是教学方法与思路的总和。因此,课堂活动的有效设计,能更好地帮助学习任务的完成,顺利地推进教学实施。

(一)课堂活动设计的原则

1. 课堂活动设计要以学生为中心

课堂活动的设计,需基于学生的年龄特征、成长规律、记忆规律,需符合学生心理、学情、兴趣等。同时,课堂活动的设计也需符合不同年龄段学生的思维特点。因此,一切的课堂活动设计都应以学生为中心,突出教学过程中学生的主体地位。

2. 课堂活动设计具有多样性

在教学过程中,要避免单一、重复的教学活动,只有设计多种多样、各种形式的课堂活动练习,才能从多方面、各角度培养学生的综合能力。不同的课堂活动能体现不同的语言技能,也可以提升学生不同方面的能力,多样化的课堂活动更能激发学生的学习兴趣。

3. 课堂活动设计具有层次性

课堂中各环节的活动设计都应是有规律、有层次性的,一般为由易到难、由简到繁、由点到面、由单一知识点的练习到全面综合的练习,以层层递进的方式逐步引导学生在活动中操练语言技能,提升语言综合能力。

(二)课堂活动设计的方法

1. 课堂活动设计需调动学生的积极性

学生是教学活动的主体,学生能够积极参与是教师设计课堂活动练习的初衷和重要的目的。对学生来说,尤其是小学生,要想调动其参与课堂的积极性,必须从吸引学生的学习兴趣入手,设计符合学生喜好的、学生感兴趣的活动,才能调动学生积极性,主动地参与课堂教学。如《牛津英语(上海版)》3B M4 U1 "Useful body parts" 的 "post-task" 环节,设计了 "play a game:Tick Tack Toe"(图4-1),此游戏中,将学生分成男女两组进行比拼,轮流交替选择一幅图片,运用句型 "I can … with my … " 进行说话,如选择第 2 张图片:"I can play the piano with my hands."哪一组最先连成线,即可获胜。从游戏入手,充分调动学生的积极性;在游戏过程中,学生也能巩固操练所学知识。

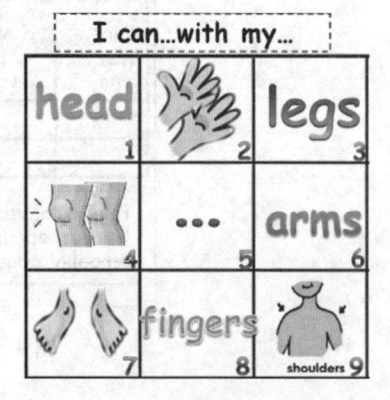

图4-1 课堂活动:小游戏 "Tick Tack Toe"

2. 课堂活动设计需提升学生的体验感

小学生的年龄特点是活泼、好动、坐不住、学习持久性不够,这是小学生学习的常态。尤其是英语学习,作为一门外语,小学生在接触英语之初,也许会有比较大的兴趣,但由于语言环境的缺失,英语学习不如母语更容易保持持续的热情。在将英语作为一门学科正式学习后,学生往往对英语的学习兴趣有所下降,且日常生活运用机会较少,参与度与体验感也有所欠缺。因而,在教学过程中,通过课堂活动的有效设计,提升学生的课堂体验感,是教师需要思考的方向,如观看视频、触摸实物、扮演角色、提出引发思考的真实性问题等。

如《牛津英语(上海版)》4A M2 U3"The lion and the mouse",本课时为故事教学,过程中六个场景分别设计了六次"Read in roles",为了在角色扮演过程中让学生真正体验角色、融入角色,可请学生戴上狮子与老鼠的头套,模仿不同场景、不同角色所表达的不同感情,从而真正从角色出发,体验角色语气和感情的变化。

3. 课堂活动设计需体现学生的交际性

英语学习的工具性作用之一是能用英语进行交流。因此,设计促进学生交际能力的课堂活动,有助于创设真实的语言交流环境,帮助学生在课堂活动中交流、交换信息。

如《牛津英语(上海版)》5A M1 U2 "My way to school"一课,充分利用教材内容,将课本中的"Do a survey"(图4-2)融入课堂活动。

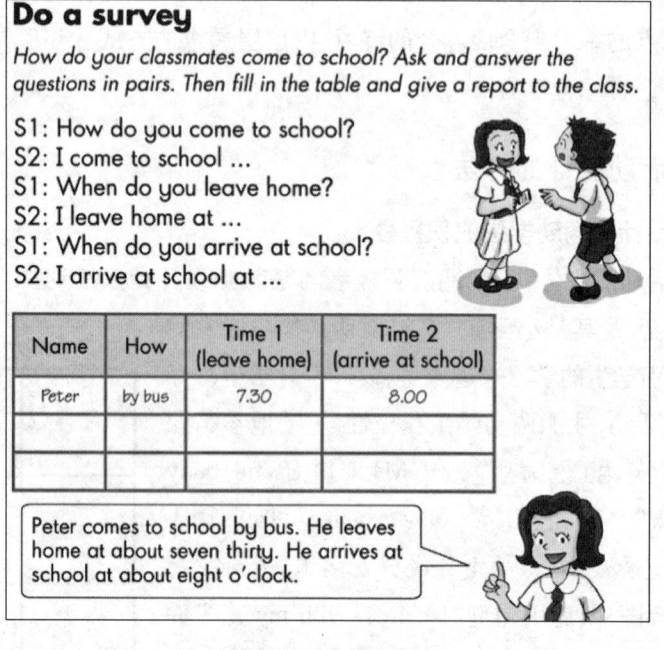

图4-2 课堂活动:小调查"Do a survey"

此活动以问答交流的方式,调查同学来校方式、离家与到校时间。在交流中运用到所学句型,巩固时间的表达,同时还原真实生活情景,锻炼学生的口语交际能力。

4. 课堂活动设计需体现学生的思维性

思维品质作为核心素养的主要内容之一，能够表现英语学科核心素养的个性化发展，反映核心素养的心智特征。发展思维品质有助于提升学生发现问题、分析问题和解决问题的能力。同时，提升思维品质也是《标准》的总目标之一。

在个体成长过程中，语言与思维具有同等重要的地位，学生在学习英语的过程中，思维发挥着不可替代的作用。良好的思维能力是学生理解英语知识，增强英语语感，提升英语综合运用能力的基础。因此，在课堂教学中，课堂活动的设计需体现学生思维能力的培养。

如《牛津英语（上海版）》3B M3 U1"A dream house"，在任务中过程环节设计活动"Look and say：A circle is like a/an/the _____.（sun/moon/ball/cake/biscuit …）"；再到"Imagine and say：Look at the _____.（desk/blackboard/book/ruler/door …）" "It's _____（colour）. It's a rectangle."通过引导学生观察生活中的事物，了解事物的形状，能通过形状联想到某个事物，或通过事物判断其形状。将形状与事物联系起来的过程，便是学生发散思维，主动思考的过程。

5. 课堂活动设计需引导学生的合作性

合作学习是学生需要提高的能力之一。在小学阶段，学生就需要在课堂中学习如何与同伴进行合作完成同一任务。因此，小学英语教学过程中的课堂活动设计，也经常采用生生合作的操练形式。如"pair work""group work"等，以两人一组或多人组合完成任务。利用小组合作展开学习的方式，帮助学生在讨论和合作的过程中共同进步。

如《牛津英语（上海版）》3B M3 U1"A dream room"，在任务后环节设计综合练习"Make and say"（图 4-3）：教师将学生分成四人一组，每组学生分到若干个不同的形状，请学生合作讨论，拼成某一个事物，上台演示并合作介绍：

"A：Hello, I'm _____. I have a _____.（rectangle, circle, square, star, triangle）It's like a _____.（head, mouth, hat, hand, arm, leaf, trunk）I can make a _____（tree, bird, house, robot）with it.

B：Hello, I'm _____. I have _____.

C：Hello, I'm _____. I have _____.

D：Hello, I'm _____. I have _____.

We can make a/an _____.

It's _____."

图 4-3 课堂活动：综合练习"Make and say"

在此项活动中,学生通过小组合作,集思广益,思维进行碰撞。交流中迸发灵感,合作中促进情感,探讨中共同成长。

(三)课堂活动设计的类型

《标准》提出:"秉持在体验中学习、在实践中运用、在迁移中创新的学习理念,倡导学生围绕真实情境和真实问题,激活已知,参与到指向主题意义探究的学习理解、应用实践和迁移创新等一系列相互关联、循序递进的语言学习和运用活动中。"基于"践行学思结合、用创为本的英语学习活动观",设计符合目标的课堂活动类型,使课堂活动练习是有意义的、有效的。

1. 学习理解类

学习理解类课堂活动设计时,通常以较直观的方式,刺激学生的多感官,引起学生兴趣的同时,也能快速模仿并操练新知。如设计课堂活动"Listen and read",以播放录音的方式,刺激学生的听觉。通常第一遍只展示图片或情景,先以聆听为主;第二遍再出示词汇、句子、对话或语篇,让学生模仿录音中的标准语音语调进行朗读。再如活动"Look and read",即通过直观的图片、视频或实物展现的方式,刺激学生的视觉,让学生快速理解所学新词的含义,并出示单词卡片让学生以多种方式进行朗读。如遇一些实物类名词"chopsticks""desk""football"等,则让学生观察实物快速理解;而一些抽象类介词如"on""in""next to ..."或形容词"fat""sour""hard"等,也可通过现场举例展示、实物触摸品尝等方式,刺激学生触觉、味觉的同时,也帮助学生即刻感知相关词汇的含义与用法;同样地,一些动词类如"hop""touch""pick"等,则适合用动作演示,调动学生肢体的运用,学生边做动作边朗读,在活动中操练新知,且更容易理解与识记所学知识,加深印象。

2. 应用实践类

语言知识在理解识记之后,便需学会表达与运用。设计应用实践类活动时,教师应结合考虑学生已学的旧知与需要学习的新知,通常用以旧带新、新旧结合的方式进行知识的操练,帮助学生快速地表达与运用所学。如"Ask and answer",以问答的方式,引发学生思考,激发学生积极参与课堂活动的兴趣。围绕话题、情境与教学内容,设计合理有效的问题,既可以设计于文本聆听之前,也可以是语篇阅读之前,以问题引领,让学生带着问题寻找答案,有利于思维能力的培养。同时,在回答问题时,学生能够锻炼口头表达能力,进而内化语言知识。再如设计课堂活动"Look and say",通常在教师做出一个示范后,让学生借助语言框架及相关图片,进行会话练习。如用以下句型介绍一种喜欢的动物:"Look at the _____. It is _____. (small/fat ...) It is _____. (nice/naught ...) It can _____. It likes _____ (grass/meat ...)."在此活动中,学生可运用所有已学的知识,进行整合与表达。语用能力得到进一步提高的同时,学生的反馈情况也能检验学生对所学内容的掌握程度。

3. 迁移创新类

无论在新知学习还是输出环节中，适当的拓展与迁移都是课堂中必要的活动。通过此类活动可以引导学生举一反三，学会对所学知识进行分析、理解、内化与运用，帮助学生真正将语言知识转化为语言运用，触类旁通，学会在新的情境中快速地、创造性地解决新问题。如课堂活动"Make a new chant/dialogue/poster …"，通过给出完整的儿歌/对话/海报等，让学生模仿示范，创作新的内容。设计时教师一般会给出句型框架、词汇、图片等供学生参考选择，也可以由扶到放的方式，逐步放手让学生自行创作。通过此活动，既能帮助学生巩固所学知识，也能提升学生自主创新的能力，让其充分发挥自己的想象，将课本知识运用于生活实践。再如提供与知识内容相关的课外阅读文章，并完成相关练习。拓展阅读延伸课内所学，帮助学生在阅读过程中，更好地学习获取知识、梳理知识、解决问题的能力。阅读活动的设计，不仅能帮助学生积累更多词汇、培养学生语感，也能在阅读中总结阅读技巧，逐步提升语言能力。

---- 揭秘名师课堂 ----

《牛津英语（上海版）》2B M2 U1 "Who can help me?" 案例及分析

教学内容

教材内容

文本内容

Scene 1

Pig: Look at me. I'm Piggy. I'm small. I can **skip** rope. **I like skipping**. How happy!

Fox & Rabbit & Dog & Monkey: Piggy, can we play together?

Pig: No, no, no!

Pig: Oh, my apples! Who can help me?

Scene 2

Fox: Piggy, Piggy, I can help you. I can **run**, run very fast. Go! Go! Go!

Piggy: Thank you.

Scene 3

Rabbit: Piggy, Piggy, I can help you. I can **hop**, hop very high. Go! Go! Go!

Piggy: Thank you.

Scene 4

Dog: Piggy, Piggy, I can help you. I can **skate**, skate very fast. Go! Go! Go!

Piggy: Thank you.

Scene 5

Monkey: Piggy, Piggy, I can help you. I can **ride a bicycle**, ride very well. Go! Go! Go!

Piggy: Thank you.

Ending

Piggy: Thank you, my friends. Let's play together!

Fox & Rabbit & Dog & Monkey: OK!

教学过程

Topic: Who can help me?

Procedures	Contents	Methods	Purposes
Pre-task preparations	1. Greetings 2. Warming up	Make greetings to the students 2-1 Sing a song 2-2 Learn the sounds 2-3 Elicit the story	评价预告，步入学习环境。 儿歌吟唱，烘托学习氛围，步入学习情景。 语音学习，感受字母在单词中的发音。
While-task procedures	Scene 1 Piggy is skipping on the grass. Learn: skip skipping	1-1 Listen to Piggy 1-2 Learn the new word and phrase: **skip, skip rope** 1-3 Sing a song 1-4 Enjoy some pictures 1-5 Listen and complete 1-6 Learn: **skipping, like skipping** 1-7 Sing a song 1-8 Choose and say 1-9 Read in roles	聆听"Piggy"的自我介绍，引出"skip"的学习。 欣赏学生跳绳画面，准备道具，鼓励学生现场活动，感受运动。 再次聆听，学习操练句型"I like skipping." 运用"I like ...(doing)"进行表达。 角色朗读，感受新知。
	Scene 2 The apples roll down. The fox comes to help. Learn: run/running	2-1 Listen to the fox 2-2 Learn the new word: **run** 2-3 Watch a video 2-4 Listen to Mr Su 2-5 Learn: **running/like running** 2-6 Play a game 2-7 Read in roles	聆听"fox"和"Piggy"的对话，引出"run"的学习。 通过观看运动员跑步视频，聆听其话语，学习"running"和"like running"等。 通过游戏，操练小语段。 角色朗读，体会角色心情。
	Scene 3 The rabbit comes to help. Learn: hop/hopping	3-1 Listen to the rabbit 3-2 Learn the new word: **hop** 3-3 Compare the two action: hop & jump 3-4 Say a chant 3-5 Learn: **hopping, like hopping** 3-6 Sing a song 3-7 Read in roles	聆听"rabbit"和"Piggy"的对话，引出"hop"的学习。 通过儿歌、歌曲等形式操练"hop/hopping"。 聆听"dog"和"Piggy"的对话，引出"skate"的学习。 通过视频与表达练习，操练"skating"以及小语段。 角色朗读，体验语用。
	Scene 4 The dog comes to help. Learn: skate/skating	4-1 Listen to the dog 4-2 Learn the new word: **skate** 4-3 Watch a video 4-4 Listen to the dog 4-5 Learn: **skating/like skating** 4-6 Try to say 4-7 Read in roles	聆听"monkey"和"Piggy"的对话，引出"ride/ride a bicycle"的学习。

续 表

Procedures	Contents	Methods	Purposes
While-task procedures	Scene 5 The monkey comes to help. Learn： ride a bicycle/riding a bicycle	5 – 1 Listen to the monkey 5 – 2 Learn the new word and phrase：ride, ride a bicycle 5 – 3 Sing a song 5 – 4 Learn：riding, I like riding a bicycle. 5 – 5 Say a chant 5 – 6 Read in roles 5 – 7 Listen to the end	通过歌曲、儿歌等形式操练"ride/riding (a bicycle)"。聆听故事结尾，感受语境。再一次整体聆听，强化本课时所学知识的理解。通过多种练习巩固与理解；最后在自选交流中完成语用。
Post-task activities	More practice	1. Enjoy the whole story again 2. Read in roles 3. Do a quick response 4. Choose and say	
Assignments		1. Listening：Listen to the book on P14 & P17. 2. Reading：Read the book on P14 & P17 and the materials. 3. Speaking：Try to say your hobbies. 4. Writing：Copy the new words.	听说读写练结合，巩固新知、进一步完成语用。
板书设计			

实例分析

一、基于单元目标确定课时目标

（一）单元教学目标

1. 语言知识与技能运用

（1）能在语境中知晓并初步运用五个常见的运动类单词和词组，如："run""skate""hop""skip""ride a bicycle"等，注意发音与肢体演绎，能初步了解、学习与正确朗读其动名词形式。

(2) 能在语境中理解与运用"Do you like（doing）...?""Yes./No. I like（doing）...."等句型问答各自的运动喜好。

(3) 初步感受与学习辅音字母"k"和"g"在单词中的发音,学会举一反三。

2. 语言情感

(1) 通过学习,了解运动的多样,感受自己与他人的运动喜好,增进各自的了解。

(2) 通过学习,进一步增强个体自豪感、感受运动所带来的快乐。

3. 学习策略

(1) 在学习过程中能约束自己的学习行为,集中注意力。

(2) 在课堂交流中,能仔细观察、注意倾听、积极思考。

(3) 在课堂活动中,能积极发言、尝试与同伴合作,共同完成学习任务。

（二）第一课时教学目标

(1) 初步学习辅音字母"k""g"在单词中的发音,感受语音。

(2) 在语境中,知晓并初步运用"run""skate""hop""skip""ride a bicycle"等五个常见的运动类单词和词组,注意发音与动作演绎;知晓并初步运用其动名词形式。

(3) 在较为熟练地运用"I can（do）..."的基础上,在语境中初步感知、理解与运用"I like（doing）..."来表达各自喜欢做的事情。

(4) 通过学习,感受运动的丰富与多样,增进互相的了解。

二、基于单元规划、内容整合,设定课时话题与板块

课 时	话 题	项 目 来 源
Period 1	Who can help me?	Learn the sounds, Look and learn, Look and say & Listen and enjoy
Period 2	Who is super?	Learn the sounds, Look and say & Do a survey
Period 3	Who is my friend?	Say and act & Revision

基于课程标准和学生实情,创设具有延续性与完整性的语境,聚焦核心词汇与句型学习,以童话故事为情境展开教学,既激发了低年级学生的学习兴趣,又能在情境中推进词汇与句型学习,凸显了学习的真实性与实效性。

三、基于教材进行内容重构

（一）基于单元主题,创设童趣情景

在基于教材的原则上创设高于教材,具有创新性、真实性又有童趣性的故事情景,是教学设计的基础与核心。基于单元主题和学生的年龄特点,以"Who can help me?"为本课时的

话题,创设了小动物们利用各自特长帮助小猪捡回苹果的故事情景。整个情景围绕着单元主题与课时话题而展开,在这样充满童话色彩的故事背景下教学核心内容,学生可始终保持着学习的热情与探索故事结局的好奇心。

(二)利用词汇特性,设计适切角色

本课时学习的核心内容是五个动作类词语,利用这五个词语的特性,设计了适切的动物角色(如图4-4)。故事所选的每个动物都是学生所熟悉的,又是符合核心词特点的,既符合故事情境,又贴合生活实际。

图4-4 核心词与角色

(三)聚焦核心语言,编写有趣内容

有趣的文本内容,有效的核心语言,是推动课堂教学,帮助学生输出语用任务的关键。本课时的核心语言是已经学习过的"I can(do)…"以及新授的陈述性句型"I like(doing)…"在凸显核心语言的基础上,以旧带新,用生动活泼的语言,设计如下文本:"Piggy:Look at me. I'm Piggy. I'm small. I can skip rope. I like skipping. How happy!"

引出"skip""I can skip.""I like skipping."的核心语言学习。

而在"run""hop""skate""ride a bicycle"这四个词语的教学中,则运用了一致的文本结构,

> "Fox: Piggy, Piggy, I can help you. I can run, run very fast. Go! Go! Go!
>
> Piggy: Thank you.
>
> Rabbit: Piggy, Piggy, I can help you. I can hop, hop very high. Go! Go! Go!
>
> Piggy: Thank you.
>
> Dog: Piggy, Piggy, I can help you. I can skate, skate very fast. Go! Go! Go!
>
> Piggy: Thank you.
>
> Monkey: Piggy, Piggy, I can help you. I can ride a bicycle, ride very well. Go! Go! Go!
>
> Piggy: Thank you."

此文本的语言富有童趣性，又没有很复杂的话语表述，通过核心语言的聚焦，结构的复现，更好地帮助学生理解词汇与模仿角色。

四、基于目标与内容设计有效活动

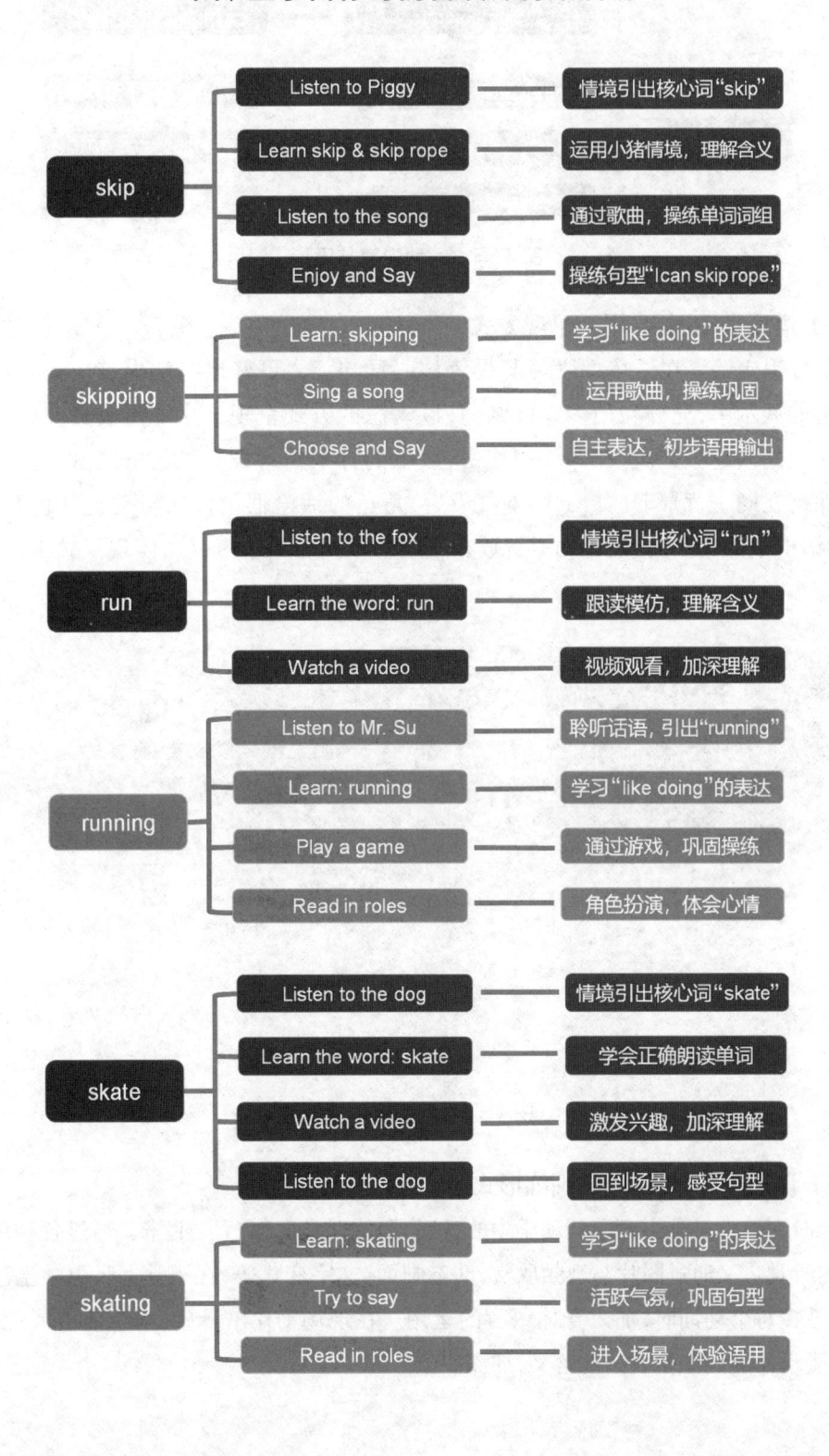

skip	Listen to Piggy	情境引出核心词"skip"
	Learn skip & skip rope	运用小猪情境，理解含义
	Listen to the song	通过歌曲，操练单词词组
	Enjoy and Say	操练句型"I can skip rope."
skipping	Learn: skipping	学习"like doing"的表达
	Sing a song	运用歌曲，操练巩固
	Choose and Say	自主表达，初步语用输出
run	Listen to the fox	情境引出核心词"run"
	Learn the word: run	跟读模仿，理解含义
	Watch a video	视频观看，加深理解
running	Listen to Mr. Su	聆听话语，引出"running"
	Learn: running	学习"like doing"的表达
	Play a game	通过游戏，巩固操练
	Read in roles	角色扮演，体会心情
skate	Listen to the dog	情境引出核心词"skate"
	Learn the word: skate	学会正确朗读单词
	Watch a video	激发兴趣，加深理解
	Listen to the dog	回到场景，感受句型
skating	Learn: skating	学习"like doing"的表达
	Try to say	活跃气氛，巩固句型
	Read in roles	进入场景，体验语用

```
ride a bicycle ─┬─ Listen to the monkey ───── 情境引出核心词"ride"
                ├─ Learn: ride/ride a bicycle ── 词到词组,逐步深入
                └─ Sing a song ─────────────── 运用歌曲,操练巩固

riding a bicycle ─┬─ Learn: riding a bicycle ── 学习"like doing"的表达
                  ├─ Say a chant ───────────── 运用儿歌,操练巩固
                  └─ Read in roles ──────────── 角色扮演,语用输出
```

图 4-5 活动内容与设计

(一) 语境带动语言,规范呈现方式

教学过程应始终在语境中学习与操练核心词句。为更好地将学生带入故事情境,首先在故事的展示中,充分利用多媒体画面,以动态的方式呈现出生动活泼真实的情境,有效吸引学生的兴趣。其次,在课件制作中,故事的背景始终没有跳出情境,即使在教学时画面也保持在同一背景下(如图4-6);最后,角色的话语框设计成与动物肤色匹配的颜色,且话语框中的文字内容,遵循意群放在一起的原则(如图4-7),体现了教学设计的规范与严谨。

图 4-6 词汇教学背景

(二) 调动全身感官,丰富训练形式

本课时在教学过程中充分调动学生的各感官,使课堂变得"活"起来。通过各种声效,刺激学生的听觉。又通过图片与视频欣赏、动态画面、文字变化等,在视觉上吸引学生注意力。此外,在教授每个动词时,加入身体语言的运用。在现场动作演绎中,学生能更清楚地理解词汇,感受动作类词汇所表达的含义,加深印象。

图 4-7　话语框设计

（三）三步学词推进，聚焦习惯养成

本课时为第一课时词汇教学，教学过程中贯彻三步学词法，层层推进、强化与巩固核心词汇的学习。听——听录音，听示范。学生通过聆听规范、正确的发音，为模仿朗读做准备。看——看老师，看口型。单词的准确发音离不开正确的口型，仔细观察老师朗读时的口型，有助于学生掌握发音技巧。读——读词汇，善模仿。在听与看之后，是学生模仿朗读的时间。可以多种形式进行朗读，点面结合，给予每一位学生参与的机会。三步学词法，正是在教学活动中逐步培养学生倾听、观察与模仿的良好习惯。

五、利用板书辅助过程推进

（一）及时呈现核心内容

板书以图文结合的方式呈现了本课时的五个核心词和其动名词形式，五个核心词以四线三格的形式呈现，符合二年级下学生学习抄写单词的要求；同时，将语音部分呈现于板书中，也帮助学生直观清晰地看到本课所学的字母因素与相关单词。

（二）展现信息逻辑关系

整个板书还原了故事情境，根据故事的推进，板书将内容一一呈现。以苹果滚落、动物们纷纷帮忙、到苹果回归这一脉络，板书的呈现形式展现了故事情节发展的逻辑关系，围绕着"Who can help me?"的主题逐一展开教学，最后回归板书，看着板书巩固复习本课所学内容，让板书真正得到运用。

（三）支持完成语用任务

本课时的语用任务是能运用"I can(do)…""I like(doing)…"等句型介绍自己的能力，表达自己喜欢的事情。因此，在板书上呈现关键句型结构，能帮助学生通过板书清晰地区别两种句型，并结合句式与词汇，顺利完成语用任务。

在英语教学中，一个好的故事情境能调动学生的学习积极性，有效帮助学生吸收新知，提高语用能力。而故事教学时，所设计的故事不能只作为背景呈现，要让学生真正理解故事，投入故事，到最后能演绎故事，述说故事。这需要教师多做动作，通过肢体语言和自己本身的教学语言去感染学生，让学生学会模仿老师，做到用教学语言去教语言。语言学习和思维是同步的，学生读词汇和角色表演时不能流于形式，教师应该在学生读的过程中及时指正，如读出升降调，读出不同角色的不同语气等，让学生由模仿到表述，有一个由扶到放的过程。

PEP 教材 5B U2"My favourite season"
第一课时案例及分析

教学内容

教材内容

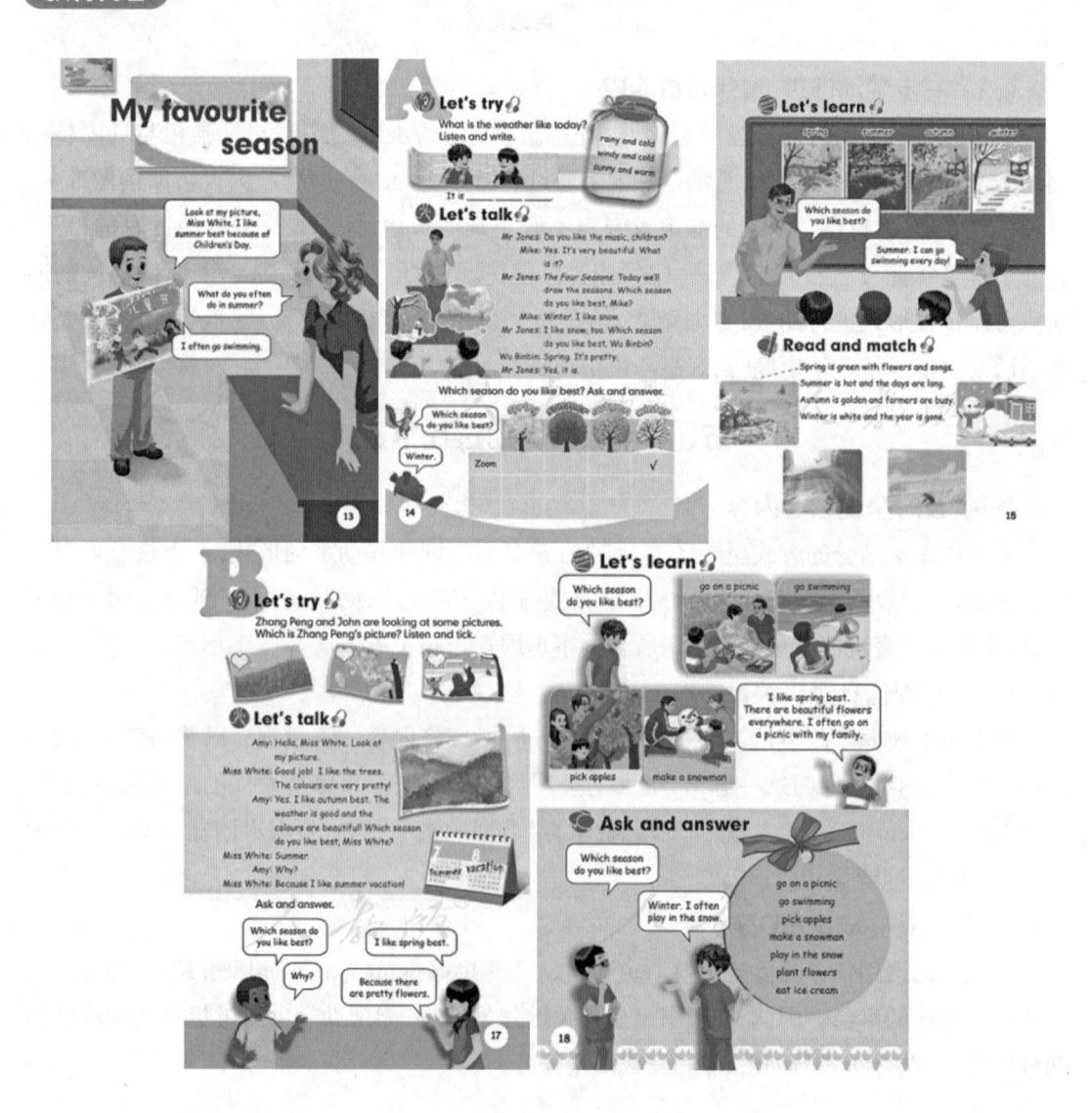

教学文本

Mr Jones: Do you like the music, children?

Mike: Yes. It's very beautiful. What is it?

Mr Jones: The four seasons. Today we'll draw the seasons. Which season do you like best, Mike?

Mike: Winter. Winter is cold but I like snow. I can play in the snow.

Mr Jones: I like snow, too. Which season do you like best, Wu Binbin?

Wu Binbin: Spring. It's warm and pretty. I can go on a picnic.

Mr Jones: Yes, it is. How about you, Amy?

Amy: I like autumn best. It's windy. I can fly a kite.

Mr Jones: So cool! Which season do you like best, Oliver?

Oliver: Summer. It's hot. I can go swimming every day!

Mr Jones: Wonderful! So please draw your favourite season now! Go!

教学过程

Topic: Drawing my favourite season

Procedures	Contents	Methods	Purposes
Pre-task preparations	1. Warming up 2. Lead-in	1-1 Ask and answer 　　What is the weather like? 2-1 Enjoy a song "What's your favourite season?" 2-2 Elicit the situation: The students are talking about their favourite season 2-3 Listen to the whole dialogue 2-4 Think: Where are they? 　　Who are they? 　　What are they talking about? 2-5 Ask and answer	引导学生复习已学过的有关天气的形容词"cold""warm""cool""hot"等。利用歌曲活跃课堂气氛的同时,自然引出本课话题。通过情境创设,整体感知本课时学习内容。
While-task procedures	1. Part 1 winter	1-1 Listen and answer 1-2 Listen and learn: winter 1-3 Enjoy a video 1-4 Learn: play in the snow 1-5 Sing a song 1-6 Try to say: We can _____ on the snow.	通过模拟场景的形式来引出"winter",并通过"看一看""听一听"感受冬天是北风呼啸的季节,同时引出"play in the snow"的学习,通过视频、歌曲吟唱的形式让学生进一步操练。

续 表

Procedures	Contents	Methods	Purposes
While-task procedures	1. Part 1 winter	1-7 Say about winter 1-8 Listen again Dialogue 1 and read in roles	描述冬天的气候、活动，语用输出。 学习季节"spring"，通过图片欣赏、儿歌等形式操练巩固，并在学习中体会春天是万物生长的季节。 通过图片感受"go on a picnic"，并通过实物观察加深对"go on a picnic"的理解。 通过头脑风暴，对春天的气候、活动等做一个梳理，加强语用体验。 在唯美的秋天背景中感受学习"autumn"，在欣赏秋天的诗歌中，进一步了解秋天的特征与活动。 以同样的方式引出"summer"的教学，在介绍夏天的过程中进一步了解该季节的特征与活动，同时达到语用输出的目的。 整体感知对话，分角色朗读对话。 在欣赏四季图片、图文配对的过程中进一步感受四季的美好，为介绍自己喜爱的季节作铺垫。
	2. Part 2 Spring	2-1 Listen and answer 2-2 Listen and learn: spring 2-3 Enjoy some pictures 2-4 Say a rhyme 2-5 Learn: go on a picnic 2-6 Try to say 2-7 Think and say: 　　How's the weather in spring? 　　What can we do in spring? 2-8 Listen again Dialogue 2 and read in roles	
	3. Part 3 autumn	3-1 Listen and answer 3-2 Listen and learn: autumn 3-3 Know: fall 3-4 Enjoy a poem 3-5 Read the poem 3-6 Think and say: What can we do in autumn? 3-7 Listen again Dialogue 3 and read in roles	
	4. Part 4 summer	4-1 Listen and answer 4-2 Listen and learn: summer 4-3 Learn: go swimming 4-4 Say a chant 4-5 Make a chant 4-6 Say about summer 4-7 Listen again Dialogue 4 and read in roles	
Post-task activities	More practice	1. Enjoy the whole dialogue 2. Read the dialogue 3. Enjoy some pictures 4. Read and match 5. Talk about your favourite season and activities	
Assignments		1. Listening: Listen to the text on P14 & 15. 2. Reading: Read the text and the materials. 3. Speaking: Talk about the different seasons. 4. Writing: Copy the new words.	听、读、说、写多维度作业，兼顾各项技能训练；在巩固所学的同时，让学生的语用能力得到进一步的训练和提高。

续　表

Procedures	Contents	Methods	Purposes
板书设计	5B Unit 2 My favourite season Period 1 Drawing my favourite season Which season do you like best? spring warm and pretty go on a picnic summer hot go swimming autumn windy fly a kite winter cold play in the snow		

实例分析

一、依据教材确立话题，整合板块形成主线

在 PEP 教材中，同一单元分为 ABC 三个部分，每个板块都承载着各自的功能。分析各个板块内容，均是围绕主题进行展开，前后内容与难度基本为递进式关系，而各个板块之间又存在着一定的交叉与联系。基于新课程标准对语篇主题意义的强化，教师应在分析各个板块的内容后，进行内容的整合与重组，在大主题下基于教材创设一个连贯的，符合逻辑的情境，将教学内容逐一串联起来。

如本单元的教学内容，分析 A 部分与 B 部分，两者之间存在联系和递进的关系，A 部分主要内容为"Mr Jones"在课上让学生讨论并绘画喜欢的季节，B 部分内容则是"Miss White"在课上与学生讨论所画季节的图片，并进一步讨论喜欢该季节的原因。如果将 AB 两部分完全割裂开，独立进行教学，势必会形成教学内容碎片化，缺乏教学的整体性。因此，在教学过程设计之初，应先确立好不同课时的话题，使不同课时之间的话题也是有延续性、衔接性的。如第一课时话题为："Drawing my favourite season."即创设情境为，"Mr Jones"在美术课上与学生讨论绘画主题"season"，在绘画之前先对各自喜欢的不同季节进行探讨，因此这是绘画的前期讨论。而第二课时可以设计话题为："Showing my picture about the season."即创设一个作品展示交流的情境，"Miss White"与学生进一步讨论自己所画的季节，并且说明绘画该季节的原因。如此，两课时内容有了自然的衔接与递进式的联系，学生能沿着情境主线展开学习。

二、围绕话题确立内容，新旧结合培养思维

《标准》的核心素养内容强调对学生思维培养的重要性，尤其对于高年级学生，思维的培

养应包括培养思维的逻辑性、发散性、深刻性等。因此，在教学中，教师应积极引导学生对某一话题的内容有更深刻的理解与思考，这就需要对现有的教学内容进行适当的补充和拓展，并能将所学过的已有知识经验融入新授的教学内容中，帮助学生联系所有已学，形成对主题内容的知识结构网，以更好地为语言的储备与输出做好积累工作。

如本单元 A 部分"Let's talk"的对话中，仅出现了关于"winter"和"spring"两个季节的内容，为了达成学习四个季节核心词的目标，可以将"Look and learn"中"summer"相关的对话融入进去，加上 B 部分中"Amy"喜欢"summer"的内容，使原对话增加了两个人物与两个季节的词汇。同时，为了进一步培养学生发散性思维，将 B 部分中对不同季节所做的活动融入于第一课时教学之中，形成思维的连贯性与深刻性。因此，在教材现有对话文本的基础上，整合各板块内容，串联各知识点，以丰富教学文本，使教学情境更有逻辑性。同时，结合以往所学与"Let's try"的问答练习，在复习旧知"What's the weather like？"的基础上，同时将天气状况加入教学文本之中，并用头脑风暴的活动形式，帮助学生联想，不同季节的天气、可以做的活动、所穿的服饰、所见的景物、所吃的食物等多方面内容，可以设计成思维导图的形式，帮助学生开展联想，联系生活实际，真正做到在实践生活中运用英语。在思考的过程中，学生能将知识进行归纳整理，形成知识框架，为后续的语言表达、写作输出等提供有力的语言支撑。

为新手支一招

核心素养教学下如何优化教学过程设计？

一、确保学生中心，建立和谐环境

小学英语新课程中，新型教学模式已然成为重中之重。其中，最为明显的就是提倡教师角色的转变，学生地位的提高。建构主义理论中早就提出过"以学生为中心"的核心理论，强调教学是学生主动学习、探索的过程，而不再是传统教学中教师"填鸭式"地教授知识，即"学"是过程中的重点。而在新时代背景下，这一理念也逐渐变成了主流。以学生为中心设计教学，以学生全面发展为教学目的，教师须确保学生主体地位，从教师传授知识转变为引导学生学习技能与方法。

轻松的课堂氛围，和谐的师生关系，能帮助小学生在课堂中愉快、大胆地主动学习。35 分钟的英语课堂就是为学生提供了一个交流学习的语言环境，教师需注重在教学过程中注入情感，注重师生、生生的交流互动，以激发学生的求知欲，发挥英语交际功能。教师需要考虑到究竟如何使学生的压力最小化。首先，教师在教学过程中，要明确自己的角色定位。在课堂中，教师不应该是唯一的主导，相反，教师应该给予学生成为主体的机会。在最初阶段，教师是一名指导者，教师的任务是给学生发出指令做出示范，而学生的任务则是接收指令、模仿学习。在练习中，教师可以采用师生互动的方式,与个别学生进行交流,为其余学生做出示范;当大部分学生都能运用知识时,便可以把舞台交给学生,从师生互动开始转变为生生互动。其次,教师在教学过程中,需注意运用自己的表情、眼神、肢体等与学生进行交流互动,传达情感。如授课过程中,教师的眼神应始终照顾到班级大多数学生,而不是盯着课本或黑板等,呈现与学生无眼神交流状态;整个教学过程中,教师的表情应根据不同的教学内容、学生的表现情况而有丰富的变化,而不是全程严肃单一的表情。又如抛出问题时,可用疑惑的神情带动学生思考;学生回答正确时可给予微笑、点头鼓励;丰富的肢体语言,也能吸引学生注意力,同时给学生做出生动的示范。再如教师示范故事情境中某一角色时,也可以声情并茂加上夸张的肢体动作。在教学过程中,教师不能急于让学生表达或反馈,不应该企图强迫学生去开口说话,相反,教师应该耐心地给予学生内化知识的时间,等待学生自发地输出,如进行说话任务准备时,教师不应发出这样的指令:"I give you three minutes to prepare." 可以说:"Now please say by yourself, go!" 至于反馈时间,应依据班级学生实际操练情况而定,如大多数学生已停止练习,则可以开始反馈。这样可以减少学生准备练习时的紧迫感。而在学生反馈说话时,教师也不能期待学生(至少是所有学生)能够输出完美的表达,要宽容学生表达中的一些小错误,没必要对其每句话都进行纠正,只要学生表达得大致正确,就应给予表扬和鼓励。总之,教师必须放下主导者姿态,在课堂中与学生真正融为一体,给予学生尊重与信任,构建和谐的教学环境,才能帮助学生建立学习英语的信心,收获学习的成就感。

二、合理运用媒介,激发学习兴趣

新课程背景下的教学正遇上信息化时代大背景,合理运用现代多媒体技术,结合英语学科自有的特点,在教学过程中以图形、动画、声音等多种形式充分调动学生各感官,使抽象的语言学习转化为直观的形象知识,使枯燥、紧张的教学过程转变为轻松、愉悦的交际过程。如通过生动有趣的动画(flash),真实震撼的影像(video)展现与教学有关的内容,能够快速吸引学生注意力,画面的直观呈现也能让学生加深对知识的印象,保留更持久的记忆;通过聆听标准、地道的录音,帮助学生模仿正宗的语音语调。需要注意的是,在运用多媒体技术制作课件时,并不是一味地将媒体素材呈现出来即可,而应根据教学过程的设计,进行对应的课件制作。儿歌、动画、图片等,均是经过合理挑选,包括媒体呈现的方式、字体大小、颜色等,也都是精心设计,不添加多余的动画效果,只用合适的、需要的内容,展现出最高的效能。而在新媒体技术普及的同时,依然不能遗忘传统教学媒介的优势,如黑板,即板书,仍需要充分利用。在教学中,多媒体课件会随着过程的推进一页一页被翻过去,但课堂板书却能留住过程中的重要信息。摒弃传统的"文字式"板书罗列,采用多形式设计课堂板书,能帮助学生回顾知识点,借助板书进行语用表达,有趣有效的板书设计,也是推动学生学习的重要媒介。有机结合新媒体与传统媒介,于教学过程中互补,发挥各自优势,使其有效地为教学服务。让学生学得轻松,学有兴趣,才能提高学习成效。

三、重构语篇文本,确立教学内容

教材是教学设计的内容载体。教学内容的确定必须围绕目标,根据教材内容,展开相应的整合或优化。但如果只按部就班对照课本进行内容的讲解,会发现教学内容较为简单,特别是低年级的教材,教学内容不够丰富。怎样将书本上的知识点,以更有趣又易懂的方式教授于学生,怎样让英语课堂教学内容更丰富?《标准》提出教师可以创造性地使用教材,要以教材为源,将教材内容进行科学整合。如同单元目标、单元话题的设定,同样以单元为整体,以情境(绘本/故事)为载体进行教学。要将所学知识融入情境之中,势必要对教材内容进行整合,对教学语篇进行重构,以确立教学内容。以《牛津英语(上海版)》2A M4 U2"In the forest"中的"Who is my mum?"为例,分析通过语篇重构确立内容的方式。

教材内容:

重构文本：

Who is my mum?

A very small chick is lost（走丢）in the forest. There is no mum here. It wants to go home.

Chick: Hi! Look at me! I'm orange. I'm small. Peep—Peep— Who is my mum?

Hippo: Look at me! I'm a hippo. I'm big and grey. I like grass.

Little Orange: Hi! Are you my mum?

Hippo: No. I'm not your mum. Your mum likes rice.

Little Orange: OK! Sorry!

Fox: Look at me! I'm a fox. I'm short and orange. I like meat.

Little Orange: Hi! Are you my mum?

Fox: Yes. I'm orange, too. I'm your mum!

Little Orange: Do you like rice?

Fox: No. I like meat!

Little Orange: You are not my mum! Help!

Hen: My baby! Look at me! I'm a hen. I'm orange. I like rice. I'm your mum!

Little Orange: Mum, mum!

Hen: Let's go home.

The hen and the chick do not live in the forest. They live on the farm. They go home happily.

（一）确定语篇的主题

首先要确定语篇的主题与内容，如何基于教材又高于教材进行设计？必须先了解语篇重构的含义和原则。"文本再构应体现教材的主题。"基于这样的原则，进行语篇的主题设计。本模块的主题是"The natural world"，本单元的主题是"In the forest"，因而，此绘本故事的背景就是"in the forest"，本课时的话题是"Who is my mum?"小鸡在森林中寻找妈妈，也是基于主题下的话题设置，此语篇重构正体现了从模块单元主体内容出发，通过学生的已知经验融入他们的新知体验。

（二）创设有效的语境

基于"文本再构应体现教材内容的安排"这一原则，整合教材中的语言内容，创设语言语境。本课的文本创设了一个富有童趣的语境，既符合教学内容，又有效、有趣。本课时的文本内容设计来源于"Look and learn"和"Say and act"。教材内容、语言内容进行整合和调整的过程给予了教学设计很大的灵活性，也给予了教师很大的设计空间。教材中的核心词是"fox""hippo""meat""grass"，而"Say and act"的文本内容恰巧将所需要学习的四个核心词汇融合在一起，同时，其句型"Look at me."

"I'm a ..." "I'm ..." "I like ..."这些句型在牛津课本中已经学习过,因此将这两个板块组合在一起教学是非常合适的。体现了"再构应符合学生语言水平"的原则,此文本中没有出现较难的词汇和句型,在语篇重构时考虑学生现有的语言水平,分析学生已有的知识技能,而不是一味地追求文本的长度和难度,符合课堂所能的篇幅,遵循适切性原则。

以森林为故事发生的背景,一只本不属于森林的小鸡出现在森林中,引起故事的悬念,通过小鸡寻找妈妈的过程,了解到河马和狐狸的特征与食性,自然引出教学内容,非常符合低年级孩子的年龄特征,能够有效地激发孩子的学习兴趣。

(三)丰富语篇的内容

本课教材文本更偏向于单一的自我介绍,仅仅按照教材内容进行教学,则缺乏故事的背景,缺少生动的情境和情节。为了更好地丰富语言内容,加强语篇的逻辑性与趣味性,首先在教材内容原有的两个角色狐狸和河马基础上,又增加了小鸡和母鸡两个角色,同时立足于语言知识,每个人物出现时,都加入了"Look at me!"等核心内容,在情境中反复出现,以此增加教学内容长度,使文本内容更加丰富有趣,符合学生的年龄特征,使学生更加投入到学习内容中。其次,语篇中加入丰富的对话。这是学生乐于并易于接受和掌握的文本形式。高频次的交互对话发生在师生间、生生间,甚至是学生与教学文本之间。这些对话不仅贯穿整堂课,而且其中包含着学生随着情感变化所产生的各类情感体验。学生通过对话,更愿意用英语来表达他们的感想。

除此之外,故事中狡猾的狐狸想要骗小鸡说自己就是它的妈妈,这一改编,融入了戏剧元素,使情节更为曲折,增加了文本趣味性,鼓励学生利用语气模仿、动作创编、角色扮演等将学生带入真实的语言情境中,通过动作示范、语言引领等方式,帮助学生理解语言内容。同时,狐狸狡猾的语言和语气,能够活跃课堂气氛,提升语用功能性。此文本虽在教材内容的基础上增加了新的角色,也丰富了一些语言,但总体依然是围绕教材内容设计的交际情境,让学生在体验中领略不同语言所表达的功能。该文本内容也体现了语篇重构的含义:"把教材内容进行再处理、整合,形成一个具有情境的、可操作的、有意义的教学文本,这个文本源于教材但又高于教材。"

(四)体现语言的运用

语篇的内容设计是前提,通过语篇学习推动语言运用才是最终目的。因此,在语篇教学中,体现出语言的综合运用,应在语篇整体推进的过程中渗透知识的教学,让学生自然地习得语言知识,掌握新授的词汇。基于此,在设计本堂课语篇的重构时,使目标单词随着剧情的推进而逐一呈现在学生面前,学生能够跟随情境学习单词,而非教师逐词逐句地机械教学。而且本堂课在设计文本时,也充分考虑到单元整体教学的概念,充分体现了"文本再构应体现单元整体"的原则,在研读本单元教学内容的基础上,做好"裁缝"工作,对教学内容进行了适当的整合,将单元的各板块根据知识点的难易程度进行了调整和组合,扩充了教材的文本内容,营造适应学生情感体验的课堂教学探究氛围。

此语篇也融入了跨学科语言的运用。在此文本中,学生通过文本对话,了解到"河马喜欢吃草""小鸡/母鸡喜欢吃米""狐狸喜欢吃肉"等动物的生活习性,丰富了学科知识,提升了对自然科学的认识和英语语言的实际运用。因此,在学习狐狸、河马、鸡的特征和食性的过程中,学生增长了知识和技能,同时本堂课通过创设有趣味的语境带动语言学习,丰富学生的情感体验。通过语篇重构,也能够更好地渗透情感教育。在教学中引导学生感受了解动物、爱护动物、热爱自然的情感以及对于良好品德的追求,带动学生们的情感体验。

四、明确教学任务,设计教学活动

"教学活动是培养学生核心素养的重要途径。"合理设计课堂教学活动的前提是明确教学目标与学生的学习任务。因此,教师首先要明确本课时的教学目标,根据教学目标确定本堂课学生的学习任务,对照着学习任务,教师才能清楚地了解需要设计什么类型的活动,帮助引导学生在活动中逐一完成既定的目标和任务,有了明确的目标和任务意识,教师在教学过程中也能更好地进行引导和调控。

以《牛津英语(上海版)》5B M1 U2"Watch it grow"中的"The interesting life cycle"为例,本课时教学目标为:① 能正确朗读音素/iə/和/eə/,并辨形;在此过程中,感受字母组合"ear, ere, eer, air"的发音,进一步树立音素概念,做到发音准确、到位,辨形认读。② 能在语境中进一步运用句型"... was/were"介绍生命成长过程中的变化。③ 能在语境中,进一步理解语篇内容,获取相关信息,运用本单元的所学词句围绕"Watch it grow!"主题进行表达。基于此,可设计学生的学习任务为:① 学生能正确朗读音素/iə/和/eə/,感受字母组合"ear, ere, eer, air"的发音规律。② 学生能正确运用句型"... was/were"介绍生命成长过程中的变化。③ 学生能正确获取文章信息,尝试话题表达。

可见,教学任务即学生的学习任务需根据教学目标进行设计,两者应保持一致。学生通过学习任务,可以清楚地知晓教学过程中需掌握的内容有:相关语音、核心词汇与句型,过去时与现在时的运用以及话题表达。而教师也同样可以根据教学任务更有针对性地关注与检验学生的目标完成度,并及时调整教学。

依据学习任务,设计相应练习:

1. 为帮助学生掌握本单元两个音素/iə/和/eə/,在复习课中设计如下练习:语音辨析"(1) where hear (2) air here (3) bear beer (4) year dear (5) there chair (6) hair wear"

2. 为帮助学生在课堂中理解与运用一般现在时与一般过去时这两大时态,设计练习：用"am, is, are, was, were"填空："(1) My brother _____ a thin boy. Now he _____ a strong man. (2) The leaves _____ yellow now. They _____ green before. (3) You see a nice butterfly here, but it _____ an ugly caterpillar. (4) Yesterday _____ a fine day, but now it rains heavily. (5) Look at my cat. It _____ fat. But it _____ a little kitten. (6) I _____ a student. Now I _____ a teacher here."

3. 为帮助学生运用本单元所学词汇与句型进行话题表达，设计练习：(1) 拓展阅读"The life cycle of a frog"，让学生学会在阅读中提取关键信息，学会复述故事内容。学生既能在拓展文本中进一步感知过去时与现在时的运用，过去时的变化，又能在不同的故事中进一步感受生命的成长过程，是教材内容的延伸，也为后续的语用表达作了铺垫。(2) 完成写话"The interesting life cycle"并介绍，要求自选一种生物，介绍其成长过程。在此项任务中，既能通过书面写话，更客观地了解到学生语法、词汇的运用情况，也能看到他们的口头表达情况，如表达的流利度、准确度、感情运用等。

五、合理安排教学，优化教学方法

现代的教育环境，提倡多元化教学，多种教学方式相结合。在日常教学中，早就摒弃了传统的教师讲授，学生被动接收，"你说我读"的填鸭式、讲授式、翻译式教学。现代课堂通常是以一种教学法为主，其他教学法相辅完成每节课的教学。各种教学方法共同运用，才能起到更有效的作用，如我们现在常用的任务型教学法、情景教学法、交际教学法等。教师需有针对性地选择合适的教学方法进行教学：① 根据教育对象（不同年龄段学生）选择方法。低年级教学通常选择一些有趣、形象的教学方法，如全身反应法、游戏教学法、活动教学法、听说法等；中高年级多选择一些重表达、交际、语用等的教学方法，如任务型教学法、交际教学法、情景教学法、合作学习法。② 根据课型与教学内容选择方法。词汇课、句型课、故事课，不同的课型，不同的教学内容，所要达到的教学目的也有不同，因此，所选的方法也有区别。③ 根据教师自身水平、教学时间、教学设施等选择方法。教师是教学方法运用的引领者，教学方法需根据教师自身的优势、已有的水平来选择。同时，教学时长的安排也需考虑其中，若某个教学方法需要用到超出预计的时间去实施，则这个方法便不适合选择。此外，教室所有的设备，学生的座位安排等，是否符合该教学法进行实际操作，也决定了该教学法能否被运用。

六、巧用评价机制，提升教学实效

"教学评价对促进学生核心素养的发展具有重要作用。"课堂教学评价运用的最主要目的，是能够通过评价获得学生对知识所掌握情况、学习接受程度的信息，教师通过评价能发现教学过程中存在的不足，得到学生对知识的即时反馈并改进教学，以此促进教学,帮助学生有效学习,为达成既定的教学目标进行不断的改进和努力。因此,评价的运用在教学过程中十分重要。

(一)教学评价维度的设计

教学过程中的评价贯穿于整个课堂。边教学边评价是现在英语教学的趋势。依据课程标准、小学生的年龄特点以及不同的课型与教学内容,可以设计不同的评价维度。如针对低年级学生,一般以"眼、耳、口"三个图标进行课堂评价。即评价学生在课堂中的观察习惯、倾听习惯、表达习惯。而中高年级学生,则会根据不同课型设计评价维度。如词汇与句型课,一般设计四个维度:精确度(Accuracy)、响亮度(Loudness)、流利度(Fluency)、情感(Emotion);在教学故事课时,则会在以上四个维度的基础上,加入合作(Cooperation);对话课通常加入动作(Action)。

(二)课堂评价的应用

课堂中的教学评价过程即教学的推进过程。教师在教学过程中,有针对性地实施评价活动,能够获取即时、可靠的学习反馈信息。在教学的推进过程中,需将评价巧妙地融入教学活动中,以更好地检验教与学的效果,同时达到激励学生、指导学生的作用,真正提升教学实效。以 1A M4 U2 "In the zoo"中的"A visit to the zoo"为例,介绍教学过程中的评价应如何应用。

1. 评价语言丰富化

作为课堂教学的重要组成部分,英语教师的课堂用语可以为学生提供良好的可理解的语言输入,可以让学生在教师的话语中自然而然地了解英语。在这堂课的教学中,教师运用了丰富的表达方式对学生进行评价,由于教学对象是一年级学生,他们的词汇量较小,仅能听懂简单的英语口令和评价语言,因此,在教学过程中,运用简单熟悉但又丰富变化的词汇对学生进行口头赞扬,如:"Super! Great! Very good! Clever! Wonderful! Excellent! Well done!"等,这样有利于学生充分体验语言的多样性,同时在评价中感受学习的喜悦。

本单元教材内容中,有两句话是"It's thin and clever." "You're clever."为了让学生更好地理解和快速地体会"clever"的含义,可以在评价过程中适当地,刻意地将"clever" "You're clever."运用在评价中。这样能有效地把评价内容和教学内容巧妙地融合起来,也能在评价中感悟和体验英语词汇和句型,在课堂上,第一时间就能将学习的知识运用于实际操练,培养了学生运用知识的能力,也激发了学生学习的兴趣。

2. 评价方法人文化

根据低年级学生年龄特征,教师需要通过适当的引导让学生对同伴进行评价。当学生回答较好时,教师带动全班学生一起对该同学进行表扬,可以拍手鼓掌,可以竖起大拇指,并且一起向他说出表扬语言。这样的方法,让受到表扬的学生感受到回答问题带来的收获和喜悦,增强学生的自信心,激励学生更积极地举手,主动地参与到课堂互动中。同时,学生集体表扬的方式,让其余学生可以知晓什么样的回答是比较好的,学习该学生回答的创意性,知道要以此为模范进行操练,也能在此过程中学会赞扬他人,更激励每个学生想要表达自己的想法并同样收获赞扬的积极性。

《标准》注重让学生在学习过程中体验成功,建立自信,强调教师要欣赏学生,正确鼓励学生,在此过程中进行情感交流。当然这不意味着教师要盲目地对学生进行表扬和奖励,除了正面的评价,教学中也需要指导性、纠正性的评价。如果学生大胆举手,结果回答的问题却并不正确时,也应当给予及时评价和反馈,以循循善诱的引导为主,而不是一味地纠正批评。

在这堂课的教学中,主要以一般疑问句"Is this/that …?"为重点句型,而一般疑问句是小学英语学习阶段中第一次出现,是教学难点,引导学生读出上升的语调也是需要在教学过程中重点强调的。这就需要在学生操练朗读时,教师及时给出指正,学生读完后即评价其语音语调是否正确,是否有需要改进的地方,并且可以通过教师自身的发音感染学生,让其模仿教师的音调去朗读。在"Role-play"时,尤其要注意对学生扮演角色的情况作出相应的评价,让学生能更好地投入到故事中,读出不同角色,不同情境下的不同语调、语气。

3. 评价形式多样化

评价形式有多种多样,要充分利用各种形式,注意分层次客观地对学生的课堂表现进行评价。首先根据不同层次的活动对学生的课堂表现进行评价,也就是根据学生参加活动与任务的难易程度进行评价。例如,在本堂课的教学中,对第一课时单词的复习,用"It's …"对动物进行描述等,在本课时属于复习巩固,较为容易,这样简单的练习,教师只需对学生回答正确与否作出评价就可以。而在教学本课重点句型一般疑问句的提问和回答,以及"chant"操练句型,对故事文本进行表演等综合能力要求较高的任务进行评价时,表扬的力度就可以大一些,除了口头赞赏外,还可以增加其他形式和奖励,比如一个鼓励的动作,一个小贴纸或是一个小奖品等。比如这一课的主题是动物,可以准备一些动物类的相关小奖品作为奖励,可以有效地提高学生的积极主动性。其次针对不同层次的学生对学生的课堂表现进行不同类型评价。比如当一个学习能力不是很优秀的学生或平时不太注意学习的学生回答问题时,即使答得不是很全面,教师应对学生的态度进行表扬,当优秀学生回答问题时,教师有必要严格要求,引导并鼓励学生答得更好。这样才能使落后的学生重拾学习的兴趣和信心,使优秀的学生取得更大的进步。

此外,在这堂课中将学生分成两队,以回答问题的响亮度和参与课堂活动的积极性为两个维度对学生进行评价,此评价贯穿整个课时,教师有意识地平衡抽查两队学生回答问题,然后表现较好的学生就在黑板上给该小队加一颗星,这样良性的竞争和小比赛有助于提高学生的积极性,也让学生能有为团队而努力的意识。

> 教学和评价是密不可分的,评价应融入教学的过程中,与教学形成一致,相辅相成。做好教学过程中的评价,对学生的学习情况能有快速的了解,为教师改进教学提供有力的支撑,也能提高学生的学习兴趣,提升对自我学习掌握的认知,更好地促进教与学的有效实施。

参考文献:

1. 中华人民共和国教育部.义务教育英语课程标准(2022年版)[M].北京:北京师范大学出版社,2022.

2. 上海市教育委员会教学研究室.小学英语单元教学设计指南[M].北京:人民教育出版社,2018.

3. 朱浦.小学英语单元整体教学实践与研究丛书[M].上海:上海教育出版社,2020.

4. 张志泉,王俊英.小学英语教学设计[M].上海:复旦大学出版社,2020.

5. 方玺.小学英语教学设计:理论与实践[M].杭州:浙江大学出版社,2021.

6. 何和平.小学英语教学中课堂活动的有效设计[J].基础教育研究,2021(49):147-148.

7. 杨靓.基于大观念的小学英语单元整体教学设计与实施[J].江苏教育,2022(69):25-29.

8. 杨珈沐,谷海玲.基于整体语言教育理论的小学英语教学设计[J].基础教育研究,2021(10):69-71.

板块五 英语课堂教学导入

关键词

课堂导入；导入方式；导入实施

结构图

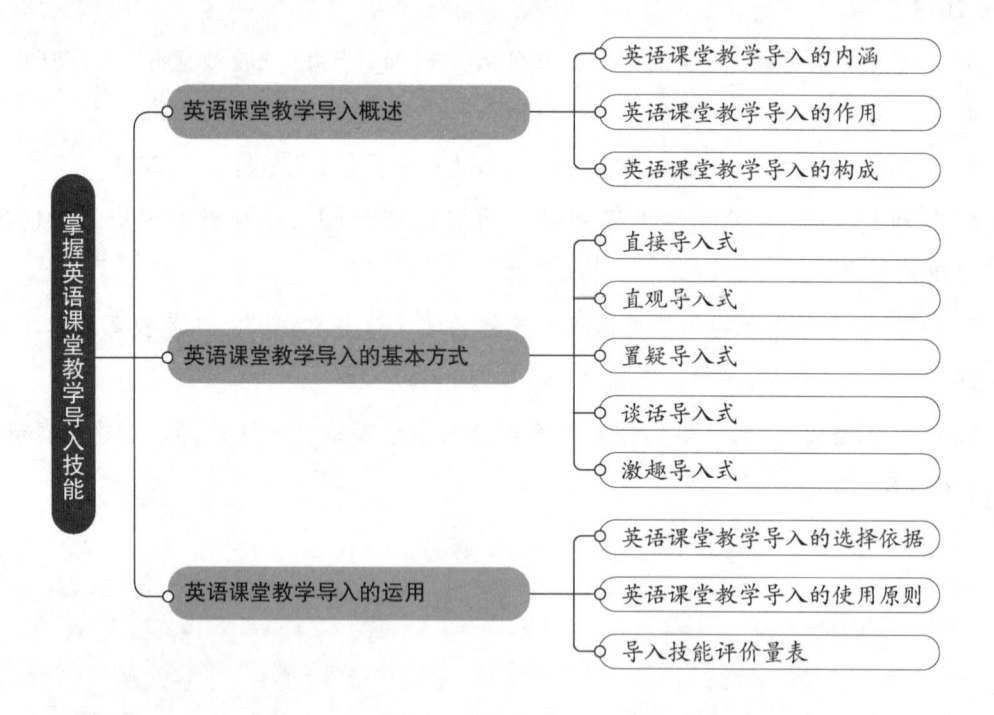

掌握英语课堂教学导入技能
- 英语课堂教学导入概述
  - 英语课堂教学导入的内涵
  - 英语课堂教学导入的作用
  - 英语课堂教学导入的构成
- 英语课堂教学导入的基本方式
  - 直接导入式
  - 直观导入式
  - 置疑导入式
  - 谈话导入式
  - 激趣导入式
- 英语课堂教学导入的运用
  - 英语课堂教学导入的选择依据
  - 英语课堂教学导入的使用原则
  - 导入技能评价量表

学习目标

1. 了解课堂教学导入的作用。
2. 了解课堂教学导入的构成。
3. 掌握英语课堂教学导入的基本方法。
4. 了解并掌握英语课堂教学导入的实施要求。
5. 能自行根据教学内容和主题设计导入方式。

> **学习提示**
>
> 请你思考一下：英语教师在进行教学导入时存在哪些问题？如何解决这些问题从而实现科学导入，高效教学，达到事半功倍的效果？

一、英语课堂教学导入概述

在小学阶段开设英语课程对于学生的未来发展有重要意义。学习和运用英语有助于学生了解不同文化，比较文化异同，汲取文化精华，逐步形成跨文化沟通与交流的意识和能力；学会客观、理性看待世界，树立国际视野，涵养家国情怀，坚定文化自信，形成正确的世界观、人生观和价值观，为学生终身学习、适应未来社会发展奠定基础。英语课堂作为学生学习英语的主要阵地，起着关键作用。其中，教学导入是课堂教学活动顺利开展的前提条件，它对整节课起着引领作用。精彩的课堂导入能够提升学生学习的积极性，维持学生的注意力，激发学生对新课的探究欲望。以下将对英语课堂教学导入的内涵、作用及构成进行逐一分析。

（一）英语课堂教学导入的内涵

俗话说，"万事开头难""良好的开端是成功的一半"，这些都体现了事情开端的重要性，教学也不例外。英语课堂教学是英语教学的主要组织形式，富有童趣性的与众不同的导入能瞬间激起学生的求知欲，为接下来的课堂教学打下扎实的基础，提高课堂教学效率，达到事半功倍的效果。关于教学导入，林赟曾在其著作《英语微格教学》中指出，教学活动中的导入技能是指教师有效应用各种特定手段，引起学生学习动机、激发学生学习兴趣、集中学生学习注意力，使学生明确学习目的，从而引导学生以积极的态度投入到教学进程中的一种教学活动方式。李森在《现代教学论纲要》中提出，导入是课堂上正式教学的启动，它是指在课堂教学开始之时，教师有意识、有目的地引导学生进入新的学习状态的教学组织行为。课堂导入活动应该是一种极为特殊的教学组织行为，能满足学生的生理、心理的双重需求。刘丽、戴青在《导入》一书中指出，导入是在一个新的教学内容和教学活动开始时，引导学生进入学习状态的行为方式。它要求教师能迅速创造一种融洽的教学情调和课堂氛围，把学生带进一个与教学任务和教学内容相适应的理想境界。

综上所述不难发现，导入是一门教学艺术。教师在进行新知讲授之前，通过运用多种教学方式，为学生创设良好的学习氛围，将学生的注意力从课间拉回到课堂中来，使学生尽快进入到学习状态中，明确学习目的，启发学生思维，为学生创造新旧知识衔接的条件。需要说明的是，教学导入一般运用于教学过程的伊始，也可以用于教学过程中某新知内容的教学活动中（例如为引出"pizza"这个单词而设置的导入活动）。

（二）英语课堂教学导入的作用

课堂导入作为新知讲授的准备阶段，具有吸引学生注意力、激发学生学习动机、启发学生思维、营造学习氛围、帮助学生温故知新、明确学习任务等作用。

1. 激发学生兴趣，产生学习动机

瑞士心理学家皮亚杰曾说过："一切有成效的工作必须以某种兴趣为先决条件。"兴趣是推动个体参与学习活动的重要心理动因。万事开头难，教师基于小学生具有自制力薄弱、注意力以无意注意占主导、思维发展以具体形象思维发展为优势等特点，设置富有趣味性和启发性的导入活动，有利于瞬间抓住学生的注意力，对课堂教学起到事半功倍的作用。良好的导入犹如涓涓细流，滋润着学生的心田，使学生流连忘返于英语的海洋中。当学生对所学内容有了初步感知，产生了学习兴趣时，浓厚的学习兴趣可以促使学生产生强烈的内在学习动机，进而推动良好学习效果的产生。

2. 沟通师生情感，创设学习氛围

导入之于课堂犹如前奏之于曲目。细节决定成败，只有在一开始的时候打好基础，才有可能取得教学的成功。在日常教学中，不乏有些学生在英语课上不敢张口说英语，很少主动举手发言的情况。对于他们而言，英语课缺少了安全、轻松、愉悦的环境。而导入作为一节课的开场白，作为新知讲授的启动环节，能将学生的心理状态从上节课拉回到本节课中，安定学生情绪。教师如果能根据学生的情况，选择契合学生兴趣爱好的话题来进行课堂导入，则有助于拉近师生间的情感距离，营造出轻松愉悦的学习氛围，减少学生英语学习的焦虑感，激发学生的学习欲望。例如在上展示课之前，教师对于学生而言是陌生的。为了从感情上靠近学生，使学生在心理上逐渐接受自己，为接下来的正式教学作铺垫，教师往往都会在导入环节渗透自我介绍的内容。

3. 引起学生注意，快速集中思维

第二语言习得研究表明，注意是语言学习的必要条件，没有注意的语言学习是不可能发生的。学生经过上节课的学习和课间活动，注意力难免会涣散，且无意注意占主导。当学生进入本堂课时，他们还处在课间活动的活跃状态中，大脑皮层也处于兴奋状态。别出心裁的教学导入可以引起学生的无意注意，教师利用无意注意的特点去引起学生的有意注意，迅速集中学生的思维，引起学生对所学内容的关注，引导其进入学习情境。为接下来的课堂教学奠定基础。

4. 启发学生思维，实现温故知新

课堂导入还具有启发性的作用，帮助学生在教师的引导下完成知识的迁移。教师通过创设富有悬念感、问题性强的导入，可以启发学生的思维，刺激学生的中枢神经，激发学生探究新课题的好奇心，同时降低对将要所学新知识的陌生感。相关实践也证明，积极的思维活

动是课堂教学成功的关键。

知识具有连贯性,课堂导入通过启发学生思维,帮助学生形成新旧知识的连接。建构主义学习观认为,学生不是空着脑袋走进教室的。针对导入环节,美国认知教育心理学家奥苏贝尔也曾提出,教师应该认识到导入可以将学生在已有认知结构的基础上,逐渐地建构出新的认知结构。教师根据新知的特点,选出与新知联系较为紧密的旧知,使学生通过复习旧知,自然过渡到新知的学习中来,做到"温故而知新",促进知识学习的正迁移。还可以鼓励学生探索新旧知识间的异同点,让学生产生认知冲突,以此激发学生对新知的期待。长此以往,不仅增加了新、旧知识的联系性,还活跃了学生的思维。

5. 明确学习任务,推动课堂教学

课堂导入除了具有以上四个作用外,还能在一定程度上为学生的学习指明方向,为整节课的学习起到抛砖引玉的作用。明确了方向才会有目标,有了目标才会有前进的动力。导入即引领,教师要在导入环节抓住教学重点,通过课堂导入向学生呈现出本节课的学习主题和学习目标,激发学生的学习动机,帮助维持学生的有意注意,从而推动课堂教学。例如在讲授《牛津英语(上海版)》1A M4 U1"On the farm"这一课时,教师在上课前为学生播放"Old MacDonald Had a Farm"的视频。欢快的旋律,明快的节奏使学生身心舒展,沉浸在美妙的曲调中。通过2分26秒的视频呈现,学生很容易猜到本课主题和学习目标,即有关动物的英文表达方式。

(三)英语课堂教学导入的构成

教师如果想要创造出合理的教学导入,就必然要掌握教学导入的构成部分,即可分解出来的具有可操作性的教学行为。通常来讲,教学导入由以下五步骤组成。

1. 集中学生注意力

俄国著名教育家乌申斯基曾说过:"注意是心灵的天窗,只有打开这扇天窗,才能让智慧的阳光撒满心田。"为了打开这扇"天窗",教师在导入之初要充分利用无意注意的规律引起学生的有意注意。一方面,利用刺激物的特点进行教学。刺激物的强度可以引起学生的注意,例如教师说话语气的抑扬顿挫、轻重缓急;刺激物之间的对比关系也易引起无意注意,例如教具大小的对比、颜色的鲜明对比;刺激物的新奇性可以引起学生的注意,例如教师在上课伊始让学生做游戏、猜谜语或头脑风暴等,这不仅促进了学生思维的发展,也为接下来专心致志地听讲做了引子。另一方面,凡是学生直接感兴趣的事物都可以引起他们的注意。因此,教师需要多关注学生的兴趣爱好、个性特点、能力水平和知识经验,创设出别有心裁的导入方式,符合学生兴趣爱好的导入内容。

2. 引起学习兴趣

学习兴趣是直接推动学生参与学习活动的心理动因。当个体对学习产生兴趣时,便会积极主动地投入到该教学活动中来。俄罗斯教育家沙塔洛夫曾说过,多种多样的形式能激发学生的兴趣,使其注意力集中,若千篇一律,则势必令人厌倦,使人的思想分散,甚至催人入眠。在上一步骤中,教师通过各种方式引起了学生的注意,为了继续保持学生的注意力,教师需要花费心思去巧妙设计有趣的导入活动,营造出轻松愉悦的课堂氛围,活跃学生的思维,使其神经处于兴奋状态,积极参与课堂学习,获得良好的学习效果。

3. 激发学生思维

当学生的注意力得到保持,学习兴趣被引起的时候,教师要根据新旧知识的异同点,提出一些新颖、富有吸引力的问题。通过创设诱人的学习情境,运用苏格拉底"产婆术"等问答方式,为学生制造认知冲突,诱发他们积极思考。实践证明,思维能力是智力发展的核心。积极的思维活动是课堂教学成功的关键,而富有启发性的导入语言可以激发学生的思维兴趣。教师话语既是学生语言输入的主要渠道,也是促进学生思维品质发展的推动力。这就需要教师的导入语要生活化,培养学生的开放性思维能力;导入语要悬念化,培养学生的探索性思维能力。掌握课堂问答的技巧,对学生进行"不愤不启,不悱不发"。激发学生思维是导入的关键部分,因此被称为导入的中心环节。

4. 明确学习目的

在日常教学中,有一些学生,对于新知的学习充满了抵触感和焦虑感。究其原因之一在于他们没有明确的学习目标,学习行为不恰当。众所周知,学习目标是学习的出发点和归宿。为此教师应设计出"有的放矢,指向学习目标"的具有针对性的导入内容。在导入过程中要帮助学生明晰学习内容和学习目标,让学生明白通过本节课的学习,他们的知识与技能、情感态度与价值观将会发生怎样的变化。了解在新课学习过程中,将会采用哪些教与学的方式,以便学生自觉地调整学习行为。通过明确学习目的,还能增强学生对学习行为的反思,有利于培养其自主学习能力。

5. 正式进入主题

在课堂导入过程的结尾,教师要向学生明确导入的结束和新知学习的开始。让学生做好心理准备,快速投入到接下来的教学进程中来。

二、英语课堂教学导入的基本方式

导入有法,但无定法,贵在得法。在现实教学中,由于教学内容、教学目标、教学重难点和教学对象有所差别,导入方式也没有固定的章法可循。但不管是哪种导入方式,只要能在短时间内引起学生的学习兴趣,把学生的注意力拉回到教学进程中来,就是成功的导入。通常来讲,常用的导入方式可归于以下五种类型。

(一) 直接导入式

直接导入式的方法因省时高效而在日常教学中颇受教师的欢迎。它包括直接点题法和温故知新法这两种方法。

1. 直接点题法

直接点题法是指教师在课堂导入环节中,通过以清晰简洁的语言和适当的肢体语言向学生阐述本节课的学习内容、学习目标和学习重难点,试图激发学生的学习动力。小学生的注意广度有限,然而在 35 分钟的课堂学习中他们会遇到许多知识点,如若分不清主次,学生较容易产生焦虑和迷茫。倘若教师在导入时清楚地交代了学生需要掌握的内容,学生便有了清晰的学习目标和明确的学习动机。

情境案例

《牛津英语(上海版)》3B M4 U1 "My body"
(Look and learn)课堂导入

- 本课时教学内容:

    词汇:head, body, shoulder, arm, leg, knee, foot, feet.

    句型:I have ... I can ...

- 本课时教学目标:

    1. 在语境中,能借助图片,初步感知,理解并认读核心词汇"head, body, shoulder, arm, leg, knee, foot, feet."能初步指认身体的不同部位。

    2. 在语言框架中,能初步结合旧知"short, long, round, big, small"等形容词和"I have ..., I can ..."等句型描述自己的身体特征。

    3. 能知晓不同身体部位的功能与作用。学会欣赏与爱护自己的身体。

- 导入过程:

    T:Good morning, children.

    Ss:Good morning, Nicole.

    T:Do you know about your body?(教师边说边指向自己的身体)

    Ss:Yes.

    S1:I have a nose.

    S2:I have a mouth.

    S3:I have two eyes.

    S4:I have a face.

    S5:I have two ears.

    S6:I have a head.

    T:How clever you are! Anything else? Ok, in this class, we'll continue to learn about our body parts and how to indicate our body parts.

    在本案例中,教师以"快、简、平"的方式向学生开门见山地提出了本节课的要求,即了解身体部位的构成、如何介绍我们的身体部位,为接下来的教学过程提供了充足的时间。然而,直接点题导入法虽然省时高效,但也有自身的局限性。因其缺乏一定的趣味性和新奇性,教师如果把握不好,容易产生平铺直叙、过于平淡的效果。所以该方法对教学对象提出了高要求,在一般情况下仅适合于英语学习动机强烈、有意注意水平较高的学生。

2. 温故知新法

认知教育心理学家奥苏贝尔认为,教师应该认识到导入可以将学生在已有认知结构的基础上,逐渐地构建出新的认知结构。而温故知新导入法正是借助与新知相联系的话题,唤起学生已有的认知结构,引出新知识,帮助学生构建出新的认知结构。英语学习是一个循序渐进的过程,英语学科的知识内容具有很强的关联性和逻辑性。承上启下的复习导入是旧知识的巩固与拓展,是新授知识的前奏。教师通过旧的知识来导出新的知识,以旧的知识作为新知识的学习基础符合学生英语学习的方式,能促使教学效率得到有效提升。

> **情境案例**
>
> 《牛津英语(上海版)》2A M2 U1 "I can swim"
(Enjoy a story)课堂导入
>
> - **本课时教学内容:**
>
>   词汇:run, swim, fly, write.
>
>   句型:I can … Can you …? Yes, I can./No, I can't.
>
> - **本课时教学目标:**
>
>   1. 能用正确的语调模仿、朗读句型"Can you …? Yes, I can./No, I can't."
>   2. 能在语境中朗读并理解"run, swim, fly, write"等词汇。
>   3. 能在语境中知晓和理解句型"Can you …?"并尝试运用"Yes, I can./No, I can't."进行应答。
>   4. 能认同自己,懂得自我欣赏。
>
> - **导入过程:**
>
>   Pre-task 1:Sing the song.
>
>   T:Before our class, let's sing the song and do actions.
>
>   Pre-task 2:Free talk.
>
>   T:What can you do?
>
>   S1:I can dance.
>
>   T:Wow, how nice!

T：What can you do?

S2：I can draw.

T：Super, I know you can draw very well.

T：What can you do?

S3：I can sing English songs.

T：Great, I can sing, too.

T：What can you do?

S4：I can dance.

T：You are so cool!

T：Boys and girls, I have a friend. She is Supergirl. Can you guess what Supergirl can do?

Ss：Supergirl can …

T：Now, let's learn about Supergirl together.

基于学生活泼好动、乐于表演的特点,教师创设了"Sing and dance to the song"环节。通过播放视频"I can draw"既活跃了课堂气氛,又为新知的讲授做了铺垫,可谓一举两得。在"Free talk"环节,教师围绕"能力"这一话题和学生展开交流,通过让学生回忆与本节课相关的旧知识,即在一年级上学期所学的表示能力的词汇,来引出将要学习的表示能力的其他词汇。教师通过以上两个环节,调动了学生的思维,活跃了课堂氛围,学生心情舒畅而欢愉,为学生接下来积极参与教学活动奠定了良好的基础。

(二) 直观导入式

1. 实物导入法

实物导入法是指在教学中,教师运用挂图、模型、图表或与新知相关的实物等导入新课。斯宾塞在《教育论》中说道,教学应该从具体开始而以抽象结束。小学生容易接受并理解直观、新颖、有趣的材料。形象直观的物体不仅能在较短的时间内抓住学生的注意力,使学生对新知识的学习通俗易懂,对新知识的记忆更加深刻,还能让他们感受到英语和生活息息相关,英语源于生活,用于生活。

情境案例

PEP 教材 3A U5 "Let's eat!"课堂导入(以"cake"为例)

- **本课时教学目标:**

    词汇:cake 句型:I'd like some …

- 本课时教学内容：

　　1. 在语境中，初步知晓食物类词汇"cake"，能感受名称、读准单词、理解词义、图义匹配；

　　2. 能初步运用"I'd like some …"来表达自己想要的食物。

- 导入过程：

　　T：Children, what does Duck eat? Now, please listen carefully.

　　T：What does Duck eat?

　　（一些学生可以说出"cake"）

　　T：You are right. Look, this is the cake（教师在幻灯片上展示鸭子想吃的蛋糕的图片）. Follow me, cake …

　　Ss：Cake …

　　T：Do you like cakes? I like the cake, sweet, sweet, sweet（教师出示真实的蛋糕，边吃边说）. Who wants to taste it and says "I like the cake. How sweet"？"I'd like some cake. How sweet"？

　　Ss：Me, me, me.

　　综上可知，教师根据教学内容利用图片和实物进行了导入。在教授新知"cake"一词时，教师先通过展示蛋糕图片来刺激学生的视觉，引起学生的注意，再通过邀请学生品尝蛋糕的方式刺激其味觉，帮助学生对"cake"一词理解得更加透彻。学生对于美食是毫无抵抗力的，他们会为了品尝蛋糕而跃跃欲试。苏霍姆林斯基曾说过："任何一种教育现象，孩子们越少感到教育者的意图，它的教育效果就越大，我们把这条规律看成是教育技巧的核心。"学生在品尝蛋糕的过程中，不知不觉地掌握了"cake"一词，不由自主地表达出"I'd like some cake. How sweet！"

2. 多媒体导入法

多媒体导入法是指教师用录像、投影、课件等电教媒体创设栩栩如生、形象逼真的画面，使认知活动与其结合起来。小学生思维发展特点是以具体形象思维为主。在课堂导入中借助多媒体，可以突破时间和空间的限制，将抽象的内容具体化。斯旺森和苏泽针对20世纪90年代中期美国3—12年级学生的感官偏好做了统计，其中视觉偏好者占46%、听觉偏好者占19%。而多媒体既能通过丰富多彩的图片刺激学生的视觉，又能通过悦耳美妙的声音刺激学生的听觉。《标准》也对教师提出了若干教学建议，其中提到要推进信息技术与英语教学的深度融合，将"互联网+"融入教学理念、教学方法、教学模式中，深化信息技术与英语课程的融合，充分发挥现代信息技术对英语课程教与学的支持与服务功能，提高英语学习效率。

> **情境案例**

《牛津英语(上海版)》1B M1 U1 "Using my five senses" (Period 1)课堂导入

- 本课时教学内容：

    词汇：frog, rabbit, bee, bird

    句型：What do you see? I see …

- 本课时教学目标：

    1. 在语境中，初步学习词汇"frog, rabbit, bee, bird"，感知其音、形、义。

    2. 能结合已学知识，借助板书和核心语言进行询问、应答："What do you see? I see … "

- 导入过程：

    T：Children, are you ready for the class?

    Ss：Yes.

    T：Now let's play a Bomb Game.（如图6-1所示）

    Ss：Ok.

    Ss：Rabbit(幻灯片上出现兔子的图片).

    Ss：Bee(幻灯片上出现单词"bee").

    Ss：Panda(幻灯片上出现单词"panda").

    Ss：Bomb(幻灯片上出现炸弹图片，学生边说"Bomb"边做抱头的动作)

    …

    Ss：Bear(幻灯片上出现单词"bear").

    T：You are so clever. Today we are going to learn a story about Mother Bear and Baby Bear.

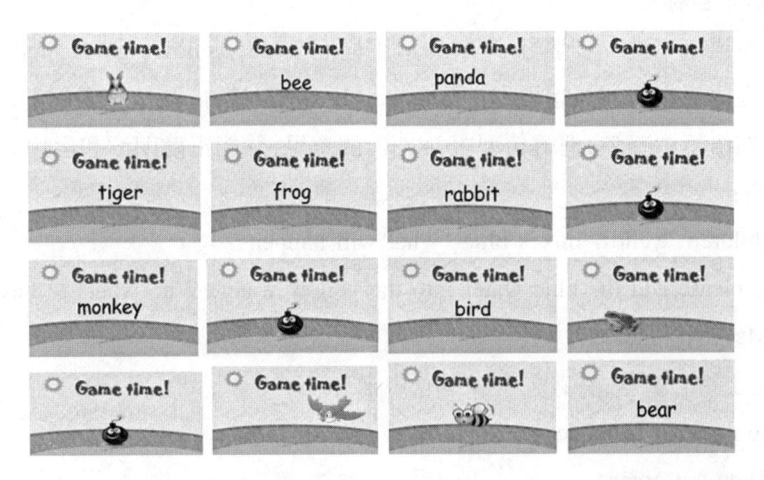

图6-1 Bomb Game

在本节课的导入中,教师利用多媒体可以提供色彩鲜明的图片和形象生动的声音的优势,为学生设计了"埋炸弹"的游戏。当幻灯片中出现图片或单词时,学生需要大声读出来,当出现炸弹图片和炸弹声时,学生抱头并说"Bomb"。通过温故知新,引出"bear"主题。引起学生对接下来所学新知的好奇心,激发了探究欲望。然而任何事物都有两面性,尽管多媒体教学有很多优势,但不可否认的是,多媒体不是万金油,它的使用不能代替师生间的言语交流、思维碰撞和情感互动。因此在教学中,教师要结合教学内容、教学目标和学生特点,有选择性、有创造性地使用多媒体,为教学效果起到锦上添花的作用。

3. 实验导入法

教师用实验方法进行导入,有助于加深学生对知识的感知和理解,促进学生的思维发展由具体形象思维过渡到抽象逻辑思维。实验法是物理、化学、生物的常用教学方法,但实验法并不专用于理科教学,对于科学性较强的英语知识,实验法同样适用。在英语课上运用实验导入法,为英语学习披上一层神秘的"面纱",能让学生产生"英语知识也可以通过做实验来获得"的想法,从而激发学生的求知欲望。

情境案例

《牛津英语(上海版)》1A M4 U3 "In the park"
(Period 2)课堂导入部分片段

- 本课时教学内容:

    词汇:green, orange, brown

    句型:It's ...

- 本课时教学目标:

    1. 能在语境中进一步学习、理解并运用词汇"blue, yellow, green, red"。

    2. 能在语境中模仿并运用词汇"orange, brown";感知、认读拓展词汇。

    3. 能在语境中感知、理解句型"It's ..."的意思,并能正确朗读和运用。

- 导入过程:

    T:Children, yellow mixes blue, what will happen?

    Now, please add the blue water into the yellow water. Who wants to have a try?

    Ss:Me, me, me.

    (学生上讲台操作,将蓝色水和黄色水混合在一起)

    T:Now, what happened?

    Ss:They are green!

T: Yes, you are right. It's green. Please follow me, green ...

学生在美术学习中,对于不同颜色相融会变成不同颜色的知识有所了解。教师利用这一点,在学习完"yellow"和"blue"后,鼓励学生动手操作,积极思考,通过实验的方法引出"green"。这既体现了跨学科学习,又能引起学生的好奇心,把美育知识带进课堂。

4. 情境导入法

情境导入也称情景导入,是在小学英语教学中被使用得比较多的导入方法之一。它是指教师根据教学内容,通过综合运用多媒体、音乐、绘画、言语和肢体语言等手段,创设出接近生活实际的语境,让学生产生身临其境的感受,以此引起学生的兴趣、启发学生的思维、激发学生的想象力,为新课的学习奠定基础。情境导入的目的主要有两点:一是将语言内容置于真实的情境中,让学生对语言知识有初步的感知和了解;二是触动学生的情感。情境导入贵在"情"。若是在创设情境时能将学生的生活经验、兴趣爱好和发展水平相结合,那么学生的内心世界将会被触动,会在不知不觉中对新知产生情感上的共鸣。

情境案例

《牛津英语(上海版)》1A M1 U3 "My face"
(Period 1)课堂导入

(教师提前在教室里布置呼啦圈、骰子、铁圈、橡胶玩具等在马戏团里常见的东西,在教室前方摆放一个小丑)

- 本课时教学内容:

    词汇:eye, ear, mouth, nose, face

    句型:This is my ...

- 本课时教学目标:

    1. 能在情境中正确理解和朗读核心词汇"face, mouth, eye, nose, ear",知道其音、义、形。

    2. 能听懂、读懂,并在语境中运用核心句型"This is my ... "。

- 导入过程:

    Pre-task 1:Sing and do.

    T:Boys and girls, would you like to sing a song and do some actions with me?

    Ss:Yes.

    T:Follow me.

(学生随着视频歌曲边唱边做动作)

Pre-task 2：Go to the circus.

T：Miss Fang and children are in the classroom. What are they talking about? Listen！

T：Oh, they are going to the circus.

（教师关灯，把准备好的投影灯打开，营造马戏表演现场的氛围）

T：Now they are at the circus.

（小丑的歌唱声响起）

T：Who is singing?

Ss：小丑。

T：Maybe you are right. Let's have a look.

（"Jack"出现）

T：You are so clever. Jack is singing. Jack loves his face. What's this? Listen to Jack …

（通过"Jack"的介绍逐步引出"eye, ear, mouth, nose, face"）

图 6-2

教师根据小学生具有强烈好奇心的特点，课前对教室进行了巧妙布置。在"pre-task 1"中，鼓励学生唱一唱、做一做，初步感知学习内容。在"pre-task 2"中，创设了贴近学生生活的、富有童趣的情境，让学生在情境中学习五官的英语单词。学生仿佛来到了马戏表演现场，他们情绪高涨，发言积极，英语学习欲望十分强烈。

在运用情境导入时需切记，情境导入要结合教学内容因地制宜地开展，不能为了导入而导入，否则容易出现课堂教学看似热闹，实则低效。另外当情境略复杂时，教师要给学生做适当说明。

（三）置疑导入式

古人云："学起于思，思源于疑。"教师或学生在课堂开端提出富有启发性、连贯性的疑问能直接刺激学生的中枢神经,引起学生的思考,使他们以活跃的状态迎接新课的学习。置疑导入式因需要学习者具备初步的逻辑推理能力,故适合中高年级学生。教师在设疑布障时,要基于教学的重难点和学生当前的发展水平。如果疑问较简单,则达不到启发学生思考的目的,难以使学生产生"新、奇、难"的感觉;如果疑问太难,则容易使学生的英语学习自我效能感降低。因此,教师要遵循"最近发展区"理论,根据学生现有水平,适度提高问题的难度,使学生可以"跳一跳,摘个桃"。

情境案例

《牛津英语(上海版)》4B M4 U2 "Festivals in China" (Period 1)课堂导入

- **本课时教学内容:**

  词汇:the Spring Festival, the Dragon Boat Festival, the Mid-Autumn Festival, the Double Ninth Festival

  句型:What do you usually do …?

- **本课时教学目标:**

  1. 能在"介绍中国传统节日"的语境中,知晓、理解并初步运用词汇"the Spring Festival, the Dragon Boat Festival, the Mid-Autumn Festival, the Double Ninth Festival",并能进行规范书写。

  2. 能在"介绍中国传统节日"的语境中,用"What do you usually do …?"询问他人在节日里经常从事的活动。

  3. 理解语篇内容,获取相关信息,运用本课时所学核心词汇介绍中国传统节日。

- **导入过程:**

  T:How many festivals do you know? What are they?

  S1:Children's Day.

  S2:New Year's Day.

  S3:Christmas Day.

  …

  T:Good job! Do you know about other Chinese festivals?

  S1:The Spring Festival.

  T:When does it take place?

  Ss:It …

  T:What do you do during the Spring Festival?

  S1:I buy new clothes.

  S2:I eat dumplings.

S3: I stay with my family.

...

T: Do you think it's important to have the Spring Festival? Why?

Ss: ...（学生开放回答）

T: If you can establish a festival, what is it?

苏霍姆林斯基说过:"疑问、矛盾、问题是思维的催化剂。"教师围绕"festival"提出一系列开放性问题,让学生在思维的碰撞中集思广益,各抒己见。随着一个个问题从被提出到被解决,学生的思考能力和发散思维得到了提升,对新知的探究欲望也越来越强烈。置疑式导入通常以肯定式提出问题,也可以以否定式提出。否定式提问通常能起到出奇制胜的效果,"颠覆"学生的认知,学生已有的认知未能解决新问题,于是新旧知识产生了矛盾,学生产生了认知冲突,最终有了同化、顺应和平衡。但是在运用否定式提问时,要尽量避免无关刺激,及时将学生从"歧途"中拉回来,以免造成对错误答案的强化。

（四）谈话导入式

谈话导入是指在英语课堂的开端,教师根据本节课的教学内容和学生情况,以对话的形式向学生提出一些问题,并通过师生交流或生生交流的方式引出新授内容,使学生对新知形成初步的感知。其中教师常用的"Free-talk"导入方法,不限形式和主题,能够迅速地引出教学内容。《义务教育英语课程标准(2022年版)》中提到小学阶段英语课程学习的目标之一就是发展学生的语言能力。即学生能够在感知、体验、积累和运用等语言实践活动中,认识英语与汉语的异同,逐步形成语言意识,积累语言经验,进行有意义的沟通与交流。在课前,学生之间、师生之间进行交流与互动,不仅有助于培养学生的语感、语音、语调和综合运用英语表达的能力,还能帮助他们建立起新旧知识的联系,建立良好的知识准备,为新课的学习作好心理准备。

情境案例

**《牛津英语(上海版)》3A M2 U2 "My family"
(Period 1)课堂导入**

- 本课时教学内容:

    词汇: grandfather, grandmother, father, mother, brother, sister, me

    句型: He's/She's ...

- 本课时教学目标:

    1. 能在语境中理解、尝试运用核心词汇"grandfather, grandmother, father, mother,

brother, sister, me"来介绍家庭成员,并能正确拼读。

2. 能在语境中初步运用核心句型"He's/She's ..."对家庭成员进行介绍。

3. 能理解语篇,获取信息,并借助家谱和结构初步介绍家庭成员。

• 导入过程:

T: Are you ready for our class?

Ss: Yes.

T: How are you today?

Ss: Fine, thank you. And you?

T: I'm fine, too. Because I had a happy time yesterday. I went to the Insect Museum with my family. It's very interesting. How about you? What did you do on the weekend?

S1: I ...

T: Who's with you?

S1: ...

S2: I ...

T: Who's with you?

S2: ...

S3: I ...

T: Who's with you?

S3: I ...

T: Look, Peter went to the Century Park with his family. (出示游园图片和"家庭树")Can you guess who they are?

在实际的英语课堂导入中,英语教师不仅要铭记以学生为中心,还要帮助学生认识到自身的主体地位,辅助他们积极地探索新知识,主动地投入到学习中去,转变以往被动地接收知识的学习方式。在本案例中,学生在 1A M2 U2 中已经掌握了"grandmother, grandfather, mother, father, me"对"brother"和"sister"有初步的了解。教师基于学情和教学内容有目的地和学生进行交流,学生在教师的"逐层引导"下主动思考问题,积极探索新知。在这个轻松愉快的谈话过程中,学生几乎很难觉察到教师的"有意而为之"。学生慢慢地进入到今天的学习主题,课堂教学达到了润物细无声的效果,师生间的情感也得到了提升。

(五)激趣导入式

激趣导入是指教师通过讲故事、结合生活经验、欣赏歌曲或做游戏等学生喜闻乐见的活动,激发学生的英语学习兴趣,使学生产生良好的英语学习情绪。

1. 故事导入法

教师利用小学生喜欢趣闻轶事、绘本故事、好奇心强的心理特点，通过讲述与教学内容相关的故事，启迪学生的思维，培养学生的想象力，激发学生的学习动机。而学习动机与学习效率密切相关，学习动机提高了，求知欲才会增强，学习效率也会得到提升。故事导入法帮助学生自觉进入新知的学习，并使他们的学习能力朝着触类旁通、举一反三的方向发展。故事颇受小学生的欢迎，没有哪个孩子能抵挡得住故事的诱惑。教师在选用故事时要注意故事主题与教学内容相贴切，不能一味地迎合学生的喜好而选择和新授内容关联性不强的故事，达不到以故事引出新课的目的。

情境案例

《牛津英语(上海版)》1B M1 U1 "Using my five senses"
(Period 2)课堂导入

- **本课时教学内容：**

　　词汇：frog, rabbit, bee, bird

　　句型：What do you see? I see ... It's ...

- **本课时教学目标：**

　　1. 在语境中，进一步学习核心词汇"frog, rabbit, bee, bird"，并能在寻找小熊的语境中恰当运用句型"I am ... "。

　　2. 能结合已学知识，借助板书和核心语言在寻找小熊的语境中进行询问、应答："What do you see? I see ... It's ... "。

- **导入过程：**

　　T：Do you like bears?

　　Ss：Yes.

　　T：I like bears, too. They are lovely. Look, here are two bears, Mother Bear and Baby Bear. They are in the park to have a picnic. After the picnic, Mother Bear is tired（加上肢体动作），so she sleeps（加上肢体动作）. But when Mother Baby wakes up, Baby Bear is missing. Here comes a bird. It says, "Don't worry. Follow me. I can help you". Children, now you are the bird. Where is Baby Bear? Can you find it out? You can discuss it with your partners. Let's go.

　　教师选择绘本故事"*Honey for Baby Bear*"作为本节课的导入，引导学生通过故事再次巩固"What do you see? I see ... "的句型。该故事以寻找"Baby Bear"为线索，为学生设置悬念，激发学生的好奇心，开阔了学生的思维。课堂氛围轻松愉悦，学生在故事中敢于开口，乐于开口，真正实现了寓教于乐。

2. 经验导入法

学生的课余生活丰富多彩，他们的生活经验是教师教学的宝贵财富。教师通过引导学生从已有的生活经验中提出问题，选择学生熟悉的并与新内容有关联的生活体验作为课堂导入的素材，能够瞬间引起学生的共鸣，调动学生的学习兴趣。让学生意识到英语学习和日常生活息息相关。

> **情境案例**
>
> **小学英语拓展阅读 "Let's read it." 1A U7B**
> **"The school list" 课堂导入**
>
> - **本课时教学内容：**
>
>   词汇：pencil, eraser, sharpener, ruler, need
>
>   句型：What do you need …? I need …
>
> - **本课时教学目标：**
>
>   1. 能正确理解并朗读词汇："pencil, eraser, sharpener, ruler, need"。
>
>   2. 能结合多媒体支持，通过语境理解 "What do you need for school?" 的含义，并能作答："I need … "。
>
> - **导入过程：**
>
>   T：Class begins. Hello, boys and girls.
>
>   Ss：Hello, Nicole.
>
>   T：Before you come to school, your mother will buy some pencils and rubbers for you（教师举起铅笔和橡皮）. Yes or no?
>
>   Ss：Yes.
>
>   T：Before buying the pencils and the rubbers, what can you do?
>
>   S1：I can make a list.
>
>   T：Great, you can make a list. How to make a list?
>
>   Ss：…
>
>   T：How clever you are. Look, this is Joe. Joe will go to school next week. He wants to buy some pencils, rubbers, rulers, and so on. Now what can he do?
>
>   S3：He can make a list.
>
>   T：Nice. Joe can make a school list. This is a school list. Let's have a look. What does he need for school?
>
>   由于一年级学生的知识储备量有限，因此教师在导入中贴切教学目标的同时，还紧密结合了学生的生活经验。通过激发学生回忆自己的亲身经历，与将要学习的内容相联系，以此导入新课，拉近学生与新授内容之间的距离，帮助学生形成"英语知识

来源于生活"的意识。在某种程度上也有利于提高学生运用英语知识解决实际问题的能力。

3. 游戏导入法

教师在呈现新知前,通过组织一些生动有趣的游戏来引起学生的无意注意,再将学生的无意注意转变成有意注意,使他们在竞争与合作中步入新知的学习。从而达到玩中学,学中乐,寓教于乐的效果。心理学研究曾证明,人的大脑在无意注意的状态下记忆效果最好。游戏作为小学生形影不离的朋友,既可以引起学生的无意注意,将枯燥的内容变得生动有趣,帮助学生记忆知识,提升学生英语学习的愉悦感,又能增强学生之间的合作性,促进师生之间的情感。

> **情境案例**
>
> **PEP 教材 4A U5 "Dinner's ready"**
> **课堂导入部分片段**
>
> - 本课时教学内容:
>
>   词汇:beef, vegetables, chicken, noodles, soup
>
>   句型:What would you like ...?
>
> - 本课时教学目标:
>
>   1. 能知晓核心词"beef, vegetables, chicken noodles, soup"的含义并模仿跟读。
>
>   2. 能知晓句型"What would you like ...?"含义并模仿跟读。
>
> - 导入过程:
>
>   T:Good morning, everyone.
>
>   Ss:Good morning, Jane.
>
>   T:Do you want to play a game?
>
>   Ss:Yes.
>
>   T:Ok, let's spin the spinner. When it spins here, you should read the word loudly. For example, pizza(教师示范). Let's have a competition. Which group reads faster. Got it?
>
>   Ss:Yes.
>
>   T:Now I say, "Spin, spin, spin the spinner", you say, "Spin, spin, spin". OK?
>
>   Ss:OK.
>
>   T:Spin, spin, spin the spinner.
>
>   Ss:Spin, spin, spin.

在本节课中，教师采用大转盘的游戏方式进行新课导入，既帮助学生复习了所学的食物和饮料类词汇，又为引出本课话题奠定了基础。大转盘游戏简单又有趣，能快速集中学生的注意力，为学生指明本节课的学习主题：食物。除了大转盘游戏外，还有宾戈游戏（Bingo）、一口气（一口气又准又快地读完规定的单词）、打地鼠、埋炸弹、水果蹲、词图匹配、听指令做动作和摆字母等适合小学低年级的游戏。自编故事（串联单词编成故事）、单词接龙、单词分类、你演我猜（可以是口型、神态或动作）、快乐传真、击鼓传花和快速反应（根据句型造句）等适合小学中高年级的游戏。在现实教学中，教师应能根据教学内容、教学目标和学生情况选择适当的游戏方式。

4. 歌曲导入法

教师基于教学内容和教学目标，选择恰当的歌曲歌谣引出新课的学习便是歌曲导入法。歌曲兼具知识性与趣味性两重特点。首先，小学阶段的歌谣往往歌词简短且重复性较高，能帮助学生温习旧内容、感知新内容，为教学创设良好的氛围。以牛津上海版教材为例，歌曲往往在"Listen and enjoy"板块。歌曲内容包含主题词或关键词，帮助分散教学语言的重点难点，为学生接下来新知的学习作铺垫。其次，根据克拉申（Krashen, S）的情感过滤假说可知，情感因素起着对输入进行过滤的作用。情感因素因人而异，学习的情感因素会阻碍或加速语言的习得。学习者只有在最佳的情感条件下，才会产生真正的习得。最佳情感条件有三：学习者有强烈的学习动机，学习者充满信心和学习者心情舒畅、无焦虑感。而歌曲歌谣明快的节奏、悦耳的旋律、易懂的歌词，能使学生心旷神怡，帮助学生放松身心，以最好的状态投入到学习中来。

> **情境案例**
>
> 《牛津英语（上海版）》1B M3 U1 "Seasons"
(Period 1) 课堂导入
>
> - **本课时教学内容：**
>
>   词汇：warm, hot, spring, summer
>
>   句型：Spring is ... Summer is ...
>
> - **本课时教学目标：**
>
>   1. 知晓核心词 "warm, hot, spring, summer"，并尝试进行询问、应答、讲述。感知非核心词 "winter, autumn, cool, cold"。
>
>   2. 能用核心句型 "Spring is ... (warm/green). Summer is ... (hot/red)" 进行描述。

• 导入过程：

T：Children, before our class, let's watch a video. If you can sing, please sing together. OK？

Ss：OK.

（歌曲内容：Spring is warm. Summer is hot. Autumn is cool. Winter is cold. Spring, summer, autumn and winter. Warm, hot, cool and cold.）

T：Spring, summer, autumn and winter, they are all seasons. How many seasons？

Ss：Four.

T：Which season do I like？ Guess.

Ss：…

T：Maybe you are right. In this class, you will get the answer. If you are right, I will give you a surprise.

学生是学习的主人，教师要时刻关注学生的内心世界。教学导入要契合学生的心理，只有被学生接受的内容才能打开他们的心扉。歌曲和歌谣的选择要和教材内容相贴切，更要和学生的年龄段相符合，应能促进学生的无意注意和有意注意的相互转化，避免华而不实。在本案例中，教师将语言内容（spring, summer, autumn, winter）和情境结合起来，考虑到小学生的具体形象思维占主要优势，于是在课前播放了有关季节的视频，使学生在生动直观的画面中感受一年四季的魅力和大自然的神奇。在唱完歌曲后，教师抛出问题，即猜一猜老师喜欢的是哪个季节。然后立刻引出新知，让学生带着问题去学习。

以上五大类是英语教师在日常教学中使用频率较高的导入方式。每个导入方式不是独立没有关联的，例如情境导入往往渗透在故事导入中，歌曲导入渗透于多媒体导入中，经验导入穿插于温故知新导入中。现实中，教师综合运用多种导入方式更能有效刺激学生的多重感官，吸引学生的注意力，提升学生英语学习的积极性。导入有法，但无定法。由于教学对象是具有主观能动性的个体，课堂教学环境和学生的学习需求都是动态变化着的，因此，教师要根据不同的现实情况巧妙选择与设计导入方法。教学导入的时间虽然极短，但是其作用却不可小觑。课堂导入对于一堂课的开展起着先声夺人的作用，它是课程的开幕，更是重要的教学环节之一，与课堂教学质量也息息相关。教师在教学中要勇于探索其他更富有创意的导入方法。

三、英语课堂教学导入的运用

（一）英语课堂教学导入的选择依据

导入之于课堂犹如序幕之于演出，导入对于一节课的重要性不言而喻。精彩的导入能吸引学生的注意力，激发学生的英语学习兴趣，充当新旧知识的桥梁。那么怎样设计出新颖的课堂教学导入？英语课堂教学导入的选择依据是什么呢？大致上有以下几点要求。

1. 结合教学要求

导入环节只有和整个课堂教学有机结合在一起才能发挥其作用。教师要认真研读英语教材和教学参考，并以义务教育英语课程标准和《英语教学大纲（试行）》为基准，综合分析单元教学和分课时教学内容、教学目标、教学重难点、课时安排等项目，有的放矢地设计导入活动。导入内容的选择要符合新知的内在逻辑性和连贯性，使之为接下来的新授内容做好铺垫。例如在教授四季主题的课文时，教师如果想采取歌曲导入，可以选择唯美的英文四季歌。在教授农场动物时，如果想以猜谜语的方式引出主题，则可以搜寻或自编一些动物谜语。总之，导入活动的设计与选择要与教学内容和目标紧密结合，不能为了追求形式的完美而忽视导入的本质功能。

2. 结合学生实际

建构主义教学模式提倡教学要以学生为中心。建构主义认为，教师在整个教学过程中起组织者、指导者、参加者、帮助者和促进者的作用。导入的根本目的在于促进学生的学习，学生是学习的主体，因此导入活动要依据学生的具体情况来选择。

首先，导入方式要符合学生的心理特点和兴趣爱好。例如在讲授《北京版小学英语（一年级起点）》6B Unit 9 "Let's live a low-carbon life"这一课时，教师如果结合时事为学生讲述低碳生活、保护环境的重要性，有些学生可能会因心理发展水平有限或生活经验不足而对课堂导入感到费解。而教师如果采用图片导入法，即向学生展示自然景物图片，直奔主题，让学生的思维没有转移的时间和余地，则能很好地引起学生探究新知的兴趣和欲望。

其次，导入方式要符合学生的生活体验。贴近学生生活体验的导入更容易被学生接受，激发情感共鸣，促进深度思考。例如在讲授《牛津英语（上海版）》4A M2 U2 "Jobs"这一课时，教师在课前通过使用头脑风暴法鼓励学生谈一谈自己的理想职业及工作地点，学生的思维聚焦在该主题上，能初步感知到本节课将要学习"Jobs"这一话题。对于四年级的学生来说他们大多有自己的理想，此年龄段的学生喜欢表现自我。所以当老师打开"Jobs"这一话匣子时，学生有话可说，争先恐后地分享着自己的梦想。教师"乘胜追击"，自然地带领学生进入知识的海洋中。

最后，导入方式要符合学生的认知水平。从总体来看，在整个小学阶段学生的具体形象思维占主要优势。这就需要教师在设计课堂导入时多考虑图片、实物模型、课件、情境创设、音频和视频等直观式导入方式。从个体来看，小学生的思维发展具有阶段性、差异性和局限性。低年级学生的认知水平和思维能力有限，学习自觉性较差，缺乏明确的学习动机，教师在选取导入方式时要尽量符合他们的现阶段发展水平，导入方式要富有童趣性和新颖性。高年级学生的思维理解能力进一步提升，教师可适当选择一些偏"理性"的导入方式，例如实验法和置疑导入法，提高学生学习的积极性，充分发挥导入"催化剂"的作用。

总之，不同年龄段的学生在心理特征、学习自觉性、学习动机、学习能力和自制力、独立性等方面存在差异，教师应随机应变，因材施教地选择课堂导入方式，使之发挥出最大的功能。

3. 结合教师特点

教育活动的基本要素包括教育者、受教育者和教育媒介。因此英语课堂教学导入的选择除了要结合教学要求和学生实际外，还要结合教师自身特点。简单来说，从性格来看，有些教师性格内向、喜静，有些则性格外向、喜动。从气质类型来看，多血质、黏液质、胆汁质、抑郁质的教师不在少数。不同的教师对于导入方式的选择有所不同。为了将导入作用发挥到最大化，教师要结合自身情况，扬长避短，探索出令人耳目一新的导入方式。

（二）英语课堂教学导入的使用原则

没有规矩，不成方圆。教师在进行英语课堂教学导入时也要遵循一定的使用原则，争取发挥出导入的最大功效。

1. 目标性

教学导入最主要的目的是通过呈现与本节课内容相关的信息，给学生一定的心理准备时间，从而使学生以最好的状态投入到新课的学习中来。因此在使用导入时，首要原则便是目标性原则。首先，导入方式及内容的选择要与本课的教学目标和教学内容相吻合。导入的内容应是与新知相关联的旧知，以旧拓新，唤起学生对新知的探究欲望。游离于教学要求之外的导入是低效甚至是无效的，无法有效推动课堂教学。其次，课堂的主体是学生，课堂导入必须考虑学生的实际情况，主要包括生活体验、认知水平、个性特征、兴趣爱好等。针对不同年段的学生、相同年段的不同学生因材施教，设计出相应的课堂导入。导入语言要符合学生的语言水平，要能被学生理解。总之，导入要紧扣教学要求，符合学生实际。只有被学生接受的课堂导入，才能深深地击中其心灵，帮助其打开通往知识海洋的门窗。

2. 时效性

课堂导入作为教学过程的组成部分，虽然用时最短，占比最小，但是起着四两拨千斤的作用。良好的开端是成功的一半，精彩的导入不仅能抵达学生的内心深处，唤起强烈的求知欲，还能为构建高效英语课堂添砖加瓦。结合我国目前小学英语课堂的时长，导入时长一般为3至5分钟，大约占到课堂总时间的十五分之一至八分之一。莎士比亚曾说："简洁是智慧的灵魂，冗长是肤浅的藻饰。"导入环节只是教学过程的预备活动，不能占用太长时间。超过5分钟的导入未免有些喧宾夺主，在一定程度上对整节课的教学结构产生不利影响，还会使学生因过长的准备时间而产生疲劳。而导入时间过短，犹如蜻蜓点水一触即逝，达不到有效衔接新旧知识的效果，会使导入功能黯然失色。在现实中的英语教学中，教师要做到导入不拖泥带水，力求短、小、精，严格将导入的时间控制在3—5分钟，争取将导入的功能与价值发挥到最大化。

3. 启发性

启发性原则，即导入方式应能启迪学生智慧，激活学生思维，培养学生的知识迁移能力。我国古代伟大的教育家孔子曾在《论语·述而》中提到"不愤不启，不悱不发"的教育思想。英国教育学家罗素也说过："一切学科本质上应该从心智启迪开始，教学语言应当是引火线、冲击波、兴奋剂，要有撩人心智，激人思维的功效。"可见无论古今中外，开启学生智慧、帮助学生领悟知识内容是教学成功亘古不变的重要因素。在实际教学中，教师应根据小学生的心智发展水平，使用有启发性的导入语言给学生创造想象的空间，引导学生发现问题、分析问题、解决问题。以问题为导向的导入最能培养学生的发散性思维，甚至是高阶思维。在解决问题的过程中，重要的不是得到答案，而是在探索问题过程中思维能力的提升。

4. 趣味性

导入作为教学过程的首要环节，其精彩与否直接影响着学生的学习心情及后续的学习效果。德国教育学家第斯多惠说过，教学成功的艺术就在于使学生对你所教的东西感兴趣。为了使导入充满趣味性，教师首先要基于学生的年龄特征和兴趣爱好来选取新颖的导入材料。越是贴近学生实际生活的材料，越能唤起学生的情感共鸣，自然过渡到新知的学习中来。在此过程中，学生深深地被导入活动吸引着，难以有多余的时间去思索与课堂无关的事情。其次，导入活动要独具创新，丰富多彩。千篇一律的导入活动会让学生失去学习兴趣。例如《牛津英语（上海版）》二年级上册共有12个单元，每个单元都会涉及到英文字母的学习。一些教师为了让学生感知字母，于每次课前播放"ABC"字母歌。假设一个单元分为2个课时，那么学生在一个学期内就要听24遍字母歌。这种机械重复的导入在为教师带来便利的同时，忽视了学生的感受，固化了他们的思维，难以给课堂带来生机与活力。

5. 灵活性

英语课堂教学导入的灵活性原则主要包括两方面：一是导入内容要因地制宜。导入方式有很多种，没有固定的单一模式。英语课程分为新授课、练习课、复习课、写作课等多种类型，教师要根据学生学习需求、教学课题和教学内容来调整导入方式。例如复习课上的导入，教师可以将学生的旧知串联起来作为本节课的导入内容；写作课上的导入，教师可以通过讲故事、举例子的方式引出写作主题。二是教师要具有随机应变的能力。英语课堂教学是一个复杂的过程，尽管教师在课前做了充分准备，但由于课堂教学面对的是活生生的学生，意外情况还是存在的，这就需要教师发挥教育机智，灵活组织教学活动。例如学生受生活阅历、认知方式等影响，有可能会对同一个导入问题产生不同的反应，学生的反应超出教师的预期,不符合教师原定的教学设计。这时教师不能再凭自己的课前预设来推进教学,而应根据学生的实际反应灵活调整教学。

(三)导入技能评价量表

课题:　　　　　　　　　　　　　　　　　　　　执教:

评 价 项 目	好中差	权　重
1. 目的明确,能快速的将学生引入课题情境	□ □ □	0.20
2. 导入吸引了全班学生的注意力和学习积极性	□ □ □	0.15
3. 导入方式选择适当,引入自然、衔接恰当	□ □ □	0.15
4. 导入用的演示效果好	□ □ □	0.10
5. 导入具有启发性	□ □ □	0.10
6. 导入的新旧知识联系紧密	□ □ □	0.10
7. 教师的教态自然,语言清晰	□ □ □	0.05
8. 导入时间紧凑、得当	□ □ □	0.10
9. 导入面向全班学生	□ □ □	0.05
备注:		

资料来源:选自《英语微格教学》

揭秘名师课堂

案例分析

以第七届全国小学英语公开课大赛的福建省泉州市第三实验小学何浩程老师执教的外研社《英语》(一年级起点)4A M6 U1"It didn't make gold"为例,分析该课的教学导入设计。

导入环节教学目标	1. 跨学科联系,唤起学生对《神笔马良》故事的回忆。减少学生对英语课堂的陌生感和焦虑感。2. 通过回顾并复习马良的故事,总结主人公的基本信息。3. 围绕马良展开思考,他是如何帮助别人的。为下一步学习作铺垫。	
教 师 行 为	学 生 行 为	导 入 分 析
Greeting T: Hello, boys and girls. T: Today we'll learn a story. Look, who's he? T: Wow, you got it. He's Ma Liang. T: We learn Ma Liang story in Chinese. And we know there're two main characters. One is Ma Liang. Who is the other one?	Ss: Hello! Ss: Ma Liang.	师生问候,拉近师生间的距离。 通过联系语文学科,一方面唤起学生对《神笔马良》故事的回忆;另一方面,让学生以轻松的心态去学习本节课的内容。

续 表

教 师 行 为	学 生 行 为	导 入 分 析
T：Wow, you are so clever. Ma Liang and the bad man. Look, he was ... T：Wow, yes. He was bad, but Ma Liang was good. (板书) So, please tell me. Did he help people? Yes, he did. Now we know he helped people. (学生跟读2遍 he helped people) Then how did he help people? Let's watch the story.	Ss：Bad man. S1：Angry. S2：Bad. Ss：Good. Ss：Yes. Ss：He helped people. He helped people.	教师在提问时，由易到难。从简单的人物信息提问开始，激发学生的学习兴趣，引起学生的注意力。 教师从马良的品德入手，追问学生马良帮助过他人吗？继而引出"he helped people."教师领读，学生跟读。 教师继续追问马良是如何帮助他人的，引出视频内容。问题驱动，学生有目的性、针对性地去观看视频。为下一步的学习作准备。

为新手支一招

教学有法，教无定法。导入方式千万种，在导入时有哪些需要注意的地方？

英语教师在进行教学导入时要注意的问题，即避免超时和流于形式。导入的基本功能是引出新课，因此一定要短小精悍。导入时长一般被控制在3至5分钟。如果超过5分钟，未免会影响正课的教学，使课堂出现头重脚轻的现象，冗长的导入也会在一定程度上给学生带来心理压力。所以教师在进行导入时要控制好时间。此外，导入材料的选择不能脱离教学主题，更不能只顾形式的"花哨"而没有实际的教学意义。否则容易使课堂出现"看似欢声笑语，实则效率低下"的情况。

参考文献：

1. 中华人民共和国教育部.义务教育英语课程标准(2022年版)[M].北京：北京师范大学出版社,2022.

2. 李森.现代教学论纲要[M]北京：人民教育出版社,2005.

3. 刘丽,戴青.导入[M].上海：上海教育出版社,2004.

4. 康淑敏.英语课堂教学艺术经典案例评析[M].福州：福建教育出版社,2018.

5. 刘庆华.课堂组织艺术[M].北京：中国林业出版社,2001.

6. 吴丽凤."3A 维度"创新英语课堂导入设计[J].基础教育论坛(上旬刊),2021(02):57-58.

7. 杨冬香.小学英语中年级教师课堂导入的探讨[J].新教育时代电子杂志(教师版),2018(05).

8. 王英荣.小议小学英语导入法的方法及原则[J].新教育时代电子杂志(教师版),2018(39).

9. 刘秀彩.小学英语课堂导入方法简述[J].中国校外教育,2019(16):88+159.

10. 林瑞红.例谈如何有效开展小学英语课堂热身活动[J].考试周刊,2014(37):109.

板块六　讲授新知

关键词

讲授新知；呈现新知；感知新知；理解新知；运用新知

结构图

小学英语教学过程中的新知讲授
- 讲授新知的原则
  - 选择恰当的讲授方法
  - 安排合理的教学时长
  - 确立合适的教学内容
  - 运用规范的教学语言
- 学习新知的步骤
  - 感知新知
  - 理解新知
  - 巩固新知
  - 运用新知
- 呈现与感知新知的方式
  - 情境导入
  - 以旧带新
  - 直观展示
  - 儿歌引入
  - 师生互动
- 操练与运用新知的方式
  - 听
  - 说
  - 读
  - 看
  - 写

学习目标

1. 了解讲授新知的原则。

2. 了解学习新知的步骤。

3. 了解呈现与感知新知的方式。

4. 了解理解与运用新知的方式。

> **学习提示**
>
> 思考：讲授新知过程中能运用哪些方式与活动？

在小学英语课堂中，新知的含义既包括新的知识，即语言知识、文化知识等，也包括新的语言技能，如理解性技能和表达性技能，包括听、说、读、看、写等方面的技能及其综合运用，同时还渗入了情感教育、价值观教育等育人知识。

讲授新知，即教师将教材上新的学习内容、新的学习技能，以语言、文字、图片、多媒体等多种方式，规范、科学、准确地教授学生的教学过程，是课堂教学过程中的环节之一，也是英语教学中最重要的核心环节。课堂中新知呈现的内容、呈现的方式，教师讲授的过程、表达的语言等是否准确、恰当、生动、规范，对学生学习、理解、内化并运用新知有极大的影响。因此，教师在讲授新知的过程中，需考虑较多因素，以最适合学生、最能吸引学生的方式方法，推进新知的传递，帮助学生快速、轻松又扎实地学习新知。

一、讲授新知的原则

（一）选择恰当的讲授方法

小学英语教材的教学内容丰富，包括语音、词汇、句型、语篇，根据教学内容进行板块与课时划分，每课时分为词汇课、句型课、故事课等不同课型。可见，新知识的类型是多样化的，不同类型的知识，其讲授的方法也应有所不同。若在一堂课中，运用单一的方法呈现、讲解或操练新知，势必会使课堂变得单调呆板，使学生失去学习的兴趣。小学生的年龄特点，本就是活泼好动，且学习持续度不够，如果没有多样、多变的教学方式支撑，则35分钟的课堂效率将会大大降低，学生将很难完全地、有效地吸收新知。同时，不同的学习内容，也要求学生掌握不同的技能，完成不同的学习目标。因此，有针对性地根据教学内容、对应的教学目标，选择恰当且合适的讲授方法，能使课堂教学事半功倍，促进学生更好地吸收新知。

（二）安排合理的教学时长

对小学课堂来说，35分钟时间是短暂而又宝贵的，如何在有限的课堂时间内有效地、高质量地达成教学目标，完成既定教学内容，需要教师认真思考，合理安排教学各环节的用时。

首先，教师应在设计教学时，初步预计教学过程中三大环节所需的大概时间。如导入热身环节(Pre-task)，需用时5—7分钟左右即可，新知讲授环节(While-task)作为一堂课中最重要、最核心的部分，则需花费大约20—25分钟时间，最后巩固复习环节(Post-task)预留5—7分钟左右的时间。其次，在新知讲授的过程中，每个教学内容所需的时间也有不同。根据教学目标、教学重点、难点、新知的特点，有侧重点地进行教学。因此，教师需对教案熟记于心，对教学重点和难点花费多一点时间，而有些比较简单的知识点则可加快速度，有的放矢地教授不同的新知，而不能面面俱到，试图均衡每一个教学内容。此外，每个新知所设计活动的类型、活动的多少、活动所需的时长均是有针对性的。而每个活动需要以何种形式操练，如师生合作、生生合作、小火车、单独请人回答等也需提前考虑。再细致到每个活动需请几位同学、几个小组回答，学生可能出现何种回答，大约用时多久等，都应在教学设计之时就做好预设工作，以便在教学过程中，能在规定时间里完成新知的讲授。

（三）确立合适的教学内容

教材是教学内容的重要来源，但教材内容不完全等同于教学内容。教师在教学过程中，如果仅仅只是拿着教材去"教"教材，那么教材只会成为唯一的教学"范本""样式"。新《标准》下，要求教师学会创造性地使用教材，使教材成为一种提供教学内容的材料支撑，在教材的基础上，进行加工、整合，有取舍地选择教学内容，有创新地确立教学内容，真正从教材出发，用好教材。

在确立一堂课的教学内容时，教师需围绕教学目标，基于班级学生学情，联系学生的已有认知水平，使新授的教学内容能唤起学生的学习欲望，有效地帮助学生吸收所学知识。同时，教师还需具体考虑教学内容是什么？哪些词汇或句型需学习？需掌握到什么程度，初步感知还是深入理解？学习此内容是为了干什么，达到哪一种能力？该内容蕴含了什么情感态度、文化思维的培养？在教学设计时，深入剖析教学内容，为教学的顺利展开做好前期准备。

（四）运用规范的教学语言

教师的教学，就是将枯燥、难懂的学科知识，转化为学生易理解、感兴趣的生活化学习内容。教师的教学语言，是推动教学过程开展，启发与引导学生学习的关键要素。在小学英语课堂中，教师首先要确保教学语言运用的准确性。小学阶段作为英语启蒙的重要阶段，学生的英语学习处于模仿时期，除了模仿标准的音频，学生更多的是模仿课堂中老师的语音语调。教师须保证自身发音标准，以帮助学生建立纯正的英语环境。在讲授新知的过程中，教师更应注重语言的科学性与规范性。如词汇释义时应准确、全面，语法运用与解释时要正确、灵活，用通俗易懂的语言，让学生快速接受、理解、吸收所学新知。其次，针对小学生的年龄特点，教师的教学语言需提高趣味性、降低语言的难度。教师可以注意丰富自身语言的表现力，以符合学生年龄特点、充满趣味性的语言，用夸张的表达形式引领课堂，才能更好地吸引学生学习兴趣，调动其积极性，提升其专注力，进而提高学习效率。此外，小学生的思想还不成熟，教师在课堂中的语言对学生有很大的引导性。教师必须以规范的语言正确指导学生，将健康的情感态度、价值观等育人知识融于课堂，引导学生建立正确的思维方式及情感认知。

二、学习新知的步骤

学生对新知的认识是从陌生到熟悉、从不会到会的学习过程，要将全新的知识进行吸收、内化，最后能融会贯通，灵活运用。从对知识的感性认识上升为理性认识，需经历以下四个阶段。

（一）感知新知

在学习之初，呈现新知，使学生对新知有初步的感知是英语学习的第一阶段。语言学习中对知识的输入是基础，在输入知识时，学生需要调动各感官进行知识的感知。如通过耳朵听语言内容，通过眼睛看多媒体、图片、视频、卡片、板书、实物等，以借助感官初步获取知识的信息。通过感知，学生能够初步认识到新知的特征或含义，对新知有了感性的认识。因此，在感知新知时，教师需充分利用多媒体、教具等直观、生动的事物以增强学生对知识的形象认识，加强感知的效果，为进一步帮助学生理解新知做好铺垫。

（二）理解新知

在新知学习中，感知新知是对知识的感性认识，而引导学生对所学知识在脑海中进行思维加工，掌握其规律，形成系统的概念或理论，形成理性认识的过程，即理解所学知识。理解新知是语言学习过程中主要的目的，也是重要的认识阶段。就英语学习而言，理解知识即理解词汇的音、形、义，理解句子的含义、结构、用法，理解语篇所表达的意义、所运用的技巧等。理解新知是在感知新知的基础上，从已有经验出发，通过思考的过程，借助外界的辅助，进一步深入学习知识的过程。

（三）巩固新知

语言的学习不是一蹴而就，是需要不断积累知识，反复加深印象的。因此，在学习新知时，需巩固知识使知识在大脑中储存的时间加长、记忆加深。知识巩固是教学过程中重要的环节。在语言学习的巩固中，教师常以无意识记忆或有意识记忆，机械操练或意义操练的多种练习方式，贯穿于新知学习的始终，使知识在教学过程中由浅入深、循序渐进式地复现。

（四）运用新知

语言学习的最终目的是运用语言进行交流。学生理解知识即掌握了知识的一般规律，理解了知识的概念，而运用知识则需要学生在学习中掌握一定的技能，将所学的零散知识进行整合,形成系统化的知识结构,通过实践活动与操练,逐步完善学生对知识的综合理解和实际运用。学生只有将知识用于实践,学会举一反三,才能真正将理论知识与实际经验联系起来,化书本上的间接经验为生活中的直接经验,能够在生活中解决实际问题。同时,学生在运用知识的过程中,除了语言知识外,语言技能、情感态度等也进一步得到提升与升华。

学生学习知识、掌握知识的过程,遵循人类认识事物的一般过程。在新知学习的过程中,以上几个阶段是相辅相成、紧密联系、不可分割的。教师应充分考虑学生认识事物的规律、学生的年龄特点、学生对知识的已有经验,从学生的角度出发,结合教学实际、教学内容等,以灵活、有效的方式进行教学,帮助学生真正掌握新知,学以致用。

三、呈现与感知新知的方式

良好的开端是成功的一半。在新知讲授之前,以有效的方式引入新知,帮助学生初步感知新的学习内容,能为下一阶段新知的学习做好自然铺垫。在新《标准》下,教学不再是照本宣科,应进行创造性的灵活教学。在热身导入环节之后,学生虽逐步进入学习状态,但若毫无章法地直接出示新知并操练,学生的积极性难以保持。因此,在导入环节之后,如何自然地过渡到新知的呈现,如何以合适的方式吸引学生,值得探究。

(一)情境导入

英语教学始终倡导"词不离句,句不离篇,篇不离境"。今天的课堂教学也倡导要把知识的学习放在情境中进行。无论是单词还是句型,都需要在一个合适的语境中进行新知的引出并教学。语言学习如果脱离了语境,就很难表达其具体含义,且纯粹的词汇或句型学习也会变得枯燥乏味,失去意义,学生在背诵单词时则只能死记硬背。如单词"take",在不同的语境中有不同的含义:"This Sunday, I'm going to Century Park. I take(乘坐)a bus there. It takes(花费)me 30 minutes to arrive at Century Park. I take(带着)a cap and a camera to the park. In the park, I take(拍照)a lot of nice photos. And I take a rest(休息)on the grass in the afternoon. Finally, I take(买)some interesting toys and go home happily."

在小学课堂中,要创设符合教材内容及学生特点的情境,可以考虑以下几点。

1. 创设真实的、贴近生活的情境

语言学习来源于生活,也是为生活服务,语言学习的最终目的是运用于生活之中。对小学生来说,英语这门语言是第二外语,很多语言知识是较为陌生的,但生活中很多知识是学生已经熟知的,从学生已有经验入手,从生活中取材,以生活中的真实情景为载体,创设贴近学生生活、学生所熟悉的情景,在课堂中还原学生生活中的经历、所见所闻等,更好地推动学生在自然的语境下能动地学习。

如《牛津英语(上海版)》2B M3 U2 "Rules",本单元教学内容是交通规则,其教学目标为：在语境中听、说、拼读与运用单元核心词汇，如："light, stop, wait, go"等；能感知、运用"Look at …""It's …""Let's …"等句型来描述交通出行与安全情况；通过基本的交通规则学习,注意安全出行,树立交通安全意识,明白规则能使我们的生活更安全、有序与快乐。此单元的主题与生活息息相关,是学生非常熟悉的知识,因此,第一课时设计话题"Knowing the rules on the road",依照实际生活创设学生熟悉的语境："Tom"将和小伙伴去儿童公园玩。上午,爸爸送"Tom"去购买"Tom"需要的东西。在马路上,"Tom"不懂交通规则,爸爸教给"Tom"交通规则并带领"Tom"安全过马路。学生在熟悉的语境中学习新知,自然地将自己代入情境角色,在扮演"Tom"或"Dad"时,能感同身受,唤醒自己经历过的与父母过马路时的真实情景,有较好的体验感。在语境中也能自然地掌握新知并运用新知。

2. 创设新颖的、吸引学生的情境

来源于生活的情境创设能引起学生的共鸣,进而增强学生学习体验感；而另一种情境创设方式,即更具有趣味性、更新颖,超越时间与空间,带有童话色彩的故事情境,则可以调动学生的学习兴趣,激发其天马行空的想象能力。

如《牛津英语(上海版)》1A M4 U3 "In the park"中的"Colour the park",第一课时的新知为四个核心词"red""blue""yellow""green"的学习,教师设计了超越现实的童话故事：在一个乡村,有一个美丽的彩色公园(Colourful Park),小公主"Lisa"很喜欢来公园玩,公园里有美丽的树木、花草、小猪、奶牛、小鸡、小鸭等,到处是五颜六色、生机勃勃的景象。有一天,巫师"Wizard"用巫术,将彩色公园变成了一片灰色,所有事物都失去了色彩。正在"Lisa"伤心之时,几位有魔法的好朋友前来帮忙。愤怒的小鸟"Angry Bird"带来了红色；海绵宝宝"Sponge Bob"带来了黄色；哆啦A梦"Doraemon"带来了蓝色；忍者神龟"Ninja"带来了绿色。他们共同为公园重新赋予了色彩,灰色黯淡的公园又变回了"彩色公园"。在这样一个极具趣味性的童话故事中,学生仿佛置身于美丽的彩色公园,跟随着故事情节的发展,愉快地学习新知。此类语境,符合一年级学生的年龄特点,能快速吸引学生注意,激发学生学习新知的兴趣,让新知学习不会枯燥,使学习变得有趣而生动。

（二）以旧带新

对我国的小学生而言,英语作为外语,小学阶段又是英语学习启蒙时期,其英语储备知识是在逐步积累的,当学生已经学习了某一个知识点,而新知又恰与上一个知识点有所联系之时,便可以运用以旧带新的方式,将新知巧妙、自然地呈现出来。旧知识对学生来说,就是一座已经建好的桥梁,有了旧知的搭建,学生更容易通往新知学习。面对熟悉的已经理解的知识,学生在学习时的焦虑感也会降低,以此方式能极大地激发学生的自信心,排除学生对新知未知的恐惧,排除学生理解新知的障碍。

如《牛津英语(上海版)》,就是按照螺旋式上升的教材编写理念进行的设计。每个模块采用模块建构式(Building-block)编写,将语言材料和语言技能有机结合,注重模块在横向学习内容上的循序渐进,在纵向语言知识和技能上的滚动和复现。因此,每一个新的学习知识点往往是之前所学知识点的进一步提升,知识点之间是有联系、呈递进式的。

如《牛津英语(上海版)》2B M1 U1 "What can you see?"中"Look and learn"核心词为"white""purple""pink""orange""brown""black","Look and say"的核心句型"What colour are …?""They are … "关于颜色类的词在 1A M4 U3 "In the park"这一单元中已经学习过"red""blue""yellow""green"对应句型学习"What colour … "引导的对单数物品的问答:"What colour is …? It's … "通过教材之间纵向比较发现,教学内容遵循学习规律设置,由浅入深、循序渐进,符合学生的认知规律。在找到新旧知识的连接之后,便可运用以旧带新的方式,将旧知设计于教学情境中,以自然过渡到新知的引出。如本单元第二课时"Colours I can see",利用以旧带新的方式,将旧知"What colour is …? It's … "编于第一个教学文本中:

> "Tom:Hi, Alice. What can you see?
> Alice:I can see a bird. It's small.
> Tom:What colour is it?
> Alice:It's blue. It's lovely.
> Tom:A blue bird is in a green tree. How nice!"

在旧知的引领下,过渡到对复数物品的颜色问答,引出新知"What colour are …? They are … "的核心句型,第二个文本设计如下:

> "Tom:What can you see?
> Alice:I can see two butterflies.
> Tom:What colour are they?
> Alice:They are purple and yellow. They can dance. They're cute.
> Tom:Two purple and yellow butterflies are on a pink flower. How nice!"

如此一来,学生既复习到了旧知,通过情境内容唤醒一年级学习过的知识点,使旧知再一次得到巩固运用;同时,学生能够基于旧知,快速感知新知。

(三)直观展示

根据小学生思维随着年龄逐步从形象思维发展为抽象思维的特点,在学习启蒙阶段更适合以直观的方式让学生感知新知,以快速理解、吸收新知。

在信息化时代的媒体设备、技术支持下,英语教学鼓励教师运用多媒体、互联网技术,以生动的教学课件辅助教学。在教材的基础上,针对不同课时、主题、内容,精心设计多媒体课件,搜集各种现有资源或自制各类教具,以丰富课件内容、完善课堂教学。课件以图片,文字、音频、视频等多种形式结合，选取贴近学生生活或充满童趣的场景及人物，以刺激学生各感官。让学生能充分运用自己的眼睛、耳朵、嘴巴甚至鼻子、手、脚等多种身体部位，这对好动的小学生尤其是低年级学生是具有吸引力的。

1. 趣味声响，刺激听觉

传统教学中，听文本故事或对话等的音频引入新知学习是常规的设计，学生能够锻炼听力。但这还不够，对小学生尤其是低年级的孩子来说，对各种熟悉的、有趣的、古灵精怪的声响是很感兴趣的。因此根据不同的主题和故事情境，在适当的地方加上一些声响，能让故事更灵动，人物更鲜活，也能刺激学生的听觉，吸引注意力。

如《牛津英语（上海版）》1A M2 U2 "This is my family"一课，开头以小婴儿的哭声吸引学生注意力，也为接下来父母、爷爷奶奶出现，教授"father""mother""grandfather""grandmother"等关联核心词作引导。在故事的最后，又以小婴儿的欢笑声刺激学生，让故事的发展变得曲折有趣，学生被婴儿可爱的声音所吸引，跟随故事感受到家人的关爱。

《牛津英语（上海版）》1A M4 U1 "Animals on the farm"一课，以动物的叫声，刺激学生听觉，同时为学习各种动物的英文叫声表达，以及句型"It goes …"（它叫起来……）作铺垫。运用"记忆痕迹"理论，调动学生的听觉，将图片、单词与声音结合起来，更能帮助学生联想记忆语言知识。

2. 引进实物，真实感知

《牛津英语（上海版）》1A M2 U3 "Fruits in the fruit shop"，在教授"apple""pear""peach""orange"等学生熟悉的水果词汇时，可将真实的水果带进课堂。第一课时的教学目标之一是用"I can see a/an … It's …（size）It's …（colour）It's …（touch）It's …（taste）"几种句型描述水果。即要观察不同水果的颜色、大小，感受其触觉以及感知它们的各种味道。仅仅用课件展示图片不足以吸引学生兴趣，因此，将这些常见的水果呈现出来，每学一种水果，便可邀请学生们对着真实的实物进行大小、形状及颜色的观察，然后邀请几位学生对实物进行触摸，可以了解水果表面是光滑还是粗糙，硬的还是软的，学生可以真实地触摸到水果，有助于"It's …（touch）"的表达练习。此外，另准备一些已经切成小块的水果，让部分学生进行品尝，品尝后可给出对其味道的评价，甜的或酸的。在这样真实的观察、触摸及品尝等体验下，不仅能帮助学生描述水果的各种特征，同时让学生加深了印象，更快速理解知识。同时，学生在之后的输出练习时，会将句型与实物联想起来，帮助唤醒记忆。第二课时"Buying fruits in the fruit shop"，该课时的教学主要是完成对话练习："A：＿＿＿＿s, please. B：How many ＿＿＿s? A：＿＿＿＿＿＿（s）. B：Here you are. A：Thank you."教师仿照课件设计布置一个真实的水果店的场景，在讲台上摆放各种数量的水果，为本课时的对话学习创设实际场景，帮助真实演绎、激发兴趣和加强记忆联想。

3. 肢体辅助，生动形象

在小学英语课堂上，无论是教师还是学生，十分强调肢体动作的必要运用。英语课堂教学不该是呆板的,而应是动态的。因此,教师应充分利用肢体语言,辅助新知的呈现,让学生更直观地感受并理解新知的含义。尤其在新授一些表示动作类词汇或句子时,不能像传统教学一样仅仅只是发音示范,可以一边发出指令范读,一边配合做出事先设计的合适的肢体动作。例如,当老师展示句子"Twirl with both arms up."时,教师可两手举高并做出旋转的动作;展示句子"Pinch your nose."的时候,一边示范朗读,一边做出捏捏鼻子的动作。

(四)儿歌引入

在教学过程中,除了导入环节经常运用歌曲、舞蹈的形式进行课前热身外。在呈现新知或讲授新知的过程中,也经常会运用歌曲、童谣、儿歌,以吸引学生的注意力。而作为辅助新知呈现的一种形式,在儿歌的选择上,需考虑儿歌是否与即将学习的新知有密切关联,儿歌应融入词汇、句型等新知,为学生感知新知提供有效的语言环境,且音乐能以动感活泼的节奏,活跃课堂氛围,快速吸引学生注意力,学生在心思回归的同时也能渐渐进入新知学习的语境中。

儿歌的选择上可以是课内教材提供的"Listen and enjoy"儿歌动画视频,也可以选择课外的、符合学生年龄特点的英语歌曲(最好提供动画视频,更形象生动)。

如《牛津英语(上海版)》1A M4 U1 "On the farm"的新授词汇是:"chick, duck, cow, pig"四种农场动物,可以将4B M4 U1 "A visit to a farm"中"Listen and enjoy"的歌曲"Old MacDonald has a farm"作为新知呈现的辅助方式用于此课:

> "Old Macdonald has a farm, E-i-e-i-o.
> On his farm he has five ducks, E-i-e-i-o.
> A quack-quack here!
> A quack-quack there!
> Here a quack! There a quack!
> Everywhere a quack-quack!
> …"

此歌曲中正巧涉及单词"duck, cow, pig"以及其叫声的表达,与本单元需要学习的新知具有一致性。此歌曲虽然是在高年级教材中才出现,但歌曲的旋律是学生较为熟悉的,且歌词内容又与新知有密切联系,完全可以融入教学之中。因此,教师须熟悉小学阶段所有英语课本内容,才能灵活迁移、结合运用各种知识。充分利用教材现有配套儿歌辅助教学,以欢快的歌曲让学生预先聆听、感知新知。

(五)师生互动

在教学过程中,师生之间的有效交流与互动是新课程背景下所倡导的教学模式。要打破单一、沉闷、以教师为中心的"一言堂"传统教学模式,就应该提高学生的主体地位,教师作为引导者,让学生多参与课堂,多积极思考。在新知呈现之初,教师就可以设计师生互动的方式,让学生能在互动中更好更快速地感知新知。如设计问答(Ask and answer)的方式,让学生在新知学习前进行思维训练热身。

如《牛津英语(上海版)》5A M1 U3"My future"一课是关于理想职业的学习内容,而在4A M2 U2"Jobs"一课中,已经学习过关于职业类的常见词:"doctor, nurse, teacher, student, police officer, firefighter, cook, bus driver"以及句型"What does … do?"因此,教师可在出示语境前,先与学生进行问答交流:"What do you do?(I'm a student.)What do I do?(You are a teacher.)What does your father/mother do?"在熟悉的提问中,学生积极参与回答,随即,教师自然引出本课的语境与新知,学生在自由的问答互动中,建立了自信,提升了兴趣,能更好地吸收新知。

四、操练与运用新知的方式

在呈现新知,让学生初步感知新授内容之后,就需要通过各种活动与练习操练与运用所学内容,使学生在这个过程中逐步学习、理解、内化新知。新知的学习和操练环节是整堂课的核心,这一阶段也是教师完成新课教学任务,学生掌握新课主要内容的环节。

核心素养下的教学提倡全面发展学生综合素养。新《标准》将语言技能分为理解性技能(听、读、看)与表达性技能(说、写),在新知操练与运用过程,从培养语言技能出发,依据学习活动观,设计一系列能培养语言能力的活动与练习,有助于学生综合技能的提升。

(一)听

小学阶段是英语学习的启蒙期,学生对英语学习还有着懵懂与好奇,而小学生的听觉又较为敏感,学生更容易通过听力对语言进行输入与习得。因此,小学生应养成良好的倾听习惯,培养听力理解能力。抓住听力理解这一重要能力的培养,提高小学生的听力水平,既有助于提高学生的综合能力,又有助于培养学生的核心素养。

1. 作好听前铺垫,激发学习兴趣

听力训练开始之前应给予学生一定时间做好听前准备工作,心中有数才能在听力训练过程中游刃有余,不慌不忙。在听力训练前,教师可以从以下几方面帮助学生做好听前铺垫:提前介绍听力材料的主题;提前学习材料中较难的词汇;分析其中较难的句子结构;学生提前查看题目或练习的内容;教师有针对性地进行听前提问。虽然听力前的预习铺垫时间不会较长,但这短短的时间却能调动学生的思维,激发学生的学习兴趣,学生在对听力内容有了一定的了解后,会更主动、乐于参与接下去的听力学习。

以《牛津英语(上海版)》2A M3 U2"In my room"第三课时复习课教学为例,在本课时教学前,教师首先向学生介绍今天故事的主人公是大雄和哆啦A梦,跟随哆啦A梦的任意门来到大雄的房间,教师设问:"Where is it?"并且以填空的形式呈现材料内容,随后播放音频。学生在听音频前进行头脑风暴,看短文先猜测听力文本中可能出现的答案,以此方式做好听前铺垫,同时也训练了学生的思维能力。

2. 多维形式展现,帮助听中理解

听力练习是具有灵活性的,歌曲、视频、绘本等都能成为听力训练的呈现方式和材料内容。枯燥地听音频、做练习的传统听力方式,必定会削弱学生学习的积极性。教师可以借助多媒体手段,以图文并茂的方式展示听力材料,也可以运用肢体动作,表情语态、实物展示等辅助手段,让学生直观感受所听音频的内容。小学生往往是通过形象思维认识事物,而听力又是一个较为抽象的过程,因此,借助其他手段,综合运用多种感官,更能调动学生听力训练的积极性,集中学生的注意力,也有助于培养学生的听力理解能力。

如《牛津英语(上海版)》2A M3 U2 中,运用到了歌曲激趣、动画辅助、图片展示等方式刺激学生的听觉与视觉。此外,由于本单元的核心词汇是常用的生活类物品,"bag, box, desk, chair"等,而这些物品在我们的教室里也是常见事物;同时,本单元的新授句型是祈使句型"Put ... in/on/under ..."的指令表达和应用;因此,教师可以借助身边的实物进行举例和演绎,使学习不仅停留在多媒体音、视频上,也回归到了生活的具象用品,在真实的情境中感知感受,能更好地帮助学生训练听力,学习词汇与句型的实际运用。

3. 设计多种活动,加强交流互动

(1) 听与说相结合(Listen and say)

在语言学习中,听与说是密不可分的,听是输入,说是输出。因此,在听力训练时,应同时进行语言表达。最传统的方式便是听音模仿跟读,如听完一个片段内容后,让学生即刻模仿角色进行跟读;或以听一遍儿歌,跟读一遍儿歌等方式,进行听说的即时训练。有效提升听力水平不仅需要多听,也需要多读、多说,有利于语音语调的改进,英语语感的增强。

(2) 听与做相结合(Listen and practise)

对于小学生来说,外语基础参差不齐,对语言的领悟能力也自然有高低之分,但通过身体动作的表达,学生很容易模仿和理解。这就使得基础薄弱的学生也更有动力加入到课堂活动中,参与性上表现得更积极,不必因害怕说错出错而不敢说不敢做。采用全身反应法(TPR教学法)锻炼听力是一种适合小学生的有效方式。全身反应法的主要形式是"听和做",基于心理学"记忆痕迹"理论,以身体动作联系目标语言,两者在学生的脑海中形成对应的印象。即看到或听到这个语言(单词、词组或句子),就能立刻反应出相匹配的动作,或者看到动作便能联想到相应的语言知识,能够有效地帮助学生记忆,且能够使记忆的时间较长较持久。因而,通过动作的辅助,学生对所听到的知识理解更迅速,记忆更深刻。

在《牛津英语(上海版)》2A M3 U2 这一课中,恰巧需要反复操练"put"这一动词,并且学习不同的方位介词,"Put ... in/on/under ..."等,此时,教师可以一边说指令,一边让学生做相

应动作,学生则可以在听指令,做动作的过程中,更好地理解所学知识的含义和运用。

(3) 听与画相结合(Listen and draw)

对于小学生来说,画画是能够激起他们兴趣的有效方法之一,孩子们也喜欢通过绘画来描绘自己对某一事物的印象。牛津教材的配套练习册上,就有不少听力练习是要求学生听一听,圈一圈或画一画。在本堂课的教学中,设计了这样一个练习。学生的"worksheet"上有一幅房间的图片,图片上有一张床(bed),一张课桌(desk),一把椅子(chair)。教师播放录音:"Oh! It's my room. It's small. This is my bag. It's black. Put the bag on the chair. This is my bear. It's brown. Put the bear in the desk. This is my box. It's yellow. Put the box under the bed. Wow! A nice room! I love my room!"要求学生根据录音内容,将黑色的书包画在椅子上,棕色的玩具熊画在课桌里,黄色的盒子画在床底下,并涂上相应的颜色。这样的练习设计,能吸引学生集中注意力听音频的兴趣,也在听与画的过程中学会提取关键信息,理解并运用信息的能力。

(4) 听与玩相结合(Listen and play)

充满童心的小学生一定是热爱做游戏的。现在的教学设计中也不乏"Play a game"环节。学生可以在游戏中锻炼听力并操练所学知识,教师则可以设计与目标语言知识相关的游戏。比如,教师可以通过"你说我做"的游戏方式,分小组竞赛。分别请几位学生上台发指令,让其余学生跟着指令将物品放到相应位置,做错或做慢的学生则被"淘汰"。最后放得又快又好,坚持做到最后人数最多的小组获胜。类似这样比一比、赛一赛的游戏,对好动的小学生来说,是让他们能够在玩中学,听得进又听得好的有效方法。

(5) 设计呈递进式的听力练习

在学习过程中,可以设计一系列呈递进式的听力练习,如:"Listen and read the material"(听录音读材料);"Listen and tick"(听录音选择正确的图片/单词);"Listen and choose"(听录音选出正确的句子/选择合适的应答句);"Listen and judge"(阅读判断/图片判断);"Listen and act the dialogue"(听录音并表演对话)。学生可以根据不同的听力练习,达成学习目标。

(二) 说

英语作为小学阶段的主要学科之一,要求学生能够用英语进行交流,具有准确的发音,良好的语音语调。英语学习过程中最容易出现的问题就是,学生的书面笔试能力往往强于口头表达能力,不少学生羞于开口说英语,又没有良好的英语语言环境,导致哑巴式英语成为了一种常态。或即使能够开口说,学生却词不达意,即语言表达缺乏逻辑性、完整性,没有聚焦话题和核心语言,多用中文式英语回答,语法错误较多等。因此,教师需创设一个沉浸式的语言环境,设计一系列有效的说话练习,帮助学生在新知操练与运用环节中,尽可能多地展现口语,锻炼口头表达能力,并且以"说"推进课堂互动,在互动中完成学习任务,达成语用目标。

在设计"说"的相关练习时,教师要注重以下几点:操练的活动与练习在于"精",不在于"多";要围绕新知内容、核心语言进行设计;形式需多样化、有递进性,切忌单一和重复。

英语中"说"主要有四个词汇:"speak",强调说话这一动作本身,即开口讲语言;"say",强调说话的内容,即说了什么;"talk",强调双方的来往交谈或聊天,即互动交流;"tell",强调信息的传达,事情的讲述。从这四个词汇出发,设计相应的表达练习。

1. 让我们读一读(Let's speak)

英语口语表达的第一步是能大胆地开口说英语。在操练新知时,说的第一步就是模仿说话,即"Speak English"。若仅仅只是照着书本语言模仿跟读,又显得枯燥乏味,因此在设计活动时,需在教材的基础上有所创新,形式上追求多样。

如《牛津英语(上海版)》2A M4 U2 "In the forest"中的"Who is my mum?"的语音学习,课本内容要求学习三个字母的语音:"Uu,Vv,Ww"。教师在语音教学时,没有直接让学生跟读三个字母,而是将字母融入单词,将单词融入情境之中,以"chant"的形式,设计朗朗上口的节奏"Letter chant:U, u, under, u;V, v, very, v;W, w, why, w"。以及用这些词汇,自然引出情境:"In the forest, there is a very small chick under the tree. Why is the small chick under the tree?"

2B M1 U2 "Touch and feel",在词汇教学时,采用以下方式操练单词的认读与发音:以字母挖空的形式,让学生通过发音示范,填出缺失的字母,如"watch""hard""soft",教师在播放录音示范之后,重点强调所缺字母的发音,并提问:"What's the missing letter?/What letters are missing?"在填出单词后,学生可以进行多种形式操练朗读,如全班降调齐读"hard ↘ hard ↘";升降调拼读"hard ↗ hard ↘, h-a-r-d, hard";根据教师手势,由轻到响读(Higher and higher):教师手势放得低,学生读得轻,教师手势逐渐抬高,学生逐渐读得响;男女生读或小组读;随机抽个别几个学生朗读;开单列小火车(Little train)或双轨列车(Double train)整体朗读或拼读;师生合作读(High and low):教师读得大声,学生读得小声,反之,教师小声读,学生大声读。在多种形式中完成单词的朗读,点面结合,保证班级全部学生能开口读,大声读。

2. 让我们说一说(Let's say)

(1) 看一看,说一说(Look and say)

如《牛津英语(上海版)》2B M1 U2 "Touch and feel"第一课时"Buying gifts for the party",在操练新知词汇时,多次运用"Look and say",让学生看着图片将对话内容转换为文字描述,介绍物品的颜色及触感。三段操练形式呈递进性,由简到难,逐步帮助学生学会运用语言。

"Look. It's a watch. It's yellow.

Touch it. It's hard and smooth.

I like it!

(完整呈现文字内容)

Look. It's a _____ (doll). It's _____ (red).

Touch it. It's _____ (rough) and _____ (soft).

I like it!

(以填空加图片形式呈现)

Look. It's a _____ (bag). It's _____ (green).

Touch it. It's _____ (rough) and _____ (hard).

I like it!"

(以填空形式呈现)

（2）说一说，演一演（Say and act）

教材中的"Say and act"板块，即要求学生达到说演的能力。此时对学生的要求不仅是能扮演角色朗读（Read in roles），更要达到不看文本表演整个故事或对话的水平。这对学生的表达能力提出了更高的要求，此活动能帮助学生进一步运用所学的核心语言，增强其语用体验，以语言知识促进语用表达。

如《牛津英语（上海版）》4B M3 U1 "Peter's new bicycle bell"，本课时的教学内容就是教材"Say and act"板块（如图 6-1）。通过"'Peter'在公园里骑车"的场景，进一步操练与运用现在进行时态的一般疑问句以及回答，初步感受周围环境对于声音轻响的不同要求；在说一说、演一演的过程中初步了解和简单使用功能性语言，理解声音的相对性。教材内容融合了旁白与对话。

在对此语篇内容进行"Act out"输出表演时，为增强学生的角色体验感，以分角色扮演的方式合作表演，体验不同角色的不同语气与情感。

3. 让我们谈一谈（Let's talk）

语言的交际功能是学习语言的重要目的，在新知学习过程中，需重视师生交流、生生互动，以两两合作或小组合作的形式合作表达英语，让英语在课堂中得到交流运用。如设计活动"Let's talk" "Make a dialogue"或"Ask and answer"等，将所学的新知真正运用到语言中去。

如：学习句型"What did you have …?" "I had …"教师首先提供例句，让一名学生与教师合作进行示范：

"A：What did you have for dinner yesterday evening?

B：I had some rice and meat."

接着，教师让学生进行同桌互问，即从师生合作变为生生合作。一方面，这样的对话交流，有助于在学生较多的大课堂环境中，有机会让更多学生参与到问答中，教师可以多请几位学生进行回答。另一方面，学生之间也能有一个合作过程，并且每个人可以按照自己的情况作答，在反馈过程中，其他学生也能听到更多不同的答案，学习到更多词汇。

图 6-1 "Say and act"板块设计

接下来,教师将句子作一些改变,并作出由扶到放的问答设计,比如,教师先举例:

"A: What did you have for breakfast this morning?

B: I had some milk and bread."

再将句子进行挖空式填空,让学生再次合作回答,此时填空部分可以自由发挥,活学活用,学生对句型的把握会有进一步了解。

"A: What did you have for＿＿＿＿ ＿＿＿＿?

B: I had ＿＿＿＿。"

通过模仿与反复操练,学生在不知不觉中便获得了新知并且能举一反三,熟练运用所学句型进行问答交流。

4. 让我们讲一讲(Let's retell)

在小学高年级阶段,学生需要掌握搜集信息、解读信息、传达信息的能力。在故事教学中,"Retell the story"是一个很好的操练知识的方式。

如《牛津英语(上海版)》5A M3 U2 "The emperor's new clothes",以故事的场景划分,每个场景之后设计"Try to retell"的活动,教师提供图片和关键词,帮助学生对照着复述一个片段的故事(如图6-2)。

Scene 1:

love beautiful clothes　　　buy new clothes

Scene 2:

magic clothes

visit the emperor　　　Only clever people can see them.

open　cannot see　nod with a big smile　give　put on

Scene 3:

walk down the street　keep silent　cry out

图6-2 "Try to retell"活动设计

（三）读

英语技能中的"读",往往指阅读能力的培养。阅读是帮助学生输入语言,学习英语的重要途径,是有效提升语言综合能力的方式之一。小学生的听、说、写,均建立在词汇量、阅读量的基础上,通过阅读,能够积累较多的词汇量,培养英语语感,提高阅读技能,激发思维等。因此,在新知讲授过程中,需注重设计提升阅读技能的一系列活动,以帮助学生在操练环节时,能真正学会阅读,习得技巧。

从学习水平分级,从记忆性、理解性和应用性三个维度出发,可设计一系列有效的阅读练习。阅读型练习常见类型有："Read and complete" "Read and match" "Read and choose" "Read and answer"等等。

以《牛津英语(上海版)》3A M3 U1 "My school"为例。第一课时中设计课堂练习"Read and guess"(如图6-3),运用猜谜形式,让学生带着兴趣进行阅读,在提升阅读能力中的推断能力的同时,巩固核心词汇。

> Look! It's big and clean. We can see many books in it. We can read books in it. But we can't sing or dance in it. What is it?
>
> Look! It's big and nice. There is a big stage (舞台) in it. We can sing and dance in it. What is it?
>
> Look! It's very big. We can play basketball in it. We can also run with our classmates. How happy! What is it?

> Miss Fang: Good morning, Peter!
> Peter: Good morning, Miss Fang!
> Miss Fang: Welcome to our school. Let me show you around.
> Peter: Thank you!
> Miss Fang: Look at the playground. It's very big. We can see many children in the playground. We can run and play basketball there.
> Peter: How fun! What's this?
> Miss Fang: It's our library. We can see many books in the library. We can read in it.
> Peter: How nice! Is this the classroom?
> Miss Fang: No. It's the hall. We can see many chairs in it. We can sing and dance in the hall.
> Peter: How happy! I like our school!

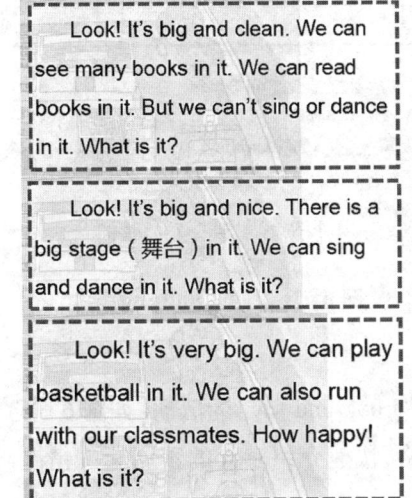

图6-3 "Read and guess"
（读一读，猜一猜）

图6-4 "Read the dialogue and number the picture"
阅读对话，按顺序为图片编号

第二课时设计"Read the dialogue and number the picture"（如图6-4）通过阅读对话，为图片中出现的场所进行顺序编号，让学生阅读对话形式的语篇，获取关键信息，提升学生阅读能力中的理解排序能力。

第三课时设计"Read and fill"（如图6-5）通过阅读短文，填空完成表格，将所学词汇和句型融入语篇之中，表格中填写的内容需要学生通过语篇阅读来进行提炼，提升了学生阅读能力中归纳总结的能力。

（四）看

《标准》增加了英语技能中"看"的能力，其定义为："看"通常指利用多模态语篇中的图形、表格、动画、符号，以及视频等理解意义的技能。"此处的"看"可以理解为"view"，即仔细地、带着思辨、伴随着见解地观看、观察，是对多模态语篇、可视化信息的理解过程。对小学生而言，静态的、单一的文字内容是枯燥的、难以理解的，将语篇、文本一类复杂的教学内容转化为可视化的、形象、直观的图形、图像、视频等，可以快速帮助学生通过"看"的方式理解、掌握知识信息。

Look at the picure. This is my school. It is big and nice. We can see many classrooms, a library, a hall and a big playground in it. This is our classroom. It's clean. We can see many desks and chairs in the classroom. We can read and write in it. How warm! This is our library. It's nice. We can see many books in the library. We can read in it. How cool! This is the hall. It's beautiful. We can see a big stage in it. We can sing and dance in the hall. How happy! And that's the playground. It's big. We can see many children in the playground. We can run and play basketball there. How fun!

What place is it?	What's in it?	What do you do?
classroom	desks and chairs	read and write

图 6-5 "Read and fill"阅读短文,在表格中填入正确的内容

Look and say

Day	Friday	Saturday (today)	Sunday
Weather	cloudy	rainy	sunny
Temperature	30 ℃	28 ℃	32 ℃

It was _____ on Friday.
The temperature was _____.
It is _____ on Saturday.
The temperature is _____.
It will be _____ on Sunday.
The temperature will be _____.

图 6-6 Look and say

如《牛津英语(上海版)》5B M3 U2 "Weather"设计"Look and say"的活动(如图 6-6),以表格的形式清晰展示三天的天气,学生可以通过看表格,快速介绍三天的不同天气情况与温度,比较理解过去时、现在时和将来时。

5B M3 U3 "Changes",通过展示昨天与今天两幅图片(图 6-7),让学生观察两者不同之处,介绍家具位置的变化。

图 6-7 Compare and say

5B M3 U2 "Weather",以"Thinking map"(图 6-8,思维导图)展示四季的月份、天气、活动,为形成语段、介绍喜欢的季节作出直观的提示,帮助学生看图理清思路,发散思维。

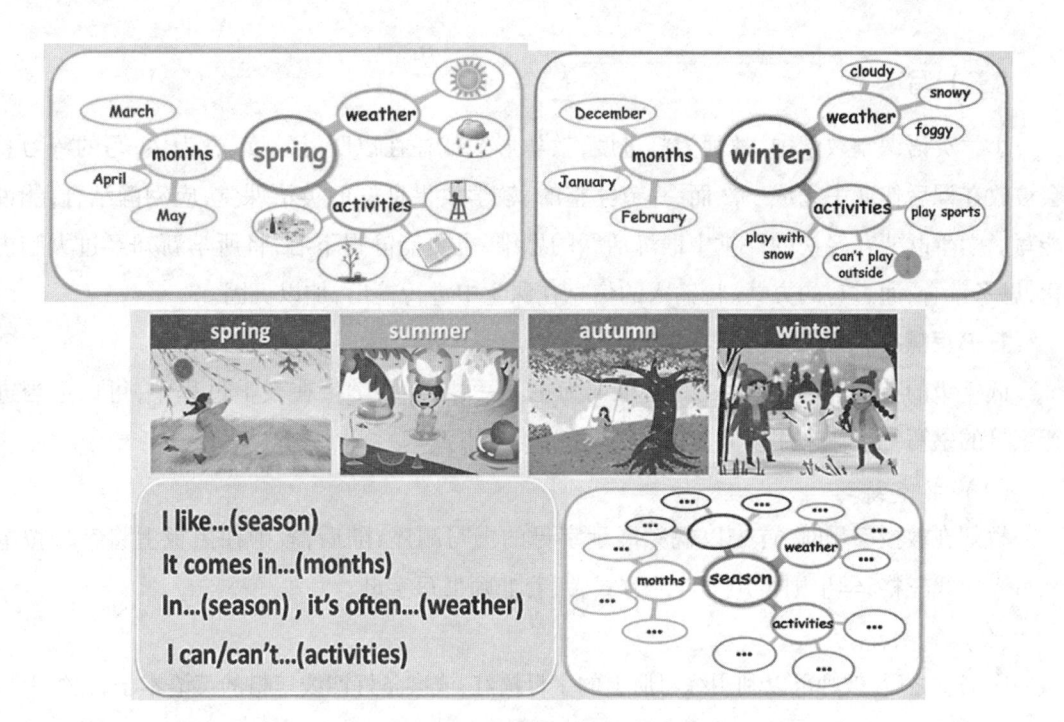

图 6-8　Thinking map

5B M2 U1 "Food and drinks"第四课时故事课,教学过程中教师带领学生绘制"Story map"(如图6-9),最后让学生看着故事图复述故事。学生在此过程中理解故事内容,且能通过"看图说话"的方式反馈自己的理解。

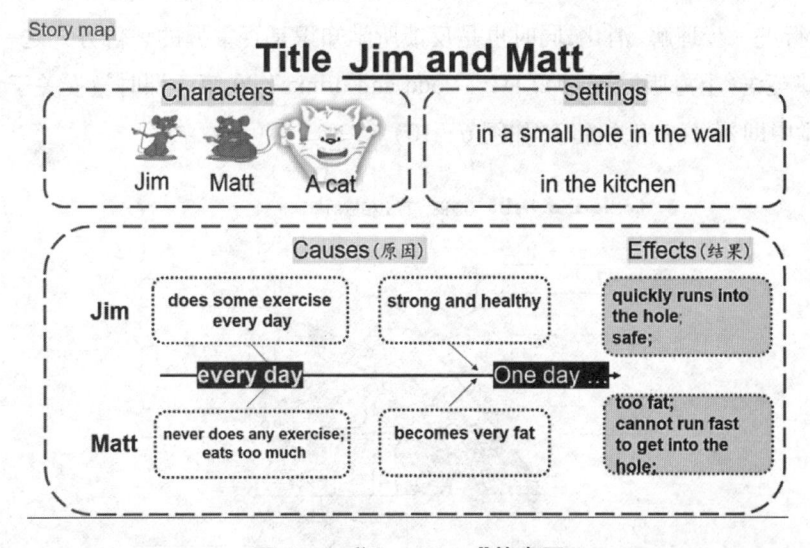

图 6-9　"Story map"故事图

当前课堂教学中,多媒体与多模态资源十分丰富,传统的纯文本阅读教学已发生改变,教师可多设计"看"的教学活动,将"看"与"听、说、读、写"技能相结合,提高英语教学的创新性与实践性。

（五）写

小学英语课堂教学中，教师为赶进度，教学形式就往往以听、说、读、看为主，写的练习总会被放在课后作业中完成。然而，一节完整的、教学效果良好的英语课堂，应动静结合，能说能写。学生既要在轻松的课堂中锻炼活跃的思维，也要能静得下心，将所学新知经过大脑内化，思考整合，通过写的方式，将输入的信息在课堂中进行输出，加以巩固。

1. 书写操练

低年级的英语书写要求以字母、单词为主。一、二年级学生在教学过程中，可以适当进行字母的书写练习。采用以下方式：

（1）书空练习

教师在教授字母时，首先以视频展示字母的书写顺序，随后，教师在黑板上将字母按笔顺写入四线三格，学生则可用书空的方式，跟着老师书写字母。

（2）笔头练习

在书空之后，教师可以利用练习册上的字母描红，或准备好四线三格的英语本子，在纸上书写一个字母的大小写各一遍，其余内容于课后继续完成。这样，在课堂中，学生对所学字母的笔顺，写法、碰线等要求都有了深刻的了解，同时也为自己的进一步字母书写打好了基础。

2. 书面练习

对于高年级学生，在课堂中也需要给予学生一些操练知识点的书面练习。尤其可以充分利用教材配套练习册，在教学某一知识点时，同步进行习题操练，通过书面练习的方式，对所学知识进行进一步理解、消化，同时也是反馈所学知识是否掌握的评价方式之一。

如《牛津英语（上海版）》5B M2 U1 "Food and drinks"，在第一课时教授关于食物类词汇后，可在课堂中即刻操练相关练习（如图6-10）。

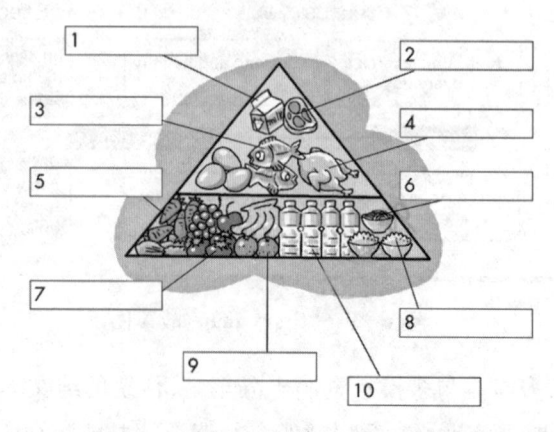

图6-10 练习："Look and write"看图，写出相应的单词

也可通过"worksheet"(如图6-11),在课堂中即时完成相关练习,使"写"与"说"充分结合,使学生能真正输出所学新知。

2. Make a notice. (做一张公告)

_____Notice 公告
Welcome to the _____!
The _____ is _____.
Please don't _____.
And you can't _____.
You can _____.
Please follow the notice.
Enjoy yourself!

图6-11 练习:"Make a notice"任务单

3. 写话训练

写话能力是英语综合能力的体现,教师往往会在某一单元内容完全结束后布置课后写话练习,却忽略了课堂教学中对写话能力的培养。事实上,作为一种输出语言知识的表现形式,写话绝不是在一次作业中直接完成的,而应通过课堂教学中教师的逐步引导,在知识的积累与串联下,形成最终完整的小语段或小作文。

如《牛津英语(上海版)》4A M3 U2 "Around my home"中的"Nanjing Road",为了帮助学生完成课后写作"My favourite place",教师在课堂上不断通过各种活动引导学生激发想象思维,给学生时间内化知识,联系实际进行深入思考,从语篇主题"Nanjing Road"本身出发,利用思维导图帮助学生逐步完成"Nanjing Road"的语篇。教师首先展示了上海地图以及繁华热闹的南京路图片,提问:"Where is Nanjing Road? How is it?"引出介绍:"Nanjing Road is in the center of Shanghai. It is very busy."接着,教师以真实的照片、生动的视频等逐步展示南京路上的商店(shops)、饭店(restaurants)、灯光(lights)、酒店(hotels),在此过程中学生完成问题:"What's on Nanjing Road? What can we do on Nanjing Road? Why do you like Nanjing Road?"并能形成描述性语段。在思维导图完成之后,学生便可完成课堂练习:"Talk about why you think Nanjing Road is a wonderful place."(说一说为什么你觉得南京路是一个奇妙的地方。)

"Nanjing Road is _____ and _____. (how) It is _____. (where) There are _____. People can _____.

Look! I like _____. How _____! Nanjing Road is a wonderful place for _____."

在课堂中,教师带领学生填充思维导图,并借助思维导图完成介绍"Nanjing Road"这一语段,正是培养学生写话能力的方式。由此,学生能够模仿完成课后写作"My favourite place",达成知识的迁移,将所学真正用于实践。

揭秘名师课堂

外研版《英语》U6"Traffic rules"句型课案例及分析

教学内容

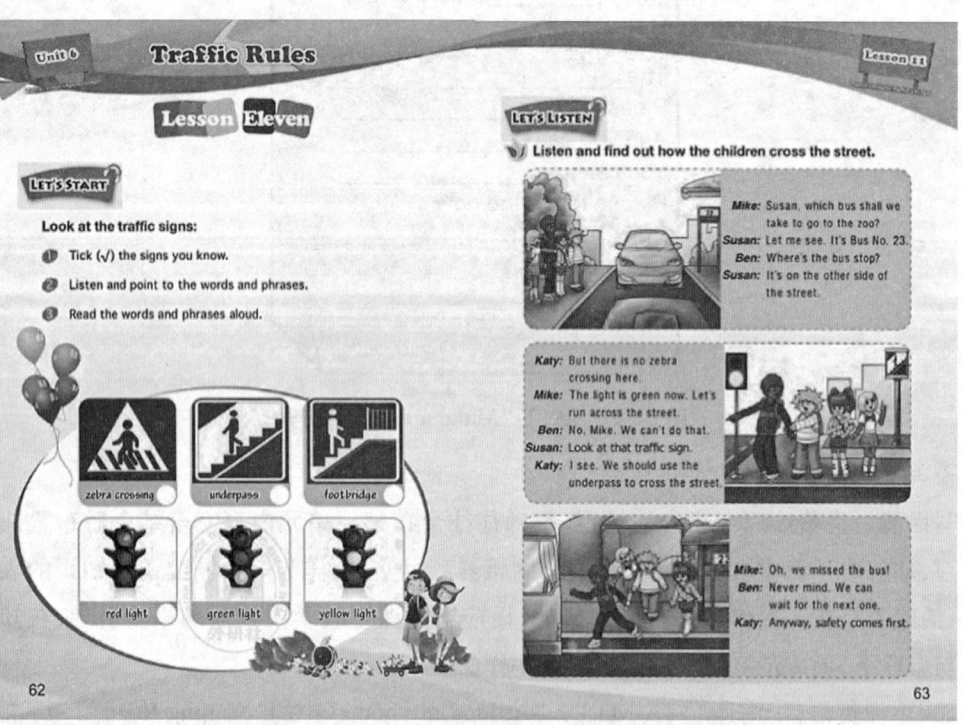

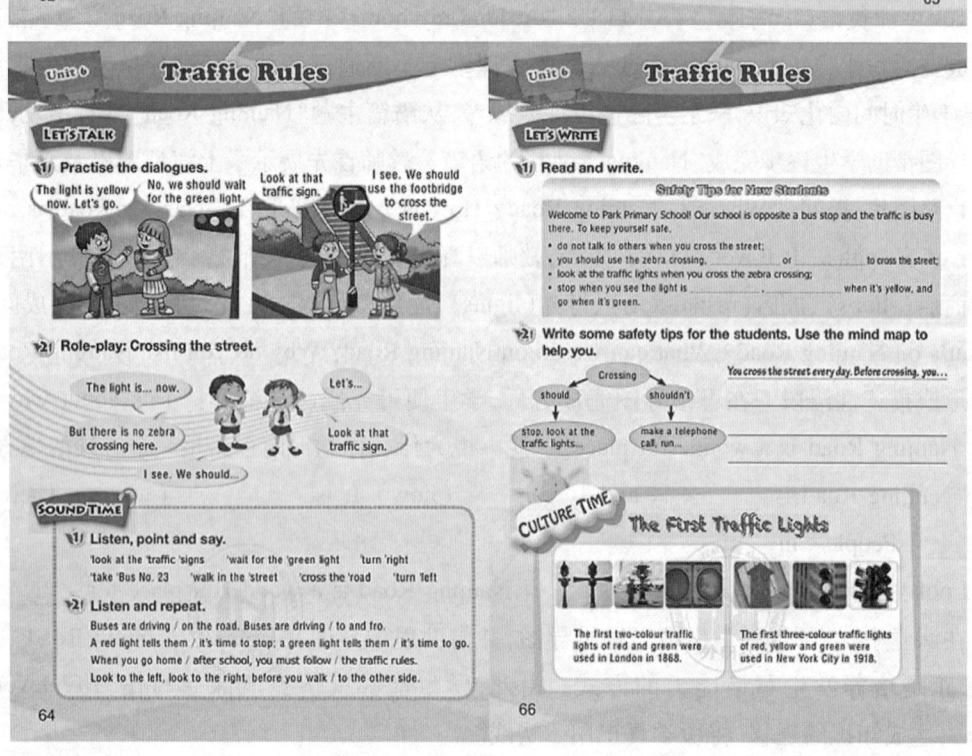

教学过程

Procedures	Contents	Methods	Purpose
Pre-task preparation	1. Lead in	1-1 Let's talk 1-2 Watch a video 1-3 Think and say 1-4 Learn: traffic safety	通过一则交通规则相关的视频引入本课话题，并讨论遵守交通规则的重要性。
While-task procedures	1. Teach: ① We should ... ② We shouldn't ...	1-1 Let's know: signs for the traffic rule 1-2 Let's listen 1-3 Look and match 1-4 Learn signs for traffic safety: We shouldn't ... 1-5 Learn: — What should we do? — We should ... 1-6 Ask and answer 1-7 Let's chant 1-8 Read in roles	观察交通标识，初步感知新知。 在听一听、回答问题的过程中学习句型 "— What should we do? — We should ... We shouldn't ..."的问答。
	2. Teach: Safety tips when crossing the street.	2-1 Look and judge: Look at the pictures. Are the students correct or not? 2-2 Think and discuss: If you want to cross the street, what should/shouldn't you do? 2-3 Let's watch 2-4 Let's check 2-5 Look and say 2-6 Ask and answer 2-7 Read in roles	通过观察图片上小朋友过马路时的行为，判断正确与否。通过小组讨论，说一说你过马路时应该怎么做？完成思维导图。欣赏视频，进一步了解过马路需注意的事项。
Post-task activities	1. Say more	1-1 Let's watch 1-2 Try to report the safety tips	了解更多交通知识，拓展认知。在介绍交通安全注意事项过程中，记住交通安全守则。
Assignment	1. Read the material. 2. Copy the new sentences and dialogue. 3. Finish the exercise.		通过回家练习巩固本课时的重点内容，实现举一反三。

续表

Procedures	Contents	Methods	Purpose
Blackboard design		6A Unit 6 Traffic rules P1 Traffic safety Safety comes first! For traffic safety, what should/shouldn't we do? Before crossing — We should... / We shouldn't... use the zebra crossing/underpass/footbridge look at the traffic lights While crossing — red light——stop / run yellow light——wait / make a telephone call green light——go / talk to others	

实例分析

本课时话题是"traffic safety",本课的教学目标为:在语境中进一步学习"zebra crossing""underpass""footbridge""red light""green light""yellow light"等词汇;在语境中初步学习句型"We should/shouldn't …"。综合梳理教材内容发现,每个板块的内容均有密切的联系。因此,在教学设计时整合了多个板块,教学内容结合了核心词汇及核心句型,将词汇与句型融入于情境之中,在语境中推出句型,在句型中引出词汇。

一、教学连贯展开,环节自然衔接

本堂课围绕话题"traffic safety"展开,整个教学过程从教学导入、新知讲授到课后巩固,环环相扣,层层递进,环节之间具有联系性、逻辑性,内容展开呈推导式、递进式。

为引出话题,自然呈现本课新知,本课在导入环节先通过观看关于交通安全的视频,让学生了解交通安全的重要性,提问:"When it comes to traffic, what do you think of?"再由此,自然引出本课话题"traffic safety",学生在观看视频的过程中思考,初步感受了新知,引发对新知学习的好奇心,以此过渡到交通安全的新知讲授之中。

在新知讲授的过程中,从故事中的交通安全和生活中的交通安全两方面出发,以"For traffic safety, what should/shouldn't we do?"这一问句贯穿教学过程的始终,以过马路前"before crossing the street"和过马路时"while crossing the street"两部分展开,逐步引出新授内容。

而后,在"Post-task"巩固环节,则承接新授内容,呈现实际生活中需了解的交通知识相关视频,综合操练本课所学新知:"When we cross the street, it is dangerous. So it is important to know about traffic safety rules. For traffic safety, before we cross the street, we should … When we cross the street, we should … we shouldn't …"

二、旧知结合新知,创设真实情境

本课在整合教材各板块后,基于教材内容创设真实的、符合学生生活实情的情境,同时丰富了教学文本。故事情境及教学内容则充分结合了学生熟悉的旧知,采用以旧带新的方式,引领新知的学习。本课的情境为:"Mike""Susan""Ben""Katy"在去动物园的路上穿马路的故事。而在前面第5单元中已经学习了"Asking the way"的相关内容,两部分知识点既有连续性又有延续性,体现了教材的螺旋上升和紧密联系性。

三、引发学生思考,渗透育人知识

本课的主题内容与学生息息相关,在新知讲授过程中,不局限于对新授词句的教学,还多次给予学生联系生活、自由思考的时间,使学生学会自己归纳总结,在学习语言知识的同时自然地了解安全教育知识。

如完成"Ask and answer"活动:"For traffic safety, what should/shouldn't we do?"之后,教师立即引出"When we cross the street, we must be careful! Safety comes first!"既学习了语言知识,也提醒学生要懂得生活安全常识,遵守交通规则,文明安全过马路。

在观察图片进行判断过程中,教师提出:"Look at the pictures. Are the students correct or not?"教师没有立即出示答案,而是给学生自己分析判断的时间,将问题抛给学生,引发学生的积极思考。

此外,本课的教学内容结合了书本"Let's write"板块,进一步将育人知识融入课堂。顺着前面的情境提问:"If you want to cross the street, what should/shouldn't you do?"在课堂中以"Think and discuss"的方式,小组合作完成"worksheet"中的任务(如图6-12)。

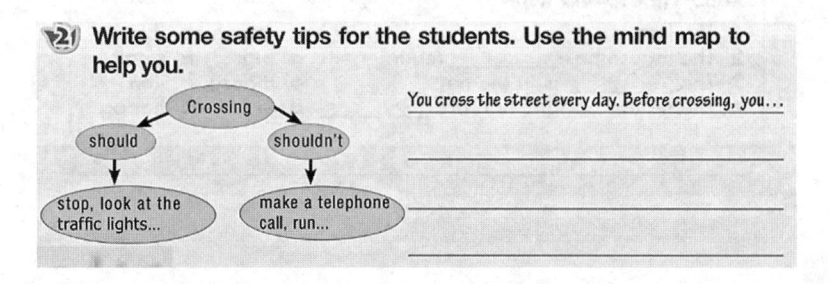

图6-12 Think and discuss

学生在讨论过程中,集思广益,总结过马路时能做和不能做的注意事项,在自我思考与合作讨论中,进一步发散思维,提升安全意识。

本课时在讲授新知的过程中,既讲授了句型,又复习了前一课时的核心词汇,既充分利用教材内容,又融合了生活实际情景,通过多种形式进行知识的操练与运用,多次在活动中激发学生思维,并将安全教育知识融入其中,充分体现了教学不仅包括语言知识,还有语言技能、育人知识等。

《牛津英语(上海版)》4A M2 U3 "I have a friend" 中的 "The lion and its new friend" 故事课案例及分析

> 教学内容

> 教材内容

Read a story
The lion and the mouse

① This is a lion. It is big. It is strong. It has big teeth.

② This is a mouse. It is small. It has small but sharp teeth.

③ The lion is in a net. It is afraid. The mouse is afraid too.

④ The mouse can bite. It can help the lion.

⑤ The lion and the mouse are happy. They are friends now.

Read, choose and write
1 The lion is _____.　　a strong　b thin
2 The mouse has _____ teeth.　　a big　b small
3 The _____ is in the net.　　a mouse　b lion
4 The mouse and the lion are _____.　a sad　b happy

> 文本内容

Scene 1

There is a lion. It is big and strong. It has big and sharp teeth. It can run very fast. It is the king of the forest.

The lion：ROARRR! I'm big and strong. I have big and sharp teeth. I can run very fast. I am the king of the forest!

Scene 2

> There is a mouse. It is small. It has small teeth. It can bite.
> The mouse: Squeak! Squeak! I'm Little Mouse. I have small teeth. I can bite very fast. Yummy ... yummy!

Scene 3   One day, the mouse meets the lion.

> The lion: ROARRR! Little Mouse!
> The mouse: Please let me go! Maybe I can help you!
> The lion: Help me? HAHA ...
> You're lucky. I'm not hungry now.
> The mouse: Thank you very much!

Scene 4   A month later, the lion is trapped.

> The lion is in a net. It is afraid.
> The lion: Oh, my! A net!
> Where are my friends?
> Help! Help!

Scene 5   The mouse helps the lion.

> The mouse can bite. It has small but sharp teeth. It can help the lion. So brave!
> The mouse: I can help you!
> The lion: How can I thank you?
> The mouse: I want to be your friend.

Scene 6

> The lion: I have a new friend. He is a little mouse. He has small but sharp teeth!
> The lion and the mouse are happy. They are friends now.

教学过程

Procedure	Content	Methods	Purpose
Pre-task preparation	1. Warming up & Revision 2. Lead-in	1-1 Read the rhyme "short shorts". 1-2 Review the sounds. 1-3 Review the story "Mr Big and his friend" Elicit the story.	儿歌引入，复习服饰类词汇；在复习"-br,-cr"发音的基础上，回顾前一课时的故事，巩固"He/she has ..."的句型，铺垫导入动物故事。
While-task procedure	Scene 1 Self-introduction of the lion Learn： sharp, teeth	1-1 Listen to the lion. 1-2 Answer and learn：sharp, teeth 1-3 Think and say：Who has sharp teeth? 1-4 Be the lion and say. 1-5 Fill in the blanks and read Scene 1	聆听狮子独白，从问题中提取信息，感受"sharp"和"teeth"的含义。模仿狮子独白。 提炼信息形成第一段旁白，模仿朗读。
	Scene 2 Self-introduction of the mouse Learn： mouse, bite	2-1 Listen and guess：Who's coming? 2-2 Learn：mouse, bite 2-3 Be the mouse and say. 2-4 Fill in the blanks and say. 2-5 Read Scene 2.	听音猜测学习"mouse"和"bite"，模仿老鼠独白。 提炼信息形成第二段旁白，两两合作，分别朗读场景二的独白和旁白。
	Scene 3 One day, the mouse meets the lion, and the lion lets the mouse go Learn：help	3-1 Listen, look and imagine. 3-2 Listen and follow：help 3-3 Read in roles.	听音看画面，想象。 聆听对话，模仿表演。
	Scene 4 A month later, the lion is trapped. Learn：net, afraid	4-1 Listen and guess：Where is the lion? 4-2 Answer and learn：net 4-3 Imagine and say. 4-4 Be the lion and say. 4-5 Think, complete and learn：afraid 4-6 Read Scene 4.	狮子的再次嚎叫引发学生思考，图片出示答案，引出"net"的学习；想象狮子困在网中的反应，模仿说一说；提取信息形成第三段旁白，朗读场景四。
	Scene 5 The mouse helps the lion. Learn：brave	5-1 Listen and follow. 5-2 Answer and Learn：brave 5-3 Read and complete. 5-4 Going on listening. 5-5 Read in roles.	看图提炼信息，学习"brave"，形成第四段旁白；继续聆听狮子和老鼠的对话，分角色扮演。
	Scene 6 The lion and the mouse are friends now.	6-1 Listen to the lion. 6-2 Fill in the blanks. 6-3 Enjoy some photos. 6-4 Read in roles.	为故事结尾作总结，也为最后的语段输出埋下伏笔。

续　表

Procedure	Content	Methods	Purpose
Post-task activities	More practice	1. Enjoy the whole story. 2. Think and choose. 3. Read the story freely. 4. Have a discussion.	完整聆听整个故事,通过选择题检测对故事的理解程度;通过板书总结故事;在讨论中思辨故事寓意。
Assignment		1. **Listening**: Listen to the story on P29. 2. **Reading**: Read P29 and the material "The lion and its new friend". 3. **Speaking**: Choose one animal in the story and talk about it. 4. **Writing**: Choose one animal you like, then draw and write about it.	分层布置,体现语用,实现技能兼顾。
板书设计			

实例分析

本堂课的教学内容来源于教材"Read a story"板块,题目为"The lion and the mouse",是一堂故事教学课。主要句型为:"It is …""It has …""It can …"。重点是对故事的阅读理解,难点是"Read in roles",读出不同角色的不同语气,体验故事。为了让学生掌握重点,解决难点,训练学生的独立学习和阅读能力,提高学生语言交际能力,本课中重点聚焦朗读指导,强化阅读训练,增强学生的学习热情。在教学设计中,教师将课本上的故事进行重编创造,加入对话文本,丰富故事情节,重新设计故事主题为"The lion and its new friend",在讲授新知的过程中,有目的、有计划地对学生进行语言信息的输入,运用多媒体声、色、形结合的特点,为学生创设了活动情境,交际的空间,设计一系列活动练习,激发学生的好奇心和求知欲,丰富学生的想象力,培养学生的表达能力和情感体验。

一、听力先行,问题引领

本课的六个场景,均以聆听角色录音的方式引出故事内容,使学生初步感知角色的语气,知晓内容;同时,以问题引发思考,引导学生完成故事的填空。如场景一,在聆听狮子的独白之后，从问题"How is the lion? What does the lion have? What can it do?"出发，引导学生提取信息，感受狮子"big and strong"的特征，理解"sharp"和"teeth"的含义，同时引出第一段内容："ROARRR! I'm big and strong. I have big and sharp teeth. I can run very fast. I am the king of the forest!"场景二，在聆听老鼠叫声及独白后，提问："What's the animal?"引出角色"mouse"，再以"What can it do?"学习单词"bite"，完成第二段内容："Squeak! Squeak! I'm Little Mouse. I have small teeth. I can bite very fast. Yummy … yummy!"

二、想象说话，激发思维

本课中多次运用听声效、看画面进行想象说话，给学生时间猜测故事的进一步发展，鼓励学生大胆思考，分享自己的答案，使学生的思维，特别是想象力得到进一步的发展。如场景三中，设计"Listen, look and imagine"，出示画面"One day, ..."播放狮子的吼叫声、老鼠害怕的尖叫声，引发学生的想象："What happens?"场景四设计"Listen and guess"：出示画面"A month later, ..."以狮子的嚎叫引发学生的猜测："Where is the lion?"在出示狮子被困网中的图片后，引导学生"Imagine and say：How is the lion? What does it say?"想象狮子此时的反应。本课中运用"imagine"或"guess"的活动，使学生在看到文本内容之前，充分发挥自己的想象，既为下面的故事教学作了充分的准备，又进一步提升了学生的思考热情和发言欲望，给学生的思维插上了翅膀，提供了极为广阔的空间，让学生展开丰富的联想。每位学生都有其创造性思维的能力和想象的角度，想象使学生进入了所学情境之中，又超越了教材本身。教师在教学中需充分挖掘可供学生创造性思维的素材，为他们提供一个空间，变学生的被动学习为主动探究，以助力于学生学习的可持续发展。

三、提炼信息，归纳总结

本课的教学文本在教材内容上作了较多补充，教材上的故事以第三人称的形式叙述故事，而改编后的文本多了角色的对话，也增加了故事场景和情节冲突。在讲授新知的过程中，多次运用"Fill in the blanks"或"Read and complete"的练习形式，让学生学习提炼信息，转换表达，将对话文本变成描述文本，形成旁白内容。如场景一。

对话型文本：

> The lion：ROARRR! I'm big and strong. I have big and sharp teeth. I can run very fast. I am the king of the forest!

填空完成描述型文本：

> There is a lion. It is big and strong. It has big and sharp teeth. It can run very fast. It is the king of the forest.

四、聚焦朗读,体验情感

本课的教学重点与难点是在理解故事的基础上,能有感情地叙述故事,扮演角色。为了让学生体验不同动物的不同性格和不同语音语调,本课注重词汇的重音朗读和句子的升降调朗读。在课件中,以加粗重读词汇,标注升降调箭头的方式,强化指导重读词汇及语音语调。如:"The mouse can bite ↘.It has small ↗ but ↘ sharp teeth ↘. It can help the lion. So brave! ↘"

此外,教师通过自身的体验情绪,富有表现力的语言和肢体示范,充分调动学生的积极性,帮助学生在角色扮演中充分发挥。学生擅长模仿,学生的表现力,与老师的示范和引导有很大关系。在角色扮演前,教师先做示范,再请学生从个别到小组到全班合作,点面结合,强化阅读。

本课在讲授新知的过程中,充分利用多媒体课件,以刺激的声音、形象的画面,突出朗读指导的文字,结合教师自身的感染力,设计有效的活动练习,层层设梯,分散重点,突出难点,在故事的层层推进、生动的情节冲突中,学生逐步完成目标任务,融入角色,体验情感,感受故事。

为新手支一招

不同课型在讲授新知时有何技巧?

在小学英语教学中,通常有词汇、句型(以对话课为主)、语篇(以阅读课或故事课为主)三类课型,不同的课型,在教学时具有不同的特点、侧重点,教师需针对不同课型采用特定的教学方法,以提高课堂教学的效率,提升教学质量。

一、词汇课

众所周知,英语单词是英语学习的核心部分,没有一定的词汇量,那么之后所有的英语知识点都无法习得,因而词汇学习是基础,在《牛津英语(上海版)》教学设计安排中,第一课时便是词汇教学。就一年级的课本举例,每个单元的"Look and learn"板块中,只有四至六个单词,而这几个看似简单的单词却要教一节课,那么怎么教,怎么让有限的内容变成丰富的知识,成功教会孩子,是需要一定技巧和精心设计的。学生总是讨厌背单词,因为死记硬背,毫无章法地背默单词必定会让其感到枯燥和厌烦,教师可以运用一些有效的方式将词汇学习变得更有趣,激发孩子学习的积极性,提升学习效果。

(一)趣味发音,掌握单词的"语音"

在词汇课型中,单词的音、形、义是需要掌握的重点内容。在学习单词发音时,教师可以通过一些动作和表情,让学生更轻松且形象地学习一些音标的发音。如音标/ɜː/的发音,对小学生而言,仅仅用语言描述如何发音,学生很难牢牢掌握并记住,教师可以这样做:通过视频展现工人(worker)在工作(work)时吃力地搬砖,嘴里一边说着"呃(/ɜː/)"由此,教师可以让学生感受到,此处的"or"读作/ɜː/。接着,教师可以在课堂中进行举例演示,如,假装推动讲台,同时说/ɜː/,学生会感到很有趣,既学会了这个音标的发音,同时又牢牢地将之与形象和动作联系起来,深刻地印在脑海里,以后再出现,自然能快速反应。如此,音标学习也能具象真实且生动有趣。

(二)妙寻规律,掌握单词的"词形"

有些学生在背诵单词时总是显得吃力,如果能学会发现单词所特有的词形规律,寻找单词在发音与拼写中的一定联系,探索单词的构成规律,则可以提高单词背诵的效率,巧妙地理解单词,降低拼写的难度。

如"ear—hear""hear"即用耳朵听;"lock—block",用锁阻挡通行;"wind—window",用窗户挡风;"rice—mice",老鼠爱大米;"earn—learn",学习就是赚了知识。而一些复合词,"notebook""football""motorbike""bookshelf""policeman"等,将这些词拆分成两个常见的单词,便能轻松地识记该单词的拼写了。此外,有些词具有相同的后缀,表达同样的词性,如"cloud—cloudy""rain—rainy""wind—windy"等,当名词加上"y"时,都成为了对应的形容词;表示职业类的名词,"teacher""worker""farmer""singer"等,加了后缀"er",动词变名词,做该事情的人,就是某一种职业。

(三)巧记单词,掌握单词的"词义"

单词的词性多种多样,名词、动词、形容词、介词等,为了让学生快速地了解单词的含义,教师可以充分借助实物、图片、肢体动作等多种方式,帮助学生直观地理解单词。如一年级教材中要求的四会单词"dance""read""sing""draw"这类动词,教师在做出示范动作后,让学生同样边做动作边说单词,将单词和动作完全联系起来。又如一些实物类具体的名词,这种教学法同样十分适用。如表示动物的单词"bird""fish""lion""frog"等,教师可以做出与该动作相关的形象动作,双手张开飞一飞,双手并拢游一游,张牙舞爪狮子吼,手脚并用呱呱跳……通过全身肢体的运用,表情的配合,声音的辅助,这些静态的名词也都活了起来,沉闷的课堂也变得轻松活跃,学生们学习起来乐在其中。另外,一些形容词同样可以借助动作来展示。如"fat""thin""tall""short""round""sweet""sour""happy""sad"等简单的、形象的单词,教师亦可用双手进行比划,加之一些夸张的表情,学生学来轻松有趣,记忆深刻。

二、句型课

以句型为主要教学目标的课型,通常以对话文本为载体。在牛津教材中,句型课通常为第二课时,以"Look and say"板块为主,可结合其他板块进行内容整合,将已学的核心词汇和即将学习的新授句型融入对话式语篇中,在情境中学习新知,在情境中进行语用训练,达到运用句型交流、对话的能力。

（一）基于话题，实践与表达

句型的学习，是为最终达成交际功能而进行的语言积累，句型结构就像一种公式，一种句型可以延伸无数的句子，形成各种对话或语篇。单个的句型是抽象的、枯燥的、公式化的，只有将句型融入情境与话题之中，使其变成具体的、形象的、生活化的内容，才能帮助学生有效地学习。如提到话题"动物"，学生会调动所学过话题下的所有句型进行说话或对话，如运用句型"Look at the ... It is ...（colour）. It is ...（size）. It can ...（do）. It likes ...（food/doing）I like the ..."对某一动物进行描述；或运用对话"What is it? It's a ... What colour is it? It's ..."进行问答。提到话题"购物"时，我们可以运用所学句型描述喜欢的服饰，如"I like the dress. It has some lovely buttons."也能将两种服饰进行比较，用"Which ... do you like, the ... one or the ... one?"询问对方喜欢的服饰。在购物过程中，可以用"Can I try on ...? What do you think ...? Let's take ..."进行交流。

在真实的贴近生活的情境与话题下学习句型，能帮助学生将所学内容运用于实际生活，鼓励学生积极表达，敢于说英语、用英语。

（二）结合练习，巩固与拓展

在句型学习与操练中，通常采用机械式操练与意义操练相结合的练习方式，进行知识的进一步理解、巩固、拓展、运用。机械式操练的设计，以模仿为主，如听读、跟读、朗读句子，掌握句子的升降调，句子中的重音部分，连读方式，句子结构，语法知识等。除了读原句本身，还需设计一些替换练习，如 3BM2 "U2 Toys P1 Toys we like"中的句型学习："What do you like? I like ..."先设计"Sing a song"的练习，在儿歌中操练句型："What do you like? What do you like? Heigh-ho the derry-o. I like robots."再以"Make a song"设计替换练习："What do you like? What do you like? Heigh-ho the derry-o. I like ...（skateboards/dolls/robots ...）"在替换练习中，既能巩固句型，又能复习词汇。

而意义操练多为加入新的内容或拓展内容，以创编式、开放式的练习，激发学生思维，同时提升学生运用语言解决实际问题的能力，操练的活动更有难度，但又更具趣味性和实用性。

如 1AM2U1 "My abilities"一课，设计游戏活动"我的表情会说话"。本单元核心句型为："I can ..."其中一段拓展文本是："Hello, I'm Kitty. I can sing. How happy! But I can't dance. How sad!"教师以此文本做好示范，强调以动作加表情的形式表现一些情绪或状态的词汇。学生按照"Hello, I'm _____. I can _____. How _____!（happy, cool, nice, super ...）But I can't _____. How _____!（sad, poor ...）"的结构自由表达并用自创的肢体语言配上表情进行展示。以游戏的形式操练句型，增添学习的乐趣，帮助学生在玩中学。诸如此类的意义操练，能够有效激发学生学习兴趣,发挥学生主体作用,让学生自觉自愿地投入到学习之中。学生在一个轻松的环境下愉快学习,可达到较好的学习效果。

三、故事课

如何以故事为载体,训练学生的阅读能力,培养学生创造性的思维能力,是每个小学英语教师在设计故事课教案、组织教学中应该注意的问题。然而,不少教师在对课文进行分析时,仅就文章细节和某些事实向学生提问,即根据文章内容提出一些直接的或命令式的问题,或直接对着故事进行朗读及翻译式讲解,这对于培养学生的注意力、观察力和记忆力是必要的;但仅停留在这一层次上,无益于学生创造性思维能力的提高。

(一)教师引领,学生为主

在英语课堂中,我们要以学生为中心,以培养交际能力为目的,以多媒体为辅助工具,发展学生的创造性思维。使课堂成为师生间和学生间进行思想和情感交流的场所。牛津英语教材的故事中蕴涵着丰富的、具有创造性思维和意识的素材,从中挖掘创造性思维的因素,可以有效地训练学生的思维能力。在故事教学中,教师要做到由扶到放,须首先注意自身的情绪体验,要具有语言表现力,给学生做出具有感染力的示范,随后让学生进行模仿朗读,学生成为课堂的主角,在一种轻松、活泼、民主、富有创新精神的课堂氛围中,学生的知识、能力在课堂这个大舞台上得到充分发挥,思维在相互交流中碰撞。"授人以鱼,不如授人以渔",教师在课堂上鼓励学生大胆思考,在帮助学生树立自信心、发展其自主学习的能力方面所起的积极作用,将有助于学生形成有效的学习策略,探究性的思维方法,为学生的可持续发展提供了重要的基础。

(二)趣味呈现,激发兴趣

为了能让学生从一开始就积极地投入到英语学习中,在语篇故事呈现之初,教师就应该围绕故事主体营造一种能吸引儿童注意的外语学习氛围,可以承接导入环节的方式,衔接旧知引出故事;可以给故事编一个有趣的前因,慢慢引入故事的开篇;可以呈现故事的封面,以自由提问的方式,先对故事提出疑问;可以设计一些读前活动,激发学生探求故事发展的好奇心,调动学生的参与热情;也可以在故事阅读前,指导一些阅读技巧,以更好地进行故事的学习。

(三)循序渐进,任务驱动

故事内容的学习要逐步展开,以任务驱动来保持学生的学习热情。教师在故事教学中可以通过多个任务将学习内容串联起来,环环相扣,循序渐进,关注故事情节,关注文本理解,让学生在完成任务的过程中获得知识与技能,并获得情感体验。让学生在阅读故事、表演故事的过程中自然而然地巩固本单元的重点词汇和句型,学习新的语言点,并体验故事学习的乐趣。总之,要凸显故事教学的有效性,教师要以学生为本,从学生已有的水平出发,聚焦故事本身,关注故事的主体、语境和情节,设计有层次的任务,充分关注学生的学习过程和学习体验,助力于提高综合语言运用能力,让学生的思维之花在英语课堂中尽情绽放。

在语篇故事教学中,教师设计教案时,首先考虑的不是怎么教学生,而是如何最大限度地提供学生独立思考的机会、空间,让学生主动去表达,去学习,去表现自我,发挥他们的学习主体性和主动性,培养创造性思维能力。同时,教师在教学中是引领者,是带领学生进入语篇,一同感受故事的人,教师是在"讲"故事,而不是"教"故事、"读"故事。因此,语篇故事的教学课堂中,教师要始终做到:"Use your language to tell the story, instead of reading the story."

参考文献:

1. 中华人民共和国教育部.义务教育英语课程标准(2022年版)[M].北京:北京师范大学出版社,2022.

2. 方玺.小学英语教学设计:理论与实践[M].杭州:浙江大学出版社,2021.

3. 陈冬花.小学英语教学设计[M].北京:高等教育出版社,2015.

4. 朱莹.小学英语教学技能实训[M].上海:复旦大学出版社,2019.

5. 王融,董玲.小学英语教学设计与案例解析[M].北京:中国人民大学出版社,2019.

6. 朱文佳.小学英语教学中新知呈现的几种方法——对于人教版小学英语教学的几点思考[J].中学生英语,2019(10):30.

7. 李小霞.小学英语教学中新知呈现的几种方法[J].课程教育研究,2020(07):118-119.

板块七　提问互动

关键词

课堂提问;提问技巧;应用策略

结构图

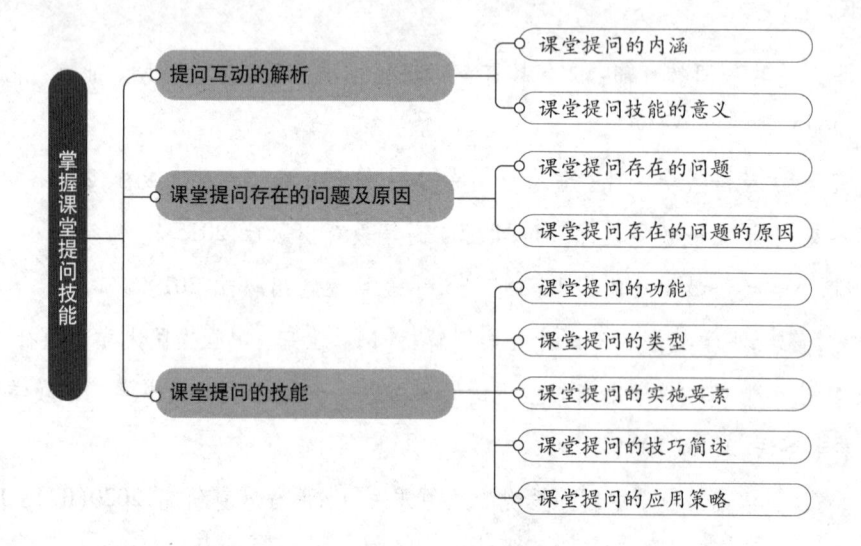

```
                                    ┌─ 课堂提问的内涵
                   ┌─ 提问互动的解析 ─┤
                   │                 └─ 课堂提问技能的意义
                   │
                   │                          ┌─ 课堂提问存在的问题
掌握课堂提问技能 ──┼─ 课堂提问存在的问题及原因 ┤
                   │                          └─ 课堂提问存在的问题的原因
                   │
                   │                 ┌─ 课堂提问的功能
                   │                 ├─ 课堂提问的类型
                   └─ 课堂提问的技能 ─┼─ 课堂提问的实施要素
                                     ├─ 课堂提问的技巧简述
                                     └─ 课堂提问的应用策略
```

学习目标

1. 了解课堂提问的内涵。
2. 举例说明课堂教学提问过程中存在的问题及原因。
3. 了解并阐述课堂有效提问的教学价值。
4. 掌握基本的课堂提问技巧和方法。
5. 根据教学内容和主题设计并提出有效的问题。

学习提示

思考:教师在课堂提问时存在哪些问题?如何解决课堂提问中的这些问题从而提高课堂提问的有效性?

一、提问互动的解析

"学起于思,思源于疑",意识到问题、面对问题是思考的起点,也是思考的动力。课堂提问是师生之间交流互动的重要组成部分,也是实现课堂有效教学的核心。

(一)课堂提问的内涵

"提问"一词在《现代汉语词典》中的解释为:"提出问题来问(多指教师向学生提问)。"而在具体的教学实践过程中,人们对"提问"一词的理解具有单向性。从教学论的角度看,对课堂提问的解读并不一致:钱梦龙先生在反复推敲和深入探究"提问"这一具体的教学方法之后,他得出了"提问"就是"设置疑问"。"提问"即"有目的地设疑",学习者的学习也就成为了"解谜"的过程。匡锦认为,提问就是教学过程中,教师根据一定的教学目的要求,针对有关教学内容,设置一系列问题情境,要求学生思考或回答,以促进学生积极思维,提高教学质量的一种教学方式。金传宝认为,教师提问是教学提示或"传递所学内容的刺激以及让学生做什么、如何做的指示"。荣静娴在其所著的《微格教学与微格教研》一书中指出:提问是指课堂教学中教师根据已有的知识或经验,对学生提出问题,并启发引导学生经过思考,对所提问题自己得出结论,从而获得知识,发展思维能力的教学方法。

综上不难发现,提问是教学过程中,由教师根据教学的需要,发出以期引起学生的注意和反应的一系列暗号和暗示的信息,同时给予反馈的过程。

(二)课堂提问技能的意义

教师提问技能是以新课程理论为指导,以培养学生的问题意识为核心,以发展思维和创新能力为目标的一种利用有效性问题引发课堂教学中师生开展多边交流、思考、研讨、探究等活动的促进教师专业化的教学技能。课堂提问技能是小学英语教师必须具备的一项基本教学技能。

1. 激发学生学习兴趣

教师在备课时要全面掌握本节课所涉及的有关知识和背景故事,高度提炼,充分考虑学生的认知水平以及兴趣所在,从学生已有的认知基础出发,明确教学目标的情况下,巧妙地提出问题。通过一个又一个的问题唤起学生已有的经验,引导学生深入理解文本,引发学生的好奇心,激发学生学习的兴趣。

如在"Going to the fire house"一课中,教师首先让学生观察封面,封面的配图在一定程度上能够反映故事的主旨要义。在观察完封面后教师提出问题:"What do you see from the cover?"引导学生对封面上的信息进行探寻,引发他们的好奇心,将学生的注意力集中起来。学生在教师的提问后进行思考:"Little Critter"今天要去消防站干什么呢?"Little

Critter"身后的这只狗是谁的呢?让学生围绕着本篇阅读主题进行思考。随后提出问题"What is the story about?"鼓励学生想象、大胆猜测或推测课文的内容,学生在分享答案的同时,由于答案的不确定性,他们对消防站的参观产生了学习兴趣,从而为后续的学习做好了铺垫。

2. 引导学生深度思考

教师在设计问题时不能只拘泥于课本,要以教材为依托,以《标准》为纲领,以学生发展为中心,紧扣学生自主合作探究性学习理念,分别设置一些学生自主合作以及探究性学习的问题,逐步鼓励学生探究未知,培养学生的探究精神,为将来探究新的问题打好基础。

如在"Going to the fire house"一课中,当学生阅读完故事之后,教师提出以下两个问题:

"Q1:What do you know from the story?

Q2:After reading the story, what do you think of firemen?"

问题1需要让学生在理解文本的基础上归纳总结文章的主要内容,并阐述能够从文章中获取的信息内容。学生在对文章主旨大意进行总结概括的过程便是思维品质升华、思维进阶的过程。

问题2则是需要学生们联系生活经历并结合阅读文本内容,从不同角度思考并回答。在对人物性格、行为等进行评价后,进而要求他们运用准则和标准分析理解,作出价值判断。

3. 帮助学生理清思路

教师要关注问题的整体设计,巧妙地利用问题帮助学生们理清课堂的思路,建立起与教师、与文本之间的联系,同时,引导他们借助教师的提问,自主建构起课堂的思维导图,让学生也能对课堂有一个整体的认识。

如在《牛津英语(上海版)》4A M1 U2 的"Abilities"一课时,教师在教学过程中,利用多媒体,让学生观看课文动画,营造出询问对方会做什么的生活语境,以层层递进的形式,逐一提出问题,引导学生通过观察图片,感知语境,聚焦问题,并探索解决问题的方法。

T:Look at the video. What are they talking about?

S1:About Supergirl and Superdog.

T:Yes. Can Supergirl fly?(教师牵引,学生回答)

S:Yes, she can.

T:Can she swim?

S:Yes, she can.

T:Can she write?

S:No, she can't.

T:Now please ask and answer with your desk mate.(学生讨论)

Teacher invites some pairs to ask and answer in the public.

T: Do you remember? Can she dance well?

S: Yes, she can.

T: Can he play tennis?

S: No, he can't.

（在这个过程中，反复出现重点句型："Can he/she ...? Yes, he/she can./No, he/she can't."引导学生聚焦问题，探究一般疑问句的提问及对答。）

在这个环节中，首先以教师的主导发问进行有效示范，将学生的关注点聚焦到问题上，以反复出现的问题，引起学生的注意，启发学生们对这个句型进行操练，构建起学生对这个句型的思维框架。随后，以话题输出的方式，引带学生在教师的示范下，进行小组之间的对话练习，实现由观察到实践的转变。

4. 提升学生自我监控能力

巧妙的、连贯的追问能够最大限度地启发学生的思维，促进他们不断地通过思考锻炼自身的批判性思维。教师在提问时要抓准时机、适时追问，引导学生联系自身实际进行反思。教师在追问过程中，可以不断纠正、完善学生的思维，提升学生在学习过程中的自我监控能力，引导学生的思维从表层走向深层。

如在《牛津英语（上海版）》5B M2 U1 的"Food and drinks"一课中教师基于学生对文本内容的理解和掌握程度对学生进行提问，并在提问中抓准时机对学生适时追问，可以让学生了解饮食与健康方面的有关知识，提高健康饮食意识。

T: Do you think this diet is healthy?

S: No, I don't think so.

T: Why?

S: Because he drinks too many soft drinks.

T: That means healthy children don't drink many soft drinks. How about that diet?

S: It's healthy.

T: Is it healthy to eat only vegetables? Why?

S: No. We also need bread, rice and noodles to keep energy.

T: How about meat and milk?

S: We need some meat and milk, too.

T: Different foods have different energy.

T: So a healthy diet should contain some bread, rice and noodles, a lot of fruit and vegetables and some meat and milk.

在这个案例中，教师基于对文章的充分理解提出一连串的问题，学生对这些问题作出正确判断。教师进行追问的原因是培养学生的循证能力，而循证能力也是发展批判性思维的一种重要能力。教师利用问题将健康饮食和不健康饮食进行对比。接着通过追问以纠正学生的思维,引导学生分析均衡的饮食,又带领学生一起归纳均衡饮食的正确方法,以此帮助学生形成正确的情感态度和价值取向。

二、课堂提问存在的问题及原因

课堂提问是影响课堂教学成效的重要行为,是实现师生之间沟通和理解、培养学生独立人格和创新精神的重要途径之一。有资料表明,多达80%的课堂时间被用于师生之间的提问和回答。从某种意义上可以说,课堂教学就是教师或者学生提出问题,学生或教师作出一定的回应,教师再对回应作出相应反馈的过程。但是,小学英语教师在课堂提问中却存在着以下一些问题。

(一) 课堂提问存在的问题

1. 课堂提问的针对性不够

教师课堂教学方案根据教学目标而设计,课堂提问是教学方案中关键的一部分,所以在课堂提问上,教师要结合教学目标进行问题设计。有效的课堂教学,提问方式和提问内容必须紧扣知识点,教师以知识点为中心,围绕其进行课堂提问,通过提问将重难点化解,促成学生吸收。对教材中的知识点进行总结和提炼,然后进行课堂提问内容的设计,这样才能够保证课堂提问的有效性。

但是,在平时教学中,由于受到课堂时间、教学内容以及学生人数等多种因素的制约,很多教师对课堂提问不作太多的预设。有的很随意地按照学生的座位顺序一一提出问题,有的教师在课堂提问时不考虑学生实际语言发展水平的参差不齐,对于学生的学习速度快慢不太关注,很随意地邀请学生作答。一些教师不能根据学生学业水平进行分层提问,使每个学生都有表现、发展的机会,更不能根据学生性格、思维等特点进行提问。有时候提问的对象往往是少数成绩优秀又有表现欲望的学生,对于少数成绩落后或者调皮的学生,往往是举手也不提问,不举手更不提问,这些学生就成了游离于课堂教学之外的"边缘人"。如此课堂提问对他们的语言发展是相当不利的,甚至可以说是一种无声的折磨和摧残。

2. 课堂提问的交际性缺失

由于传统英语教学的影响,英语教学偏离了语言运用能力的培养目的,更偏重于一种弱交际意义的"明知故问",这样难免会出现课堂枯燥乏味,学生兴趣索然等问题。

如在《牛津英语(上海版)》5B M2 U2 的 "Watch it grow" 一课中,教授本课时的核心句型 "... was/were ..." 时,教师是这么提问的:

T: I can't find my pen. Where is it?
S1: It's on my desk.

T：Thank you.（教师拿过事先放在学生桌上的笔，回到讲台）

T：Boys and girls, Where was my pen just now?

S2：It's on Wang Ming's desk.

T："just now" means "刚才"，说明这里是过去时，应该用 was。

S2：It was on Wang Ming's desk.

T：Where was my ...?

S3：It was ...

在这个案例中，教师在课堂上创设了过去时的情景，但是这个情景创设，就属于弱交际意义的"明知故问"。教师在找到钢笔后为了引出过去时继续"明知故问"："Where was my pen just now?"在这里由于没有真实的语言信息沟，而形成一种"假交际"，师生之间的一切行为和语言都只是一种表演而已。同时学生没有相应的生活体验，难以产生共鸣，学生只是机械地回答教师的提问，是在帮助老师完成教学任务，并不是运用所学语言进行交际活动。

在随后的学习活动中，学生也毫无表达的兴趣和欲望，并且思维受到限制，不能很好地运用新知对过去发生的事物进行描述。所以我们在教学中应努力创设真实的语言交际情景，体现交际中的信息沟。针对本案例中课堂提问交际性的缺失，我们可以尝试这样展开教学："Now I am in the classroom. But where was I just now? Can you make a guess?"（幻灯片上呈现出"You were ..."）让学生进行猜测。随后教师展示不同的昆虫图片继续提问"It is a beautiful butterfly now. But what was it before?"这样能使教学在真实的语言交际中展开，促使学生参与课堂互动。

3. 课堂提问的等待时间不足

很多小学英语教师在课堂提问的时候，并不会给学生太多的思考时间，从给出问题到学生举手回答，这中间的等待时间几乎没有。不管是限制性问题还是开放性问题，教师预留的时间差不多是相同的，很多学生表示并不能够有效地思考问题。

另外，不少教师提出问题后等待学生回答的耐心也十分有限，他们一般会在学生回答错误或者一时答不上的情况下反问强调，使得学生否认自己的观点；或者在学生还没有思考完的情况下立即转向其他学生。若有学生一时回答不上来，教师最多等待 3—4 秒就会喊其他学生。偶尔等待时间较长，也是因为教师正在班级里寻找新的提问"目标"学生。

4. 课堂提问形式单一

在小学英语课堂上，课堂提问也许会贯穿始终。长期以来，因课堂提问策略不当而导致课堂效率低下。常见的问题还有课堂提问方式单一，具体表现为：一问一答多，追问、深问少；教师提问多，学生主动提问少，或者教师很少给予学生主动提问的机会。有的教师在课堂只关注和预设需要提出一定数量的问题，并不关注课堂提问的质量和有效性。回答问题频率高的学生中没有"差生"的面孔，这说明，有些教师在提问分布上，偏爱让某一些学生或某一座位区域的学生回答。

（二）课堂提问存在的问题的原因

1. 问题没有紧扣知识核心

教师的教学行为应该由教学目标的设定而决定，课堂提问作为教学行为中非常重要的一部分，因而问题的设置也要根据教学目标而确定。要达到最优化的问题的关键是分析英语教材中的核心知识，明确学生需要达到的目标，并保证学生对这些内容的扎实掌握。教师提炼出核心知识，并以此作为课堂提问的中心。

刚走上讲台不久的青年英语教师最大的特点是：在对核心问题的提炼水平不够的前提下，提出的问题容易超出课堂既定的范围。其形式上表现为：教学上容易"另辟蹊径""临时发挥"，问题的提出忽视对于每节课教学的重点的突出。因此，针对这些问题教师应该加强对教学重点、难点内容的认识和理解，它将引导学生逐步实现学习的目标。

2. 问题没有考虑学生的最近发展区

教师的教学设计，不应该仅仅是准备上课的内容，而且应该将可能要提的问题都备进教案，要考虑每个学生的知识水平和解答问题的能力，更重要的是他们各自潜在的发展水平，即他们各自的"最近发展区"。我们所设计的教学问题包括问题的难度、呈现方式、提出时机都应该要顺应学生思维的发展，这是对教学问题最基本的要求。

教育心理学研究表明，当问题所要求的知识与学生已有知识没有内在联系时，这个问题就太难了，学生无法回答，会挫伤学生的积极性；当问题所要求的知识与学生已有知识完全相同时，这个问题就太容易了，学生凭借记忆就能回答，这也不利于学生思维的培养；当问题所要求的知识与学生已有知识有联系，但又有些不同时，那么这个问题难易适中，学生通过努力可以回答，这对培养学生的思维能力和创新能力就非常有效。因此，考虑提问难易程度必须与学生原有的知识相关联、相衔接，使"最近发展区"转化为"现实发展区"，这样，学生的知识和能力就都能得到发展。

3. 问题的理答模式单一

理答在小学英语课堂教学中的充分运用要得益于多样的理答模式。学者姜敬慧将教师的理答行为分为言语性理答和非言语性理答。其中言语性理答按照功能可以划分为鼓励型理答、判断型理答、冷漠型理答以及延展型理答。非言语性理答包括目光凝视、面部表情、肢体语言、空间距离及物质奖励五个方面。

实际上，在小学英语课堂的课堂教学提问中大部分教师通常会把对于问题的理答就直接等同于对于学生答问的评价，同时英语教师在提问后的言语性理答本身是有难度的，它不同于其他用母语进行授课的学科，英语课堂中的言语性理答会受到英语语言的复杂性、学生的认知水平等的限制，教师对学生回答问题后的评价是有限的。往往英语教师很难用有针对性的英语语言对学生的回答进行评价，特别是小学的英语课堂，由于学生认知水平和英语学习程度的差异,这就使得一部分教师在对学生的回答作出反馈时言语非常机械和单一,常采用的是言语性理答中的判断型理答,却忽视了非言语性理答的作用。

三、课堂提问的技能

课堂教学任务的完成离不开师生之间互相提出问题,然后积极思考和尝试回答这些问题。课堂提问技能是小学英语教师必须掌握和运用的一项基本教学技能,是在教学过程中教师和学生之间常用的一种相互交流的教学技能。

(一) 课堂提问的功能

明确课堂提问的功能,有助于教师全面、充分、科学地理解课堂提问行为及其在课堂教学中的重要地位。参与课堂提问需要学生仔细听教师提出的问题,并考虑如何运用所学语言项目回答问题,相对于读写活动更能激励学生积极参与互动交流。因此,学生对教师引导的问答活动参与程度较高。

明确课堂提问的功能,有助于教师全面、充分、科学地理解课堂提问行为及其在课堂教学中的重要地位。课堂提问的功能主要有以下几个方面。

教师可以通过课堂提问给学生提供某种线索,引导学生关注所学语言材料中的某些特定信息或关键信息,同时可以通过提问给学生提供练习和反馈的机会。当学生尝试回答教师所提出的问题,就必须回忆和再现以前学过和正在学的有关内容,并围绕这些内容展开思考和组织语言进行回答,这就给学生重复接触、再次梳理、尝试自我建构知识提供了机会。而教师对学生回答的及时评价、调整和补充又能使学生的回答趋于更完整和准确,这种课堂师生之间的回答行为既有学生的操练,教师又能够给予语言反馈,同时在增加语言输入的过程中注重了情感的交流。

要完成一节高质量的课程,需要教师精心设计问题,通过课堂提问给学生制造悬念,集中学生听课的注意力,确保学生能够积极地参与课堂教学,保证教学活动的顺利进行。一个设计精巧的课堂提问能够激发学生思维的火花,使学生产生探究新知的欲望,进而发展思维能力。学生通过对课堂上的问题进行思索、寻找素材、组织答案,然后以一定的语言表达出来。学生在组织答案的过程中便能锻炼自己的口语表达能力和交际能力,从而达到学习语言的目的。

(二) 课堂提问的类型

问题的分类标准不同,问题的类型也不尽相同,常见的分类标准有如下几种。

1. 根据提问的形式分类

"Yes/No"问题:问题和答案都比较简单。

选择性问题：一般为选择疑问句。

Wh-问题：用"who""what""which""when""where"提问的问题，这类问题需要学生在理解提问内容的基础上选择相应的句子进行回答。

"How/Why"提问的问题：要求学生具有较高的思维能力和语言能力，需要在理解问题的基础上通过自己组织语言才能进行回答的问题。

2. 根据内容分类

信息性问题：即事实性问题，主要是回答时间、地点、人物和具体事件的问题。

理解性问题：这类问题用来检查学生对所学内容是否理解而提的问题，属于比较高层次的问题。

评价性问题：对人物、事件作出评价。

应用性问题：这类问题要求学生将所学知识应用到新的情景中去，对学生的能力有很高的要求。

分析性问题：这类问题要求回答者分析、解释问题，在小学阶段一般不常使用这类问题进行提问，学生的现有能力很难达到。

3. 根据答案的伸缩性分类

从答案内容的伸缩性上，问题可以分为封闭性问题和开放性问题。封闭性问题也叫聚合性问题或展示性问题，这类问题大多具有固定的答案，是信息的展示和再现。如："What films are on at City Cinema this Saturday? What film does Kitty want to see? How much are the three tickets?"

开放性问题又称为发散性问题或参考性问题，一般都是没有固定答案的，学生要运用想象力和判断分析力给出创造性的答案。因此对学生能力的要求更加高深了一步，回答的难度也有所增加。

4. 根据问题与材料的关系分类

语篇显性问题：提问能在语篇中直接找到答案，或是经过简单修改就可以作为答案的，这类问题一般比较简单。

语篇隐性问题：答案就暗含在语篇之中，但是不能用原文中的句子进行回答，必须在理解语篇的基础上，经过语言的组织才能完成的回答。

超越语篇的问题：指语篇内容以外的问题，要求学生能够根据自身经验，或是头脑中的知识储备经过组织语言，才能完成的问题。

教师提问类型与学生的应答效果并非简单的线性关系，其存在一定的规律性与趋势性。同一类型问题在一段时间内反复使用将对应答效果产生负向影响，因此在课堂问题设计时应多采用问题链的形式进行问题设计。不同类型问题组成的问题链对学生应答效果的提升存在正向作用，也更能调动学生的积极性，达到锻炼学生思维、培养小学低段学生英语兴趣的教学目标。

（三）课堂提问的实施要素

1. 设问

第一，教师设计问题必须要有一定的梯度变化，由知识型问题到理解和运用等类型问题。有包含答案在内的低认知水平问题，有稍加分析即能回答的中等程度问题，还有需要综合概括进行一定逻辑判断和推理的高认知水平问题，更有延伸性、发散性等开放性问题。如此设置问题的目的在于使提问能面向全体学生，让学习基础参差不齐的学生均有机会体验成功的喜悦和兴奋。

第二，课堂提问的设计层次要清晰，必须根据教学需要、教学进度、课堂结构进行设计。所设计的问题应该是由浅入深，层层深入，逐步由知识型问题向分析、评价型问题过渡，有层次的提问能够体现出知识结构的严密性、科学性、条理性，给学生以清晰的层次感，使学生的认知逐步深化。

第三，教师在设置问题时还需要充分了解和考虑学生的已学知识和生活经验，确保提出的每个问题有针对性并且力求语言清楚、详细而精确地表述问题。

如在《牛津英语（上海版）》4A M2 U1 的"Jill's family"一课中，学生在学习和掌握了家庭成员类单词后，教师可以接着提问："Who is the man in the photo？/What does he do？"过渡到基本句型的教学。当学生了解了家庭照片中的人物后，进一步提出问题如"Do you have any uncles or aunts？"课堂设问应该在新旧知识的连接点上进行，这样的问题既可以复习旧知识，也可以引出新知识，有利于梳理和突出知识的系统性和完整性。

第四，教师的提问应该富有启迪性。启发式的提问会使问题更具有价值和意义，能促使学生思考活跃。

如在《牛津英语（上海版）》4A M3 U1 的"Animal school"一课中，为了让学生能理解课文中小白兔的情感变化，教师提出了一个问题："Where is the little rabbit？Where are his classmates？"引导学生读图并解读出小白兔的情感发展。最后教师提出："If you are this little rabbit, how can you say this sentence？"引导学生用悲伤的情感来朗读并感受小白兔悲伤的语言表达。

2. 等待

课堂教学研究表明，教师在课堂提出问题之后，如果耐心地等候学生思考一些时间，然后再要求学生回答问题，学生回答问题的质量和参与人数都会相应提高。具体表现为：学生回答句子的平均长度增加；恰如其分的主动应答增多；不能作答的题数减少；思辨性的回答增加；学生彼此间的交流加强；推理性的回答将增多；学生主动提出问题增加；学生通常能在课堂上作出更为丰富多样的回答。

如果教师一提出问题，就要求学生立即回答，或者当学生还在思考如何回答问题时，教师就邀请另一名学生回答，慢慢地会让这些学生觉得反正答不上来老师会让其他的学生来回答,于是根本不加以思考就说不知道。因为当等候时间只有一两秒钟时,学生将无思考的余地,回答的质量则难以保证,若等候时间延长到 5 秒左右时,能促使学生积极思考问题并尝试正确回答问题,学生回答正确之后得到教师的及时反馈与肯定,又能进一步增强语言学习的自信心和成就感。因此,教师提问后应该耐心地等待,将思考时间延长 3—5 秒。

小学生处于初学英语阶段,用英语表达和思维的能力和习惯尚未完全形成,在回答教师课堂问题时,因思维与语言表达不同步而可能会出现语言或逻辑错误(或失误)。英语教师除了在提出问题后给学生充分时间进行独立思考、组织语言外,还要有足够的耐心,允许学生答完。听学生回答问题时,教师轻易不要打断学生的连贯表达。

另外,由于语言本身存在一种结构具有多种功能和一种功能由多种结构表达的现象,教师要允许学生可能说出教师预设以外的答案,尊重学生的思维成果,保护学生的创新思维。当然,不打断学生的连贯表达并不排除教师在学生表述观点遇到困难时提供必要的帮助。适当点拨有时是十分必要的,如学生对问题本身理解不透,教师可以适当重述问题、换个角度提出问题或解释不懂之处;若学生在回答时遇到了语言表达困难,教师可以提出关键词语,帮助和确保学生的思路畅通。

如在《牛津英语(上海版)》5B M3 U3 的"Changes in Shanghai"一课中,教师提出问题:"What else changes do you know?"这是一个具有一定开放性的问题,主要是训练现在时和过去时的用法,需要学生联系生活实际作出应答。这时,教师要多一点耐心,多给孩子一些时间思考。教师还可以稍作提示"Think about the changes in your school or home."引导学生开阔思维。

耐心的等待并不等同消极被动,课堂上教师的思维应是积极主动的,要找出学生思维的阻塞点想办法耐心地给予疏导。没有焦虑的心情,课堂充溢着交流探讨的气氛,学生自然会有妙论出现,教师自然会有惊喜收获。

由此可见,教师在提问以后能否耐心地等候学生回答问题,对课堂上教学师生互动的成功与否具有重要的意义。

3. 倾听

倾听是教师是否尊重和关注学生语言反应的一种课堂态度。美国吉利安·布朗教授认为,教师的提问如果引起了全体学生的倾听和思考,就是一个成功的提问。学生的倾听能告诉教师,他们对问题很感兴趣,而且倾听能够确保听懂问题。当然在学生的倾听之后,应该是教师做好一个倾听者的时候了。教师若板着脸提出问题,或用手指靠近并指向学生鼻尖,或走近学生座位以手指敲打课桌等方式和态度提出问题都是不可取的。

教师应当以愉快、友好、从容、谈话式的态度来提出问题并努力做好一个倾听者。教师通常是先提出问题,要求全班学生仔细倾听后积极思考一段时间,然后再指定某个学生回答。当然,也会有特殊的情况。如果教师想提问一个走神的学生,可以直接喊他的名字以使他分散的注意力重新回到课堂,然后要求其仔细听提出的问题。对待反应稍慢或者腼腆的学生,也可以先喊其名字,以使学生明白老师可能要求他回答问题,促使学生有所准备。国内学生在外语学习中普遍存在害羞、实践语言的主动性不强的情况。因此,教师一定要充分考虑学生的这一"情感因素",以自己微笑的表情、活泼的语言创设一个轻松、幽默的语言环境,使学生乐于回答问题,进而以活跃的思维快速地进入学习过程,多鼓励学生大胆参与,培养其运用语言的能力。

4. 反馈与纠错

语言错误在英语学习中是不可避免的,正确对待和适时纠正错误就显得十分重要。纠错有助于学生养成良好的语言习惯,纠错因方式、时间不同而效果各异。因此,何时纠错,如何纠错,是英语教师必须掌握的教学艺术之一。

学生的语言错误通常有以下类型:语音错误、语法错误、词汇错误、表达错误、语篇错误。学生纠错情况按照过程分为语言形式的纠正和意义的纠正,具体包括:谁来纠正错误、自我纠错还是同伴纠错、原来的语言形式是否正确、用来纠错的语言形式是否正确、纠错意见是否被接受、纠错的最终结果如何、由谁开始纠正、自我纠正还是同伴要求澄清意义、意义的纠正结果是否成功等。

不同的教学阶段,英语教师的纠错策略应有所不同。在培养语言习惯的初级阶段,英语课堂提问多为程序性提问,学生的应答主要是模仿、操练和简单的替换练习,这一阶段的教学主要是保证语言信息的正确输出,提问的目的主要是给学生更多的语言实践机会并纠正错误。适时纠错能保证学生学到标准的语音、语调和掌握正确的基础知识及语法规则,为进一步的语言交流打下坚实基础。但是,并不是所有的课堂程序性提问都要立即纠错,从尊重学生的思维连贯性和保证学生语言表达流畅性的角度出发,对待学生语篇朗读、连贯复述、角色扮演过程中出现的错误或失误,教师就不应见错就纠,要采取宽容的态度。

教师宽容学生的错误,并不是放任学生的错误。即使是学生的连贯表达和创造性思维,教师也应采取宽容失误、纠正错误的态度。纠正错误要注意保护学生的自尊心,尽量采用答完纠错的方式。

如在学生回答问题时,教师用激励的目光看着学生;如学生在回答问题的过程中,不够全面或一时答不出,教师不要立即换人回答或挖苦嘲讽,可用"Don't give up. Think for a moment."等语言鼓励。同样,在学生回答问题之后,要及时给予反馈,通常要对他们的问答采取积极、肯定的态度,对学生的每一点进步都要给予及时的肯定和鼓励。这时,教师可以说:"Well done. Perfect. You've made a great progress now."

5. 追问

教师提出问题后,当学生回答有困难时,教师可以借助追问的方式帮助、引导他们找到问题的答案。具体做法可参考以下步骤和策略。

(1) 提示

有时候,学生可能回答不了,或仅仅答出问题的部分答案,需要教师进一步提示,才能形成一个完整的答案。

（2）重新措辞

如果学生未能听懂问题，较为妥当的策略是用一种他们能够懂得的形式重新措辞。学生误解了的问题，教师不应批评。

（3）补充问题

有时候，学生给出的答案不够充分，表达含糊或不全面，教师可进一步提出一些问题，来帮助他们澄清思路，给他们一个全面的答案。

（4）鼓励学生预测答案

当学生对答案没有把握时，他们常常不愿贸然回答，他们对知识的掌握和解决问题的能力缺乏信心。教师应当鼓励学生采取假设或猜想的方法预测答案。

（5）发展其思维能力

教师要运用学生已学过的知识或他们的社会、生活实践体验，设问引导启迪学生，使教材与学生已有的知识关联起来。

例如在外研社《英语》（三年级起点）3A M9 U1 "This is my mother"中：教师在教完本课单词后，要过渡到基本句型的教学。教师设计以下问题："Who is the man in the photo？／What is he？Who is the woman in the photo？／What is she？"从这些问题很自然地过渡到基本句型："This is my sister."让学生先回答前面设计的问题，然后再来操练介绍人物的句型学习，就比较容易了。在新旧知识的连接点上设问，既可以复习旧知识，又能引出新知识，有利于突出知识的整体性。

（四）课堂提问的技巧简述

英语课堂提问的技巧是指英语教师在课堂教学中，对所讲授内容的处理和根据现场实际情况而进行的具体提问方法。技巧的掌握可以通过反复的练习或操练来获得，也与教师个人的从教经历和经验有关，熟能生巧一词讲的就是这个道理。英语教师的提问技巧因人而异，技巧的运用也是各有千秋。在一般情况下，对提问技巧的运用，经验丰富的教师比初上讲台的青年教师要老练一些，而青年教师也可在不断的教学实践中练习提问基本技巧。

1. 追问和链接

追问和链接是引导学生积极思考、积极参加课堂活动的有效提问技巧。恰当地运用追问对于调动学生思维积极性、培养自觉性和养成创造性思维都具有重要的意义，无论是孔子开创的"启发式教学"还是苏格拉底倡导的"产婆术"，都可以给我们提供无数经典的范例。关键是教师必须掌握启发式教学的精神实质，在提问中体现追问和启发的精神。

追问（probing）是由两个或两个以上提问组成的提问，常常是由表及里、由浅入深、由易到难、由此及彼的连贯性问题组成的。它可以使学生的思维更深入、更清晰，使学生的回答更规范、更详细。追问的主要技巧在于帮助学生不轻言放弃，即不轻易让学生放弃回答问题,而再接连问几个有关的问题。

追问可以让学生在回答不太顺利的情况下给学生一个缓冲,使他感到老师不会让他失去自尊心,从而也就有勇气继续参与到课堂活动中来。追问还可以引导学生进行更深更广的思考,从而让学生产生更多的语言输出。教师可以在学生对问题回答得不够明确时进行追问,为使学生回答准确时进行追问,为让学生回答深刻时进行追问。这是注重学生的回答和善于利用反馈信息进行指导的一种有效提问技巧。

链接(Channing)是指教师在提问过程中巧妙地把几个学生的回答以提问的形式连接起来。这样做可以使每个学生在课堂上都集中注意力,既要认真注意老师的每次提问,又要认真地倾听每个同学的回答,这样,整个课堂就处于一种高度紧张与活泼的状态,有助于学生的参与和交流。

教师在课堂提问时应注意问题的铺垫和过渡,充分利用追问和链接的提问技巧,使问题不流于形式,与学生进行真正的交流。

如在谈论未来的职业时,当某一位学生回答完,教师可以接着问其他学生:"What does he want to be in the future? What do you think of his idea? Do you like it?"再比如,教师提问:"Do you like sports?"可以接着提问:"Why do you like it?"或"Who is your favorite football player? Can you introduce him?"

2. 借助多媒体

利用多媒体教学手段进行英语教学的提问,这种提问较为直观、形象、生动。教师在进行英语课堂教学时,运用了多种现代教育技术的手段,如幻灯片、希沃白板、实物、挂图、头饰等,将抽象的问题具体化,复杂的问题简单化,这样可以活跃课堂气氛,避免营造呆板沉闷的环境,调动学生以眼、耳、脑、手等多种感觉器官来处理问题,然后作出回答,准确率也较高。

借助多媒体进行课堂提问,这种图文音像相结合的方式极大地增加了输入刺激的强度,能使学生多种感知协同活动,增强了学生的感知、理解和接受的学习效果。

如在讲授城市的喧闹和乡村的宁静时,教师可以利用多媒体展示城市和乡村的对比图,在城市幻灯片中插入各种交通工具的声音;在乡村幻灯片中插入各种鸟叫声等,然后提出如下问题:

(1) What do you think of the city and countryside?

(2) Which kind of place do you like better?

(3) Why do you think so?

3. 双向式提问

有效的课堂教学中学生提问和教师提问同样重要。师生之间、生生之间通过角色转换而进行的双向式提问有助于师生相互体验和理解对方的角色,使所提的问题更加贴切,也更容易回答。针对浅显事实的提问,对学困生更有效,同时教师应该鼓励优秀的学生思考更深一些的问题,逐步训练学生思维的提升。

爱因斯坦认为,提出一个问题比解决一个问题更为重要。教师的课堂数学提问活动应该推动学生更好地进行自主学习,可以表现为师生之间、生生之间大量的交互活动,如师生答,生师答,一对一的生生问答、组与组之间的生生答以及合作互动学习小组的问答对话等形式。这些不同的形式能够提高课堂效率,发散学生思维。具体做法可以是学生大胆设问,或让教师回答,或让其他同学回答,其间还可以穿插一些争论和答辩,甚至有时候,学生的回答还可以对老师的答案起到补充作用。这样的课堂提问有利于更好地解决问题,有利于每个学生的观点得到充分展现。会提问的孩子是聪明的孩子,因为他们正在通过提问打开一扇通往神奇世界的大门。为了鼓励更多的学生主动参与课堂提问,教师应该做到以下几点。

第一,创设轻松的氛围使学生能够没有任何顾虑地提出问题,让学生意识到教师对于学生的提问是持赞赏态度的。第二,坚持每节课留有一定的时间给学生提问教师或者同学,鼓励和允许学生对教师的讲授随时提出疑问。第三,把学生提出问题的数量和回答问题的情况计入平时成绩,这将引起学生的足够重视,变被动回答问题为主动积极思维。

如人民教育出版社(新起点)教材四年级上册"Unit 3 Transportation"中,教师在问到本单元核心句型"How do you usually go to school?"时,可以邀请学生通过提问的方式展开调查,然后口头报告调查内容"… in our class walk to school. … in our class go to school by subway. … in our class go to school by bus."学生在调查活动中反复接触和运用新学词汇和句型,有效地促进了学生综合运用语言能力的发展。

4. 交叉式提问

把具有确定性答案的展示性问题和没有具体确定答案的参考性问题交叉提出,这种方法可避免把学生的思维限定在某种模式当中而使学生失去新鲜感。答案不确定的问题,一般的目的在于鼓励学生给出多种答案以求发散学生思维,或者在更高层次上给出批判性、评价性、发散性或创造性的答案。

5. 恰当地分配问题

提问分配不恰当不仅会降低绝大多数学生的课堂参与程度,挫伤他们学习的积极性,而且也违反"机会均等"的原则,很可能会影响教学效果。为保证学生尽可能多地参与,教师需面对全班学生,鼓励所有的学生参与到问题中来,让所有学生感觉到教师是在面对自己说话,从而在课堂活动中能够集中精力。对于一些展示性的问题,可以让基础一般的学生回答;对于评价性和参考性的问题,就邀请基础较扎实的学生回答,对主动的和不主动的学生都给予回答问题的机会,尽可能避免让少数学生"主宰"课堂。

在教学中教师还要注意根据学生的现实生活、现有知识或课堂上的情绪状态等实际情况进行提问,要求学生根据实际情况进行回答。

如在《牛津英语(上海版)》4A M4 U1 的"At Century Park"一课中,学生需要对"Century Park"进行描述并写作,教师可以提出以下几个问题:

Where is Century Park?

What's in Century Park?

Do you like Century Park? Why?

如果学生回答有困难,可以问得更具体一些:

What can you see in Century park?

What's in the greenhouse?

What can you do in the greenhouse?

What can't you do in the greenhouse?

6. 非认知因素的调控

教师自身的心理、态度、情绪等非认知因素对学生思维活动的开展也有一定影响。如教师持积极的态度提问,对学生的思维能起到促进作用,学生从教师愉悦的态度中能够得到鼓励,能较好地增强学生解决问题的自信心。如果教师提问时表现出不耐烦、训斥、责难的态度,则会使学生产生害怕、回避、抵触的情绪,这将阻碍他们对问题的思考。调查研究发现,同一个班级学生在教师不同提问情绪下的学习效果相差悬殊。因此,教师在教学中要保持平和、稳定和鼓励的态度和情感,使学生从中得到信赖和鼓舞。

教师还可以将提问和恰当使用评价语相结合,提问过程中对学生进行恰当的反馈评估,让学生感觉到自己的点滴进步,教师可对学生说:"You can do it! You speak much better now! Keep it up!"对学习成绩好的学生,要表扬;对个别学习有困难的学生,在有原则的基础上,也要发现他们的长处并加以表扬、鞭策他们前进。要让所有的学生都认为英语学习并不难,只要努力,就有可能达到满意的效果。

若要真正提高英语课堂教学的效果,教师必须关注课堂提问的"质"和"量",灵活把握提问的时机,讲究提问的策略并培养学生良好的问答习惯等。

(五)课堂提问的应用策略

1. 重视问前准备,合理巧妙地设计问题

教师在备课时,要抓住每一课的重点、难点,分析有哪些训练要求,再结合学生的思维能力、认识水平的实际,设计相应的、有一定难度的问题,激发学生去思考和想象。设置不同难度的问题,创造良好的学习氛围,使所有的学生经过思考都能回答,让他们体验学习的成就感,激发学习动机。

要真正优化课堂教学,充分调动学生的学习兴趣,提高认识水平,就必须提高课堂提问设问的质量,优选问点。所谓问点,就是指引领学生感知、掌握和运用所学语言材料时提出问题的切入点。一般来说,问点应选在知识的重点和关键之处,如新旧知识的衔接处、转化处以及容易产生矛盾或疑难之处。

这就需要教师在课前钻研教材的基础上,根据教学目标、重难点确定关键性的问题。在准备关键问题时,教师还应该考虑:提问的教学目的,哪些类型的问题最适合达到教学目的,

是否应该提些情感态度领域的问题,通过提问能在多大程度上达到教学目的。教师在设计课堂提问时,既要抓住重点又要突出教学难点,并设计好相应的教学环节,选择合适的教学方法。为了能够在课堂提问时作出灵活的调整,教师需要根据学生的认知水平和心理发展特点等制定周密的提问实施方案,如问题的先后次序、针对不同层次学生的提问表述方式、提问中的解说和提示等。

尽管有的教师能够临场提出恰当的教学问题,但高质量的临场发挥是不容易的。因此,大多数情况下,教师应该事先将问题准备好,否则,提问时很容易失之偏颇,忽略重要的核心知识,只注意到一些边缘细节。

如《牛津英语(上海版)》2A M3 U1 "In the kitchen"中,学生需掌握用"There be"句型对"How many ...?"的回答,针对这个问题,可通过以下提问设计新课教学步骤:

T: Look at the chopsticks. How many pairs? Let's count.

Ss: One pair, two pairs, three pairs …

T: Oh, five pairs. Great. How many pairs of chopsticks? Let's count like one pair of chopsticks, two pairs of chopsticks, OK?

Ss: One pair of chopsticks, two pairs of chopsticks, three pairs of chopsticks …

T: So five pairs of chopsticks. We can say, "There are five pairs of chopsticks."

教师在教授"There are five pairs of chopsticks"这个难点时,没有直接让学生用这句话来进行回答,而是通过提问先让学生从"one pair""two pairs"地数到"one pair of chopsticks""two pairs of chopsticks",教师这样的提问符合了"由浅入深,由易到难,由已知到未知,循序渐进"的教学原则。同时,启发了学生思维,使学生把新旧知识很自然地联系到了一起,很巧妙地解决了本节课的难点。

2. 完善问题呈现方式,有效应对追问

教师在课堂中出现连续提问时,学生通常只能记住自己印象最深的问题。那么,学生在教师提供的候答时间里只能思考自己有记忆的问题,其他问题便无暇顾及。此外,教师的连续提问容易干扰学生的思维,学生由于接踵而至的疑惑,思维难以到达一个和谐、平衡的状态,心理压力比较大。如若此时问题之间的逻辑性也不强,学生更无从下手。有效的提问需要学生积极主动地参与问题解决的过程。因此,若想提高学生解决问题的主动性,学生首先需要明晰问题是什么,其次在一个相对安全的心理状态下尝试解决问题。而让学生清楚地了解问题,教师可以通过完善问题的呈现方式来实现。

在英语课堂中,常见的问题呈现方式有文字、图片、音频三种形式。研究表明,在不增加学生负担的前提下,学生可以借助多种感官获取信息,其效果明显优于靠单一形式获取信息。因此,教师将问题以视听结合和图文结合的方式呈现,更有利于学生获取解题信息。如:《牛津英语(上海版)》4A M2 U3 "I have a friend"中"Read a story"部分讲解"The lion and the mouse"时,教师在引导学生探究"lion"和"mouse"变为朋友的原因时,教师提出的问题:"What can the mouse do?"对于问题的呈现方式,教师可以在老鼠利用自己锋利的牙齿咬网的图片上呈现问题"What can the mouse do?"借助图文信息学生很快便可以获取答案:"Because the mouse can bite."

教师要不断完善问题的呈现方式,尤其在需要进行连续提问的情况下,教师需要将文字、图片和音频三种形式相结合,避免单一形式的问题呈现方式。只有这样,学生才能清楚地了解问题,进而可以有效地解决问题。

3. 面向全体学生,增加问题的层次感

通过增加问题的层次感,教师的提问不仅更有逻辑性,更符合学生的认知规律,提问不仅仅只面向大多数学生,而且更可以将提问对象扩大到全体学生。在实际的小学英语课堂中,教师提问问题的层次感不明显,具体表现在:一是教师提问时违背提问由易到难逐步过渡的层层递进规律;二是教师提问仅限于比较简单的层级,鲜少可以到达理解性提问这一层级。这样的提问设置会导致部分学生觉得教师的提问过于简单,久而久之不太关注教师提问,逐渐失去回答问题的兴趣。

提问的层次性主要体现在两个方面,一是问题内容本身要有自己的逻辑顺序,遵循由易到难的过渡规律;二是因学生个体的差异,教师需要对学生分层次提问。因此,教师若想增加问题的层次感也需要从问题本身和学生两个方面着手。

首先,教师需要依据学科知识体系设计问题的层次。英语教师在提问时应当首先针对语言内容提出一些大的问题,之后对于语言形式再设计一些小问题,而这些问题之间要有一定的逻辑顺序,可以让学生从模仿性的表达到替换性的表达,最终可以定位于理解性的表达。教材对学生在每个阶段的要求都不同,但每个知识体系都存在先后顺序和难易程度之分。因此,教师应当顺应学科知识体系,按逻辑进行提问。

其次,教师应当对不同的学生分层次进行提问,增加问题的层次感。学生作为教学活动的主体,一切教学活动都应当以学生的发展为本。因此,教师首先应该了解学情。只有基于学情,教师才可能真正了解学生的实际水平。当教师对学生的学习习惯、学习能力、学习基础等有了一定程度的了解,教师便可以依据学生差异提出与其难度相适宜的问题。教师了解学情的方法主要有以下几种:课堂观察、课下观察、作业批改、家访以及与学生本人进行沟通交流。而在这些方法中,教师若想获取学生的第一手资料,课堂观察、批改作业以及针对学生个人进行的谈话都是最有效的方式。在课堂中,学生的一举一动都是其最真实的学情写照。教师通过课堂观察,可以明晰学生对学习内容的掌握程度、学习兴趣所在、查漏补缺的板块等,如此便更有益于教师了解学情。批改作业也是教师了解学情的一种有效方式,教师在批改作业的过程中,可以更清楚学生的学习情况,了解其学习态度、知识掌握情况等相关信息,进而可以合理地安排之后的提问内容。而通过与学生本人的沟通交流,教师更可以对学情了然于胸。课外观察和家访则可以帮助教师从侧面了解学生学习的实际情况,对学情的把握将会更到位。此外,教师还要结合该年龄阶段学生的身心发展特点进行问题设置。

低学段学生学习英语以培养学习兴趣为主,问题层级设置要相对简单一些。高段学生应当多设计一些层级比较高的问题,问题内容既要满足掌握语言知识,提升英语学习能力的需求,也要满足发展学生思维的需要。

4. 把握提问节奏,合理安排候答时间

研究表明,学生回答问题至少有四个步骤:倾听问题;理解问题;思考问题,组织语言;进行作答,必要时修正。也就是说,教师提出问题后学生需要有一定的准备作答时间。而在实际的课堂提问过程中,教师经常为了赶进度而将提问节奏带快,候答时间极其短暂。提问并不是为了例行公事,候答时间太短,学生思考问题的时间不充裕,语言尚未组织好已被叫答,此时学生回答问题的积极性并不是很高。因此,教师需要把握好提问的节奏,安排恰当的候答时间。

教师提问的节奏主要体现在教师对言语节奏的把握以及对候答时间的掌控。教师的言语节奏表现在音色、音量、音高和音长四个方面,音色造成的节奏体现在押韵上,音量造成的节奏体现于重音,音高造成的节奏则显现于平仄和语调,而由音长造成的节奏表现在速度和停顿上。候答时间实际上包括两个时间段,一是教师提出问题后,等待学生作答的时间,这个时间段通常被称为第一候答时间,也是我们经常说到的候答时间;二是学生完成作答后,等待教师回应的时间,这个时间段即为教师的第二候答时间。

首先,教师应当依据问题类型设置合理的第一候答时间。在英语课堂中,问题的类型主要包括开放性问题和封闭性问题。封闭性问题,答案比较固定,基本可以用文章原句进行作答,那么教师的候答时间安排在 3—5 秒最为适宜。开放性问题对学生思维有一定要求,学生思考问题的时间需要适当延长,对应教师的候答时间也应该在 3—5 秒的基础上适当延长。

其次,教师需要预留第二候答时间。在目前的小学英语课堂中,教师会在学生作答后即刻反馈,剥夺了学生再思考和补充作答的机会。尤其是在学生回答正确后,教师会直接进入下一个环节的教学。显然,第二候答时间的缺失让学生失去了再思考、修正或补充的机会,这样不利于学生批判性思维的养成。

此外,教师在提问后可以限定作答对象或者指定作答规则,这样可以避免因抢答而打乱提问节奏。如教师可以指定一个动作,举手或坐直等,通过此动作教师可以有效地把握提问节奏。

5. 提升反馈的针对性,建立反馈后追踪

有效的提问基本符合"IURF"结构即:提问—理解—应答—反馈,通过这样的结构可以获得提问者预期的应答。教师对学生的反馈不仅可以检测学生对知识的理解是否到位,培养学生学习的热情及自信心,而有针对性的反馈点评更可以让学生感受到教师对学生的尊重和关心。事实上,教师在提问结束后,若给予学生有针对性的反馈点评,而不是一些程式化、统一的中性反馈点评,学生的后续学习会更有方向。同时,在反馈之后,教师也需要对其进行后续跟踪。

每位学生作为一个独立、独特的个体,都希望得到教师针对自己的点评,一些公式化的中性评价既无法让学生明确答案是否正确,也不能感受到自身参与的意义,这都不利于学生

后续的学习。教师首先要肯定有效反馈的价值,其次教师应当学会设计具体的反馈点评。针对学生与学生之间的差异,教师利用的反馈点评也应当是有区别的。对于英语学习成绩比较优异的学生,教师可以对其思考问题的角度、学习习惯、内容的全面性等方面进行反馈。教师既表达了自己对学生的认可,也给其他学生提供了一个全方位学习其成果的机会。对于英语学习成绩一般的学生,教师给予更多的应该是鼓励。教师依据其回答问题的表现,适时表扬,充分调动其学习的主动性,不断强化英语学习的热情。

提问反馈结束后,教师应当对其后续表现进行追踪跟查。通过后续跟踪,教师可以清楚地了解学生在教师反馈后的具体表现。

揭秘名师课堂

本文将以《牛津英语(上海版)》4A M3 U1"In our school"最后一课时"Read a story"的教学实践为例,从运用插图解读故事信息、共同讨论生成自由见解、深入追问引发分析判断和拓展迁移促进思维变通四个方面,阐述在故事教学中如何通过提问培养学生的思维品质,促进学生英语学科核心素养的逐步提升。

该阅读文本是一则简短的动画故事,故事讲述了动物学校里的"Little Rabbit"因为自己不会像其他小伙伴一样游泳、爬树,自认为不是一名好学生,后来在同伴以及老师的鼓励下,正确地认识了自己。

Read a story
Animal School

Welcome to Animal School!

There are no classrooms in Animal School, but there is a big forest and a small river.

In the swimming class, Little Rabbit can't swim. He is sad.
In the climbing class, Little Rabbit can't climb a tree. He is sad.

Mr Owl: What's the matter?
Little Rabbit: I'm sad. I can't swim, and I can't climb trees. I'm a bad student.
Mr Owl: I don't think so. Please don't be sad.
Animal 1: You are not a bad student.
Animal 2: I think you are a good student.
Animal 3: Come on, Little Rabbit! Let's run together! You can run very fast!
Little rabbit: I'm a bad student. Can I run fast?
Animal 4: Yes. You are a good runner!
Little rabbit: Really? I can run fast?
Mr Owl: Have a try, Little Rabbit! You can run very well.
Little rabbit: Well, let me have a try.
Animals: Wow! Look at Little Rabbit! He is so fast!
Little Rabbit: I'm the first! I'm so happy!

本节课的教学目标设置如下：

1. To abstract the "Characters", "Setting", "Problem", "Solution" and "Ending" of each plot from the story.

2. To act out the story with emotion and actions.

3. To feel the warm atmosphere of mutual help in the school.

在进行教学设计时，除了搭建好必要的支架，提供必要的学习策略，教师还需要多给学生留出思考空间，不要出现过多代替其思考的教学行为，要逐步锻炼学生的思维能力。

在本案例中，教师首先可以根据文本内容提出信息性问题："Who are the characters? Where does the story take place? What's in Animal School? What is the problem Little Rabbit has?"等，让学生一边在文本中寻找信息，一边产生自己的思考和判断，从而加深对文章细节的理解。随后教师提出评价性问题："Do you think Little Rabbit is a bad student? Why?"安排学生进行讨论，该讨论是体现学生主动思考、自由见解和创新意识的学习过程。

在问题的设置上，应该遵循由易到难，层层递进；文本中没有现成答案；人人都能参与。"Mr. Owl"对"Little Rabbit"的评价，在培养学生开放性、创造性思维等方面起着很好的导向作用。学生要提出最合适的内容，必然首先在脑海中问自己为什么，而培养学生学而善思的品质，正是提高其阅读能力的一个重要方面。更重要的是，讨论中来自教师和同学的想法会不断在每个人的大脑里交织，但活动的终极目标并不止步于课堂，而是培养学生将来能在日常的生活中用类似的追问方式质疑自己的固有成见，验证自己的结论，对自己的思维方式有比较清晰的了解。

为新手支一招

如何提问才能体现尊重、理解学生，减缓学生的压迫感，使学生轻松作答？

教师的课堂用语对成功的教学活动来说至关重要。如今，小学英语教学模式和教师课堂用语不断丰富。教师在提问时如何有意识地尊重、理解学生，运用得体的语言，减缓学生的压迫感，使学生能更轻松地作答呢？

教师在提问时应尽可能采用间接提问的方式，如"Would/Could you please answer this question?"来替代"Answer my question right now.""I invite … to answer my question."英国著名语言学家利奇提出了"礼貌准则"（Politeness Principle），认为人们在言语交际中不仅要遵循"合作准则"，也要遵循"礼貌准则"，这样才能达到更好的交际效果。利奇的"礼貌准则"包含6项准则，12项次则。一是策略准则：尽量少让别人受损，尽量多使别人得益；二是慷慨准则：尽量少使自己得益，尽量多让自己受损;三是赞扬准则:尽量少贬低别人,尽量多赞誉别人;四是谦逊准则:尽量少赞誉自己,尽量多贬低自己;五是赞同准则:尽量减少与别人的分歧,尽量增加与别人的一致;六是同情准则:尽量减少对别人的反感,尽量增加对别人的同情。我们可得出结论:教师在教学活动中应尽可能减少只有利自身的言论,使用更礼貌的语气进行提问,在一定程度上可以缓和学生的不安情绪,学生会更愿意发散思维进行作答。根据礼貌准则,我们有如下几点建议。

第一,在很多情况下,教师为了引起其他同学对某一提问的注意,可能会请其他同学进行点评,例如:"Is he right?""Yes or no?"或者是"Who can help him?"教师的出发点是希望全体同学在其他同学进行回答的时候也保持高度集中的注意力、不走神,共同参与到一个问题中来。但在实际操作中,如果这位同学的回答是正确的,在全体同学对他进行肯定之后,他固然会欣喜,而若他不能回答出正确答案,全体同学会对他进行否定,那么回答的同学也有可能因此陷入尴尬、自责的情绪之中,自尊心受到打击。因此,在邀请其他同学作评价的时候,教师也应该考虑到礼貌准则中慷慨准则的应用。例如,教师可以改用疑问的语气,重复学生的回答,"He can find a tree in this picture?"避免其他同学直接对学生的错误答案进行否定评价,用疑问、上扬的语气引起全体同学对这个问题的注意,留给学生充分的思考空间来作出反应。

第二,在很多时候,学生往往不能完整地进行回答,需要教师进一步提问来引导学生继续思考。常见的引导式提问分为两种:一是不改变学生回答的原意,只改变回答的句式或是纠正其中误用的语法结构;二是发现学生回答中有遗漏的内容,需要对其进行适当补充。常见引导学生思考其回答合理性的话语可以使用"Yes, that's right. But can you find any questions here?"来替代"Rearrange your answer."引导学生补充提问话语,常见的有"Yes, it's right. And we can also say it's …?""Every coin has two sides. So if we think about another side …?"来替代"Your answer is incomplete."先对学生的回答进行肯定,再进一步补充提问,更符合礼貌准则。从学生原有的答案中引出新的答案,加强了观点之间的联系,培养了学生的逻辑感和自己进行检查、修正的能力。并且,在追问的同时应注意同情原则,教师应考量学生的实际水平,充分考虑追问可能会带给程度较弱的学生一些心理压力,二次提问会使他们丧失回答的自信心。因此,可以尽可能地减少对没有自信心、不擅长作答同学的二次追问。

第三,在学生遇到较难回答的问题时,学生常不能马上回答出教师的提问,教师可以通过礼貌准则的同情准则,与学生之间共情,对学生进行鼓励,让学生在教师的引导下不轻易放弃。例如,使用"Don't worry.""Don't be afraid.""Please/Just have a try.""Can/Could you try it one more time?"安抚类句型能减少学生回答问题的压力,再加上适当的鼓励手势,能保护学生的自尊心,暗示学生即使回答错误也没有关系,对学生有鼓励和引导作用。

参考文献：

1. 钟启泉,汪霞,王文静.课程与教学论[M].上海：华东师范大学出版社,2008.
2. 王笃勤.英语教学策略论[M].北京：外语教学与研究出版社,2002.
3. 孙鸣.英语学习与教学设计[M].上海：上海教育出版社,2004.
4. 鲁一问,王笃勤.新编英语教学论[M].上海：华东师范大学出版社,2006.
5. 林逸.英语课堂更要重视有效提问教学[J].中国教育学刊,2016(01)：104－105.
6. 石颐园.关于数学课堂提问有效性的思考[J].教育理论与实践.2010(07)：53－54.

板块八 媒体运用

关键词

多媒体课件;多媒体素材;幻灯式多媒体课件制作

结构图

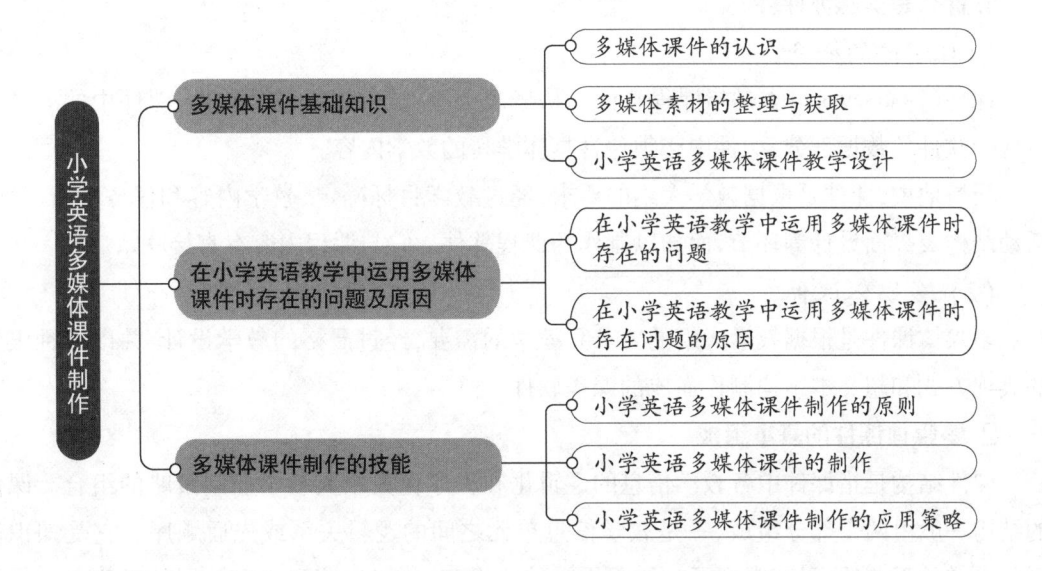

```
                                    ┌─ 多媒体课件的认识
                 ┌─ 多媒体课件基础知识 ─┼─ 多媒体素材的整理与获取
                 │                  └─ 小学英语多媒体课件教学设计
                 │
小学英语多媒体     │  在小学英语教学中运用多  ┌─ 在小学英语教学中运用多媒体课件时
课件制作         ─┼─ 媒体课件时存在的问题  ─┤   存在的问题
                 │  及原因               └─ 在小学英语教学中运用多媒体课件时
                 │                          存在问题的原因
                 │                  ┌─ 小学英语多媒体课件制作的原则
                 └─ 多媒体课件制作的技能 ─┼─ 小学英语多媒体课件的制作
                                    └─ 小学英语多媒体课件制作的应用策略
```

学习目标

1. 了解现代学习理论在多媒体课件制作中的作用。
2. 说明小学英语教学中运用多媒体课件时存在的问题及原因。
3. 获取和处理课件中的各种常见素材。
4. 了解 PowerPoint 2016 的基本概念,掌握其基本操作要领。
5. 处理好多媒体技术与课堂教学的关系,提高小学英语课堂教学的效率和质量。

学习提示

思考:如何处理多媒体教学与传统小学英语教学的关系?

一、多媒体课件基础知识

计算机辅助教学（Computer-assisted Instruction，CAI）和计算机辅助训练（Computer-based Training，CBT）是信息技术与学科课程整合的重要组成部分，而多媒体课件则是实现计算机辅助教学和计算机辅助训练的主要手段。广泛应用多媒体课件，大力开展多媒体教学，改进教学方法，提高教学质量，已成为现代教育技术发展的必然趋势。

（一）多媒体课件的认识

随着信息技术在教育领域的普及和应用，大量基于网页、局域网和电子光盘的多媒体课件纷纷涌现，它们打破了传统教学方法对时间、地域和空间的限制，正在改变着传统的教育模式和教学、训练方式。

1. 什么是多媒体课件

（1）课件的概念

课件（Courseware）本是指课程软件。从概念上讲，课件属于教学软件，课件中的教学内容属于软件的数据部分，课件中必须包含具体学科的教学内容。

严格地说，课件是根据教学大纲的要求，经过教学目标确定、教学内容和任务分析、教学活动结构及界面设计等环节，而加以制作的课程软件。它与课程内容有直接联系。

（2）多媒体课件

多媒体课件是根据教学大纲的要求和教学的需要，经过严格的教学设计，并以多种媒体的表现方式和超文本结构制作而成的课程软件。

2. 多媒体课件的基本组成

课件结构是指课件中各教学信息的逻辑化和程序化关系及教学控制策略的组合。课件的结构一般由两个部分组成，一是教学信息单元之间的逻辑关系或先后顺序。它受知识体系的内在关系制约，只有掌握了初级或最基础的内容，才能过渡到更高一层的内容。二是教学控制策略。这是受学习者认知规律所制约的，如先易后难、先简后繁、由浅入深、推理或归纳等。当然，知识系统的逻辑关系与学习的认知策略不是截然对立的，它们之间往往相互影响。只有根据教学任务和需求，将知识信息的呈现顺序与学习者的认知规律结合起来，才能组成相应的课件结构。课件的结构可以根据教学的需要，设计成各种各样的。它们体现着特定的教学思想、学习理论、教学任务和教学内容。任何课件都要根据教与学的需要来组织信息内容的呈现顺序以及教与学的控制策略。因此，可以认为，在教与学的控制策略制约下，信息单元之间形成的特定关系便是课件的结构。

从不同的角度来看多媒体课件，它有不同的结构特征。从总体上看，多媒体课件像一部带有交互性的电影，由一帧一帧的框面组成。

3. 小学多媒体课件的基本类型

根据在教学活动中的使用方式小学多媒体课件可以分为演示型、自主学习型、教学游戏型、模拟实验型、操作演练型、问题解决型。

（1）演示型课件

演示型课件的主要目的是在课堂教学中辅助教师的讲授活动。演示型课件是随着多媒体课堂活动方式而大量涌现的，也是目前广大教师能够直接参与设计制作的课件类型之一。这类课件基本上遵循着传统课堂授课的方式，比较容易被教师理解和接受，也比较容易设计和制作。因为，这类课件只关注教学内容，而把教学的策略、程序和控制等问题交给了上课的教师。

（2）自主学习型课件

自主学习型课件是以确立学生学习中的主体地位为基础，以多媒体为手段，以自主学习为核心的课件模式，根据小学生的智力发展和接受知识程度的不同，在教学活动中，自主学习型多媒体课件为学生的自主学习提供条件，使学生从依赖到独立，从被动到主动，学会在学习中思考、探索、分析。目前流行的网络课件多数就是这种类型的。

（3）教学游戏型课件

教学游戏型课件是一种寓教于乐的教育游戏软件，通过游戏的形式引发小学生的学习兴趣，让学生在玩游戏的同时不断接受学科知识，游戏将学科知识强化到学生的脑海中，从而形成各种能力。游戏型课件强调教学性，有着明确的教学目标和具体的教学内容，并且含有经过仔细考虑的教学策略。游戏型课件不同于电子游戏，教师在应用游戏型课件进行教学活动时，必须注意引导作用，不能让它成为普通的游戏，而应通过引导、启发、归纳等方式引导小学生注意其教育内容，达到教育目标。

（4）模拟实验型课件

模拟实验型课件利用计算机产生各种与现实世界相类似的现象，根据小学生的认知水平不同，让小学生可以在接近真实的情境中扮演角色，模拟操作作出决策，观察事物演变的过程与结果，从而认识和理解这些现象的本质，提高学习的兴趣和效率。模拟实验型课件不受时间和空间的限制，具有时效性、安全性、重复性。

（5）操作演练型课件

操作演练型课件在教学过程中按照一定的规则向学生提出问题，当学生回答完毕后，计算机判断其答案是否正确，并根据学生回答的情况给予相应反馈，以促进学生某种知识与技能技巧，可以使学习者形成刺激反应之间的联系，帮助小学生建立起有关事物之间的联系，帮助小学生建立起有关事物之间联系的联想记忆和某些规律的快速回忆。

（6）问题解决型课件

问题解决型课件不是直接地灌输强迫学习者接受其所包含的知识，而是通过某一情节间接、潜移默化地影响学习者。学习者在学习过程中，可以不断进行练习，强化知识和技能的学习，使知识更加牢固。

4. 多媒体课件的特点

（1）丰富的表现力

多媒体课件在表现课程内容上更加丰富，不仅可以更加自然逼真地表现多姿多彩的视听世界，还可以对宏观和微观的事物进行模拟，将一些抽象的概念、复杂的变化过程和运动形式，以内容生动、图像逼真、声音动听的教学信息展现在学生面前。这样就使原本艰难的教学活动充满了魅力，极具表现力。

（2）良好的交互性

多媒体课件可以为内容的学习使用提供良好的交互控制，根据学生输入的信息，理解学生的意图，并运用适当的教学策略，指导学生进行有针对性的学习，更好地体现出因材施教的个别化教学，利用及时反馈的信息，调整教学的深度和广度，保证学生获得知识的可靠性与完整性。

（3）开放的共享性

随着网络技术的迅猛发展，以及多媒体信息自由的传输，网络上的教育信息资源可以实现共享。以网络、光盘为载体的多媒体课件，提供了教学资源的共享，使知识的传播不再受时间、地点的限制。多媒体课件在教学中的使用改善了教学媒体的表现力和交互性，促进了课堂教学内容、教学方法、教学过程的全面优化，提高了教学效果。

（二）多媒体素材的整理与获取

要实现多媒体与小学英语教学的有效结合，信息的收集和整理是其中至关重要的一步。所需收集的信息资源包括文本、图形、动画等等。

1. 多媒体素材的分类

（1）文本

文本是多媒体课件中的最主要成分，指的是字母、数字和符号。文字的输入可以直接用计算机键盘输入，也可以采用语音输入、手写输入等辅助输入方法，大量的文字材料还可以利用扫描仪附带的文字识别（OCR）软件通过扫描转换输入。虽然小学英语教学课件的制作应多采用图像、声音、视频影像等多种表达方式，但是文字的使用却是必不可少的，只不过对文字的设置，其大小、位置、颜色等要符合小学生的年龄特点。另外，与其他媒体相比，文字是最容易处理、占用存储空间最少、最方便利用计算机输入和存储的媒体，并且多媒体教学软件中概念、定义、原理的阐述、问题的表述、标题、菜单、按钮、导航等都离不开文本信息。它是准确有效地传播教学信息的重要媒体元素。因此，屏幕画面上少不了文本。

文本的不同格式可以根据文件名的后缀来区别，文本的常见格式有以下几种。

TXT：TXT 文本是纯 ASC 码文本文件，纯文本文件是无格式的，即文件里没有任何有关字体、大小、颜色、位置等的格式化信息。Windows 系统的"记事本"就是支持 TXT 文本的编辑和存储工具。所有的文字编辑软件和多媒体集成工具软件均可直接调用 TXT 文本格式文件。

DOC：DOC 是文字处理软件所使用的文件格式。

WPS：WPS 是中文字处理软件的格式，其中包含特有的换行和排版信息，它们被称为格式化文本，只能在特定 WPS 编辑软件中使用。

（2）图形

计算机中的图形是数字化的，在这里我们讲的图形就是矢量图，可以理解为人们画出的画面。矢量图形是通过一组指令集来描述的，这些指令描述构成一幅图的所有直线、圆、圆弧、矩形、曲线等的位置、维数和大小、形状，而且可以随意拉伸变形。显示时需要专门的软件读取这些指令，并将其转变为屏幕上所显示的形状和颜色。因此怎样变大与缩小都不会产生锯齿现象。矢量图主要用于线形的图画、美术字、工程制图等。

图形文件的不同格式我们可以根据文件名的后缀来区别，常见格式有如下几种。

BMP：BMP 图像文件是几乎所有 Windows 环境下的图形图像软件都支持的格式。这种图像文件将数字图像中的每一个像素对应存储，一般不使用压缩方法，因此 BMP 格式的图像文件都较大，特别是具有 24 位图像深度的真彩色图像更是如此。由于 BMP 图像文件的无压缩特点，在多媒体节目制作中，通常不直接使用 BMP 格式的图像文件，只是在图像编辑和处理的中间过程使用它保存最真实的图像效果，编辑完成后转换成其他图像文件格式，再应用到多媒体项目制作中。

JPEG：JPEG 图像文件格式采用的是较先进的压缩算法。这种算法在对数字图像进行压缩时，可以保持较好的图像保真度和较高的压缩比。这种格式的最大特点是文件非常小，用户可以根据自己的需要选择 JPEG 文件的压缩比。当压缩比为 16∶1 时，获得压缩图像效果几乎与原图像难以区分；当压缩比达到 48∶1 时，仍可以保持较好的图像效果，仔细观察图像的边缘可以看出不太明显的失真。JPEG 图像的压缩比很高，因此非常适用于要处理大量图像的场合。JPEG 图像格式是目前应用范围非常广泛的一种图像文件格式。

PNG：PNG 图像文件格式提供了类似于 GIF 文件的透明和交错效果。它支持使用 24 位色彩，也可以使用调色板的颜色索引功能。可以说 PNG 格式图像集中了最常用的图像文件格式（如 GIF、JPEG）的优点，而且它采用的是无损压缩算法，保留了原来图像中的每一个像素。

TIFF：TIFF 标记图像文件格式以任何颜色深度存储单个光栅图像。TIFF 可以被认为是印刷行业中受到支持最广的图像文件格式。TIFF 支持可选压缩，不适用于在 Web 浏览器中查看。TIFF 是广泛支持的格式，尤其是在 Macintosh 计算机和基于 Windows 的计算机之间，支持可选压缩。可扩展格式支持许多可选功能。

（3）动画

所谓动画也就是使一幅图像"活"起来的过程，通过一系列彼此有差别的单个画面来产生运动画面的一种技术，通过一定速度的播放可达到画中形象连续变化的效果。要实现动画首先需要有一系列前后有微小差别的图形或图像，每一幅图片称为动画的一帧，它可以通过计算机产生和记录。只要将这些帧以一定的速度放映，就可以得到动画，称为逐帧动画。实验证明：动画和电影的画面刷新率为 24 帧/s，即每秒放映 24 幅画面，则人眼看到的是连续的画面效果。使用动画可以清楚地表现出一个事件的过程，或是展现一个活灵活现的画面。

在教学中，往往需要利用动画来模拟事物的变化过程，尤其是二维动画，在教学中应用较多。在许多领域中，利用计算机动画来表现事物甚至比电影的效果更好。因此，较完善的多媒体教学软件都应配有动画以加强教学效果。

计算机动画分为二维动画与三维动画，它的常见格式有如下几种。

FLC：Flash 源文件存放格式。在 Flash 中，大量的图形是矢量图形，因此，单元三在放大与缩小的操作中没有失真，它制作的动画文件所占的体积较小。Flash 动画编辑软件功能强大，操作简单，易学易用。

SWF：Flash 动画文件格式。

GIF：GIF 格式是常见的二维动画格式。

（4）声音

声音是通过物体振动产生的声波，是通过介质（空气或固体、液体）传播并能被人或动物听觉器官所感知的波动现象，当演奏乐器、拍打一扇门或者敲击桌面时，声音的振动会引起介质——空气分子有节奏的振动，使周围的空气产生疏密变化，形成疏密相间的纵波，这就产生了声波，这种现象会一直延续到振动消失为止。一般的声音总是包含一定的频率范围。

声音通常有语音、音效和音乐三种形式。语音指人们讲话的声音；音效指声音的特殊效果，如雨声、铃声、机器声、动物叫声等，它可以是从自然界中录音获得，也可以采用特殊方法人工模拟制作；音乐则是一种最常见的声音形式。

在多媒体教学软件中，语言解说与背景音乐是多媒体教学软件中重要的组成部分。

WAV：波形声音文件格式。波形声音，它是通过对声音采样生成的。在软件中存储着经过模数转换后形成的千万个独立的数码组，数码数据表示了声音在不连续的时间点内的瞬时振幅，有可靠的放音质量和潜在的高质量音频，但文件数据大，如一分钟的录音所形成的文件就有 8MB 之多。

MID：MIDI 声音文件格式，MID（乐器数字接口）是一个电子音乐设备和计算机的通信标准。MIDI 数据不是声音，而是以数值形式存储的指令。

MP3：由于 WAV 声音格式占用的空间大，采用压缩技术，可以将声音文件的大小至少压缩为原来的 1/10，采用这种技术的声音文件是 MP3 文件。

（5）视频

视频（Video）是一种活动的画面，但它与动画不一样，它是由摄像机等输入设备捕获的活动画面，大多是真实场景的再现。视频一般分为模拟视频和数字视频。视频文件是由一组连续播放的数字图像（Video）和一段随连续图像同时播放的数字伴音共同组成的多媒体文件。视频中包含声音信息,因此在对视频进行压缩时,也要对其中的声音信息进行编码和压缩。完整的视频压缩格式应当包括对视频和伴音的压缩和协调处理。

常见的影像文件有如下几种。

AVI:AVI 是音频视频交错(Audio Video Interleaved)格式的缩写,是微软公司开发的一种数字音频与视频文件格式,现在已被大多数操作系统直接支持。这种视频格式的优点是图像质量好,可以跨多个平台使用,其缺点是体积过于庞大,另外,没有限定压缩标准,即不具有兼容性,是 AVI 格式的最大问题,不同压缩标准生成的 AVI 文件,必须用相应的解压缩算法才能将之播放出来。

MPEG:MPEG 是运动图像专家组(Motion Picture Experts Group)格式的缩写,VCD、SVCD、DVD 就是这种格式。MPEG 文件格式是运动图像压缩算法的国际标准,它采用了有损压缩方法以减少运动图像中的冗余信息(其最大压缩比可达到 200:1)。

RM:RM 是 RealWorks 公司开发的一种新型流式视频文件格式,用于传输连续视频数据。它可以根据网络传输数据传输速率的不同制定不同的压缩比率,从而实现在低速广域网上进行影像数据的实时传送和实时播放。

ASF:ASF 全称是 Advanced Streaming Format,是 Microsoft 公司推出的高级流媒体格式,也是一个在 Internet 上实时传播多媒体的技术,用户可以直接使用 Windows 自带的 Windows Media Player 对其进行播放。其优点主要包括本地或网络回放、可扩充的媒体类型、部件下载和可扩展性。

WMV:WMV 全称 Windows Media Video,也是微软推出的一种采用独立编码方式并且可以直接在网上实时观看视频节目的文件压缩格式。WMV 格式的主要优点包括高度压缩、文件小、传输快、质量也不错。在很多用于网络传输的多媒体网络课件中,这种文件格式应用比较广泛。

2. 多媒体素材的获取

(1)文字素材的获取

在传统的教学方式中,文字是表达、传递教育信息的主要形式,而在计算机辅助教学中,文字同样有其价值,是最基本的素材,文字素材的处理离不开文字的输入和编辑。文字在计算机中的输入方法很多,除了最常用的键盘输入以外,还可用扫描识别输入、语音识别输入、及笔式书写识别输入等方法。① 键盘输入文本:文本的输入通常使用键盘在记事本、写字板、WPS、Word 等文字处理软件中输入或直接在多媒体协作工具软件中输入。② 扫描输入:通过扫描仪,将纸质材料中的文字内容,借助 OCR 技术实现。③ 手写输入:利用手写板实现文字输入。④ 语音识别输入:利用标准的普通话,语音识别输入软件来实现文本录入。

(2)图像素材的获取

图像是多媒体教学软件中应用最多的媒体元素,从界面、背景到各种插图都离不开图像,它是决定一个多媒体软件视觉效果的关键因素。图像也是学习者最容易接收的信息形式之一,一幅图像生动、直观、形象地表现出大量的信息,可以提供非常有效的感知材料。① 扫描仪扫描:是一种捕获影像的装置,它可将影像转换为计算机可以显示、编辑、存储和输出的数字格式,是功能很强的一种输入设备。② 数码相机拍摄:用数码相机将想要的图片拍摄下来作为媒体文件显示在计算机中。③ 网络下载:利用网络下载,如百度、新浪、雅虎中国、搜狐、网易等常用的国内知名的图像搜索引擎。④ 抓图软件:能随心所欲使用热键或手动从屏幕上抓取图片,如 HyperSnap-DX,Snaglt 等。⑤ 图像素材光盘:在牛津英语配套教学参考用书中,会配有教学光盘,光盘中会有相关的配套图片供老师下载。⑥ 自制图形。

可以利用绘图软件去创作所需要的图形,用鼠标描绘各种形状的图形,并可填色、填图案、变形、剪切、粘贴等,如图 8-1 所示。

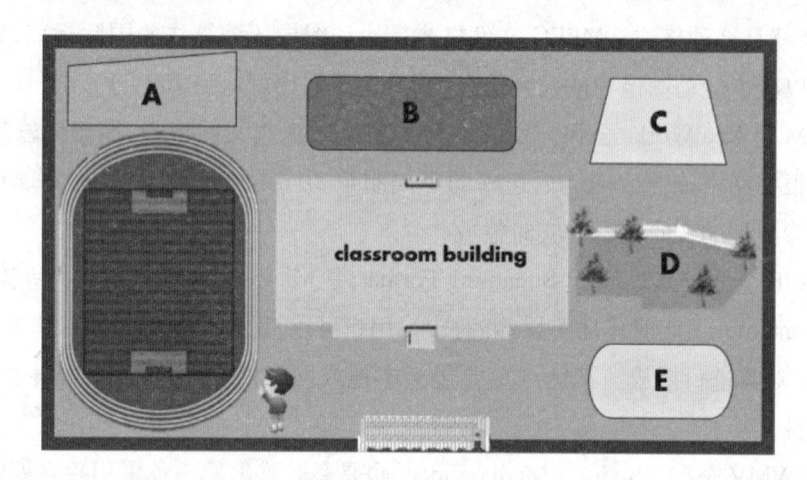

图 8-1　自制图形

(3) 音频素材的获取

音频作为一种信息载体,在教学中的作用主要有 3 个方面。一是作为解说,用于说明事物和现象,对学习者给予指导和引导。解说在课件中起到承上启下、穿针引线的作用,要求朴实生动,清晰流畅,通俗易懂,节奏合理,准确无误。二是作为背景给予一定程度的调节。为配合前景解说的音乐,应选择一些清新、舒缓、悠扬的曲目。三是用作模拟在特定场合中产生效果声,比如心跳、呼吸声、水流声音,也就是我们常说的音效。音效主要是表现真实感和增强气氛,对揭示事物的本质、扩大画面的表现力,增强画面的层次感和空间感,具有十分重要的作用。

制作课件时声音类型及来源比较简单,因此,在实际教学和生活中声音的获取相对来说比较简单。常用的获取方法有以下几种。① 从已有的素材库(如光盘音效库、网上音乐站点等)中获取,这种方法在选择多媒体课件中的背景音乐和音效时用得较多。一般的多媒体课件,不可能自己去制作这些音乐,只能利用别人的音乐。例如,可以从互联网上下载,大部分搜索引擎,如百度,提供 MP3 搜索功能,在上面可以搜索到需要的 MP3、RM、WMA 等格式的音频文件,找到需要的文件后,在网页中单击音频文件进行下载。② 利用声卡及软件进行录制和编辑。这种方法常用来进行多媒体课件的讲解配音。利用 EVCapture,连接话筒就可以进行简单的录制和编辑了,若要长时间的录制和较复杂的编辑,则可选用专业声音软件,如 Goldwave、Adobe Audition、Cool Edit 等,这些软件可在网络上下载。③ 从 CD 唱片中抽取声音(抓音轨)和分离电影文件中的声音。CD 唱片中的文件是以 Track01.cda、Track02.cda … 命名的,但在 CD 中的每一个文件只显示为 1 KB 字节。当复制这些文件时,并不能把每一个曲目作为一个文件直接完整地复制出来,因此,这样复制出来的文件不能直接播放,只能使用"抓音轨"的软件将 CD 音乐转换为别的声音文件格式,如 MP3 文件等。能够实现从 CD 唱片中抽取声音的软件有很多,如 Windows Media Player、超级解霸、Glodwave 等。

(5) 视频素材的获取

视频(Video),又称影片、视讯、视像、录影、动态影像,泛指将一系列的静态图像以电信号方式加以捕捉、记录、处理、存储、传送与重现的各种技术。

有了原始的视频素材,我们就可以根据课件的需要加工素材,作为小学英语教师对视频文件的加工处理要求是不高的,主要是在原始的视频文件中剪裁符合上课需要的内容,这样可以减小多媒体课件的整体容量,便于存储和交流。同时由于系统和部分多媒体创作软件支持的视频格式不一定齐全,我们对视频文件的格式予以转换,以保证多媒体课件能适应不同的系统软件环境。

视频素材多数来自现有的视频节目,例如录像带、DVD/VCD 节目。这些视频素材可以通过计算机视频捕获卡转换为数字视频文件。常用的视频素材的获取方法如下。① 用 DV 摄像机或数码相机以及收集的录像功能摄取的视频。使用磁带记录的 DV 摄像机要通过专门的采集设备将视频采集到计算机中,如果是要剪辑处理的视频,建议以 DV-AVI 格式存盘,虽然占用硬盘空间较大,但画面清晰,编辑起来也较快,加工取舍的余地较大。如果是连续的、无须剪辑的内容,可以用采集设备提供的压缩功能直接生成 MPEG 压缩文件,以节约存储空间。

如果使用硬盘类摄像机和数码相机以及手机进行拍摄,可用数据线连接计算机,复制视频文件到计算机。硬盘类摄像机录制的文件一般会采用 MPEG-2 标准压缩,扩展名为 .mpg,如果扩展名不是.mpg,可以把摄像机内复制来的较大文件的扩展名改为.mpg。数码相机记录的视频一般扩展名为.avi,多数采用 MJPG 记录格式,手机拍摄的多数是.mp4 格式。② 使用已有的数字视频文件。VCD 光盘 MPEGAV 目录中存放的扩展名为.dat 的文件就是采用 MPEG-1 压缩的视频文件,一般情况下计算机系统中的播放器是没有关联.dat 类型的文件,不能通过双击打开,我们可以把 MPEGAV 目录中的文件复制到计算机,改变文件的扩展名为.mpg,以方便识别和使用。DVD 光盘的视频保存在 Video_TS 目录中,文件的扩展名为.vob。

为了更好地保护原始 VCD 和 DVD,我们也可以用 NERO、WINIMAGE 这样的软件建立光盘的镜像文件保存在计算机中。

(三) 小学英语多媒体课件教学设计

教学设计是指为了达到预期的教学目标,运用系统的观点和方法,遵循教学过程中的基本规律,对教学活动进行系统规划的过程。

小学阶段,不同年龄的学生的认知水平各不同,接收知识的能力存在着差异,通过教学设计,教师可以对教学活动的基本过程有个整体的把握,有效地控制教学过程,根据教学情境的需要和教学实施对象的特点来确定合理的教学目标,选择适当的教学方法、教学策略,采用有效的教学手段,创设良好的教学环境,实施可行的评价方案。

1. 多媒体课件在小学英语教学中的作用

(1) 激发学生的学习兴趣

在英语课堂教学中,小学生初次接触英语感到新鲜,随着英语的词汇量增加,常常会表现出陌生、枯燥和乏味,对英语的学习失去往日的兴趣,从而影响学习效果。多媒体运用在教学中,能借助于有趣的教学情景,激发学生的学习兴趣,能让学生主动学习,主动参与到教学活动中,让学生怀着愉快的心情和探索的兴趣去学习新的知识。

(2) 突破教学中的重难点

多媒体课件的使用,可以丰富教学手段和内容,优化课堂教学结构,有效地弥补传统教学的不足,让教材中的重点易于突出,难点易于突破,有着极丰富的表现力,化抽象为具体,变静态为动态,化枯燥为生动,让学生易于理解、观察和想象,从而降低学习难度,让学生快乐地学习。

(3) 实现学生的语言互动

英语教学的目的是培养学生综合运用语言的交际能力。在课堂教学活动中,教师使用多媒体课件,设计一些交际性活动,根据设置有趣的教学情景,让学生在不同情景中体验语言,运用语言,实现语言互动。

实践表明,多媒体课件以其特有的表现手法,增强了教学的直观形象性,让学生有身临其境的感觉,并能在多媒体技术营造的音、色、光的情境中主动发现、质疑和探索,从而获得有益的知识和经验。

2. 小学英语多媒体课件设计的内容和方法

小学多媒体课件设计是对课件的知识内容呈现,教学理论和教学方法,课件应用的目的、对象和运行环境等各个方面进行的整体规划。课件设计保证课件符合科学性、教学性、程序性、艺术性等方面的要求,课件设计的内容包括课件的教学设计、结构设计、封面设计、屏幕界面设计、交互方式设计和导航策略设计等几个方面。

小学英语课件设计的基本方法如下。

(1) 分析教学内容,确定教学目标

教师在进行教学之前要充分解读教学内容,根据教学内容的深浅、难易等属性和学生接受能力的实际情况,对照《标准》的要求,结合实际教学经验,确定教学目标。

(2) 选择教学媒体,创设教学情景

根据教学内容和学生当前的认知状况,去选择、设计和组合运用恰当的媒体,直接介入教学活动过程,实现教学信息对学习者的感官刺激,以达到优化教学效果的目的。

创设教学情景是指在教学活动的设计中,要创设与学习主题基本内容相关的和现实生活相类似的真实的情景,使学生具有为理解主题所需要的经验,从而帮助学生在这种环境中去发现、探索与解决问题。所创设的情景要符合学生的认知结构,情境创设要尽可能真实,要有利于学习者对知识的重组和改造,促进学习者的联想和创新。

(3) 指导自主学习,组织协作活动

制作小学多媒体课件时,通过直观的图像或动画素材,运用启发式教学,充分发挥学生的主动性和创造性,启发他们积极回答问题、找出答案,进行自我学习、自我探索。在学生自学的基础上,通过小组讨论、辩论,进一步完成对主题的理解和深化,培养学生的协作意识。

(4) 确定教学要素关系,形成组织结构

小学多媒体课件的制作要考虑四个要素:教师、学生、教材、教学媒体。这四个要素相互联系、相互制约,形成了一个有机的整体,要使得这个系统发挥最佳的效果,必须分析和研究各要素之间的联系,协调各要素之间的关系,形成合理的组织结构。教师是教学过程中的组织者、引导者、鼓励者,起着连接学生和多媒体课件的作用。学生是学习的主人,是活动中的一个中心。教材是学生学习的一个载体,教学媒体(课件)是创造师生有效互动的一个学习环境。

二、在小学英语教学中运用多媒体课件时存在的问题及原因

多媒体课件在激发学生兴趣、创设真实情景、突破教学重难点及拓宽学生视野等方面具有巨大的优越性,但是多媒体课件作为现代的一种教学手段,它必然得为教学服务,辅助教学。倘若在实践中反客为主,便无法真正地发挥多媒体课件的最大效用。

(一) 在小学英语教学中运用多媒体课件时存在的问题

1. 课件信息量过大,忽视学生的学习效果

多媒体课件因其能够整合多种不同的媒介,使教学内容图、文、声并茂,从而能够引起小学生学习英语的兴趣和注意。但是目前一些小学英语教师在应用多媒体课件时却容易产生小学生有限的认知资源和过量信息加工的矛盾,导致易陷入因课件信息量过大而忽视学生的学习效果这一教学误区。

20世纪80年代澳大利著名心理学家约翰·斯威勒提出认知负荷理论,即关于复杂任务学习中认知资源的优化和利用。认知负荷是表示处理具体任务时加在学习者认知系统上的负荷的多维结构。该理论将人类的认知负荷分为内部认知负荷、外部认知负荷及关联认知

负荷。内部认知负荷是与学习材料本身的复杂性有关的;外部认知负荷是与信息呈现的方式有关,是由于教师不合理的教学设计所引起的;而关联认知负荷取决于学习者对学习任务的理解与图式建构及自主性学习活动,它与学习者的认知努力有关系?根据认知负荷理论,教师在设计多媒体课件辅助小学英语教学时应尽可能地降低学生学习过程中的外部认知负荷,在课件中减少不必要的文字与图片信息的干扰,减少学生脑记忆储量的负荷,提高学生在有限课堂时间内的有效学习。

2. 课件与学情脱节,忽视学生的主体性

学生是英语学习的主体,教师在运用多媒体课件辅助教学时要把学生当作英语课堂的主人,充分发挥学生的积极性、主动性。但我们一些教师在制作多媒体课件时通常是根据考试大纲和教材的要求来设计,至于学生能否听懂听力材料,是否能理解阅读内容,是否掌握单词的标准发音等因素却很少顾及。他们更多的时候是根据教学计划完成35分钟的课堂教学,对于学生的疑惑、兴趣点也大多置之不理。学生仿佛只是一个个小小的观众,注视着那些眼花缭乱,与他们的需求相脱节的多媒体课件。甚至部分教师在不同的班级,针对不同的教学对象使用相同的课件,对于学生的差异性也都置若罔闻。在这样的学习环境中,学生学习英语的积极性只会愈来愈低,语言的运用能力也不会得到提高。

3. 淡化师生间的交流,忽视教师的主导地位

德国教育家第斯多惠曾说过,一个坏的教师奉送真理,一个好的教师则教人发现真理。教师在教育教学过程中发挥着不可或缺的主导作用。在小学英语课堂中教师是教学活动的组织者与引导者,教师的主导作用有利于引导小学生积极思考,极大限度地发挥学生的主观能动性,激发学生学习英语的兴趣。教师以其主导性的地位促进与学生面对面的交流,帮助学生解疑答惑,让小学生感受学习英语的乐趣。然而由于多媒体课件与互联网的连接提供了大量教学资源,小学英语教学内容明显增多。一些教师为了保证教学进度,频繁地播放课件,而学生的注意力被这些应接不暇的课件占据了,无暇关注教师的表情和体态语言。整堂课下来,多媒体课件俨然成了一种无形的"枷锁",束缚了教师的发挥及学生的思维。而教师转变成一个机器操作员,其独有的教学风格、教学艺术消失了;学生的主动性、创造性被扼杀了;师生间的交流减弱了;教师的主导作用也得不到充分的发挥。从而使小学生很难理解和消化教学内容。

(二)在小学英语教学中运用多媒体课件时存在问题的原因

1. 教师缺乏对多媒体的全面认知

多媒体技术为教师带来便捷和效率,多数教师,特别是年轻教师,每天上课俨然成了一个多媒体课件播放员,对多媒体过度依赖导致很多教师认为多媒体就是课堂必须的教学手段,以前的传统教法逐渐地生疏和遗忘。在课件内容的编排上,教师过度依靠动画效果展示教学内容,而降低了文字(如案例、扩充知识等)的比重,课件制作新颖花哨,形式大于内容。

许多英语教师普遍认为：大量使用图片可以更准确、更直观地表达自己的教学目的，因此，教学课件上应叠加放置大量的图片，以期更多地吸引学生的注意力。然而，由于小学生的自控力发展还不够完善，这些图片在无形之中分散了小学生的注意力，学生抓不到学习的重难点。

可见，在目前多媒体教学占主导地位的情况下，课堂教学环境并未改变，依然是教师讲，学生被动听，教师与学生之间扮演演示者和被演示者的关系，不利于调动学生的积极性和主动性。虽然教师有时也试图在细节处做文章以提高学生的激情，但激情只停留在课程的表面，深层次的教学效果并未能完全发掘出来。

2. 教师忽视了传统教学的意义

随着教育技术的日臻完善，越来越多的教师享受多媒体课件的运用。于是传统教学中教案的备课现象屈指可数了，黑板上的粉笔字也寥寥无几，呈现的实物教具也是凤毛麟角。似乎手中的鼠标轻轻一点，精致的图片、活泼的动画应有尽有，而多媒体课件俨然成了包揽各种教学手段的"十项全能型选手"。但是我们的多媒体课件是否真的就可以替代传统的教学手段而成为一枝独秀呢？显然是不可以的。

传统的教学模式，基于对英语语言的各类基础知识进行讲解，以期达到能"做"的程度，切实提高听、说、读、写四项基本能力。多媒体教学的过度使用使学生的注意力集中在播放课件的屏幕上，以致无法直接面对教师并研究教师的体态和表情。而且教师在不断地操作多媒体课件的过程中，无法对学生的课堂表现进行仔细观察。加之多媒体课件内容的大量罗列，超过了小学生接受能力的范畴，成绩好的学生只顾低头做笔记，成绩差的学生单纯关注新颖的图片和视频，学生的基本知识和基本技能并未得到充分锻炼。

三、多媒体课件制作的技能

教师在教学过程中，应充分利用多媒体提供的感性材料，使其和学生的形象思维有机地结合，创设最佳情境，形成语言、情景密切结合的交际认知模式，从而获得最佳的教学效果。

（一）小学英语多媒体课件制作的原则

1. 科学性原则

教学设计必须遵循科学性和系统性。教师要对教学目标进行合理分析，吃透教学内容，词句准确流畅，对教学知识点的表达要具有逻辑性，知识的传授注意循序渐进，突出重难点，按照学生的认知规律，用文字、图像、动画、声音同时对学生的视觉和听觉形成良性刺激。最后，充分运用现代课堂教学论的已有成果，优化组织课堂教学，按照教学规律实施教学。

2. 以学生为中心原则

小学英语教学强调从学生的学习兴趣、生活经验和认知水平出发，倡导体验、实践、参与、合作与交流的学习方式和任务型的教学途径,发展学生的综合语言运用能力。因此,在小学英语多媒体课件的设计中,也要遵循优良的教学方法,以学生为中心,注重学生的自主学习和协作学习,加大英语教学中的语言实践量,使学生在正确的教学方法引导下逐步掌握英语知识,灵活运用语言。

3. 情境性原则

语言是交流的工具,而语言的使用总是在一定的情境中进行的。合理设置语言情景,是多媒体技术的一大优点。要利用多媒体技术提供的大量影音、视频、图片、动画等多媒体素材,为学生创设与学习内容相关的语言情景,使学生仿佛置身于真实的语言环境中,把抽象的内容具体化,在情景创设过程中应尽可能真实自然。

4. 简易性原则

现代教育非常注重思维的敏捷性,注重学生感悟和直觉的培养。多媒体课件的设计必须重视这一原则,要把基本概念、重要原理、基本方法以及解决实际问题的思路以最简约的方式传授给学生。小学英语多媒体教学课件更要注重简易性教学,画面和色彩避免复杂,做到界面美观,清新明了,突出重点。

5. 交互性原则

交互性是多媒体的一大特性和优势。课件制作中要有一定的交互性设计,使之能对学生的学习情况及时反馈,充分激发学生积极参与教学活动的主观意愿,为个别化教学和因材施教提供了条件。课件制作中提示信息要准确、恰当,使小学生能根据简单的提示了解将要进行的活动或自己需要完成的任务。

(二)小学英语多媒体课件的制作

在小学英语多媒体课件制作中,推荐使用以下的 Office 版本:Office365、Office2016 以及 Office2013,不推荐使用以下的 Office 版本:WPS、Office2010、Office2003 及以下版本,这些版本和最新的版本相比有 20% 左右的功能是缺失的。以下所涉及的操作属于 Office2016 版本。

1. 素材对象的插入与编辑

媒体素材是传播教学信息的基本材料单元,可分为:文本素材、图形和图像素材、音频素材、视频素材等。

(1)图片的插入与编辑

1)插入图片

步骤1:在普通视图中,显示或选中要插入图片的幻灯片。

步骤2:执行"插入→图片"命令,如图 8-2 所示,弹出"插入图片"对话框,在"查找范围"列表中选择要插入图片的路径,单击"插入"按钮,图片就被插入到幻灯片中,如图 8-3 所示。

步骤3:图片插入后,单击"图片",在图片的四周出现小圆形调节控制柄,拖拉这些调节控制柄可以修改图片的大小或者旋转图片,如图 8-4 所示。

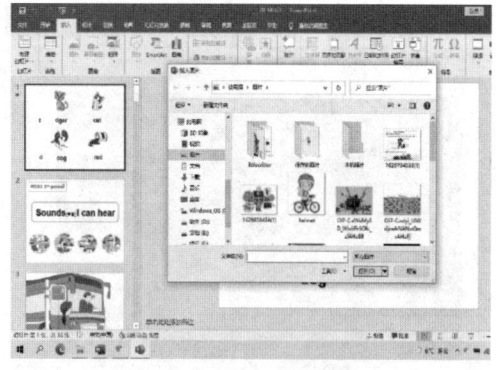

图 8-2 插入图片

图 8-3 选择图片

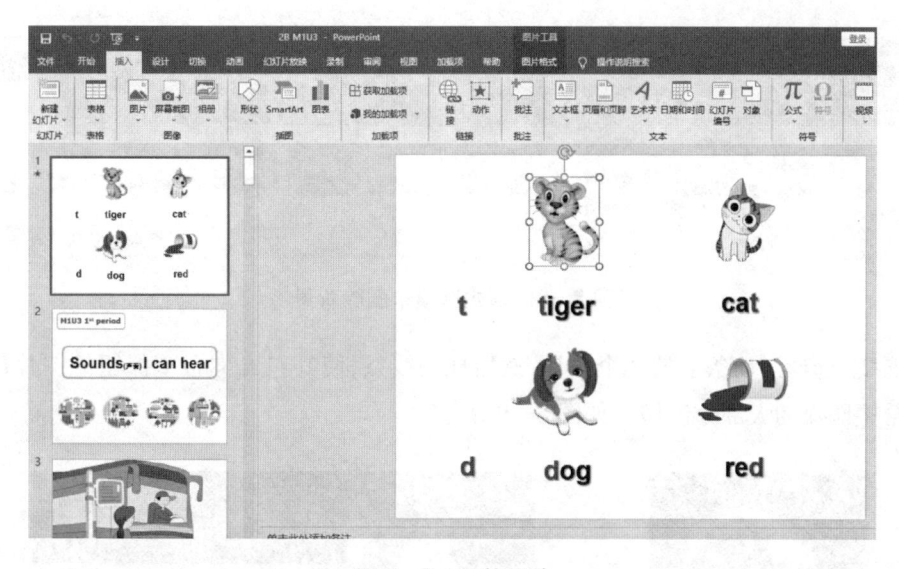

图 8-4 调整图片

2) 如何截图

步骤 1：选中该图片，在[格式]选项卡中单击"裁剪"按钮，如图 8-5 所示。

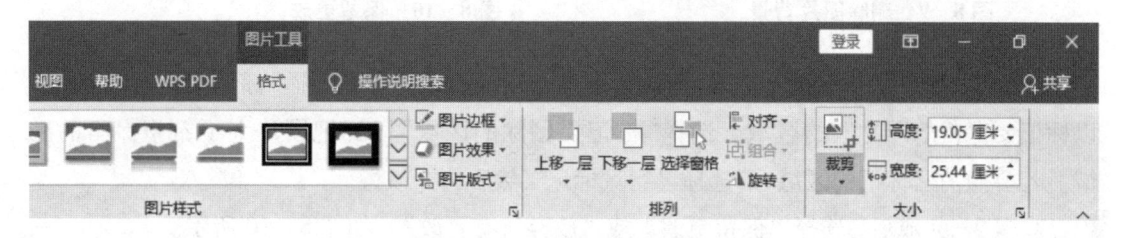

图 8-5 格式选项卡裁剪图片

步骤 2：如果单击"裁剪"按钮，则会立即在图片上出现一个图片剪裁的框，如图 8-6 所示。接着将鼠标位于外框中进行拖动即可，如图 8-7 所示。

3) 如何去除背景

步骤 1：选中该图片，在[格式]选项卡中单击"删除背景"按钮，如图 8-8 所示。

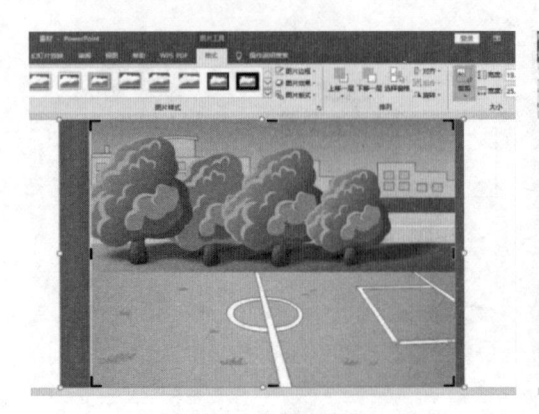

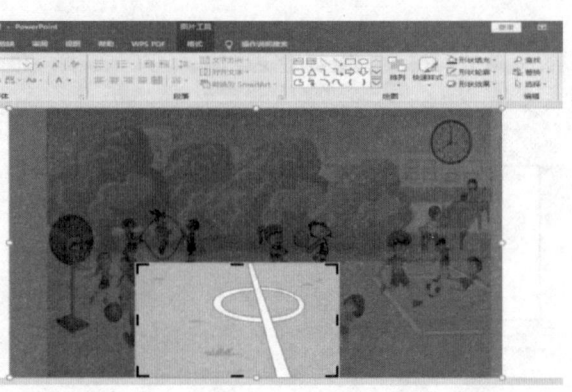

图 8-6　裁剪图片　　　　　　　　　图 8-7　裁剪图片

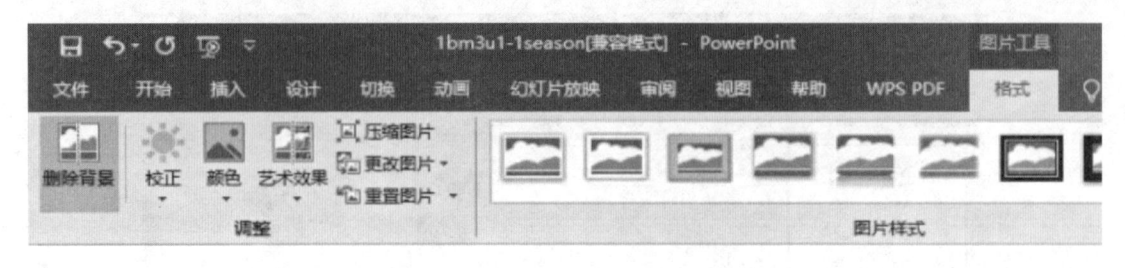

图 8-8　格式选项卡删除背景

步骤 2：选择滚动条上的一个图柄，然后拖动线条，使其包含你希望保留的图片部分，并排除你希望删除的大部分区域。如图 8-9 所示。

图 8-9　删除图片背景　　　　　　　图 8-10　保留更改

步骤 3：如果默认区域不正确，请执行下列一项或多项操作：选择"标记要保留的区域"以标记要保留的图片上的区域。选择"标记要删除的区域"以标记图片上不希望保留的区域。若要撤消已标记的区域，请选择"删除标记"然后选择该行。

步骤 4：完成后，选择"保留更改"或"放弃所有更改"。如图 8-10 所示。

4）如何拼图

在截图的基础上，我们可以进行拼图，拼图的意义在于使图片与你的教学主题相符。

步骤 1：利用网络找到与你教学主题相符的图片进行截图和删除背景。如图 8-11 所示。

步骤 2：将该图片移动至需要拼的图上，并调整大小。如图 8-12 所示。

步骤 3：在左侧的列表框中按住"Ctrl"键分别选中这三幅图并右击组合。如图 8-13 所示。

图 8-11　网络搜索图片　　　　　图 8-12　移动图片并调整大小

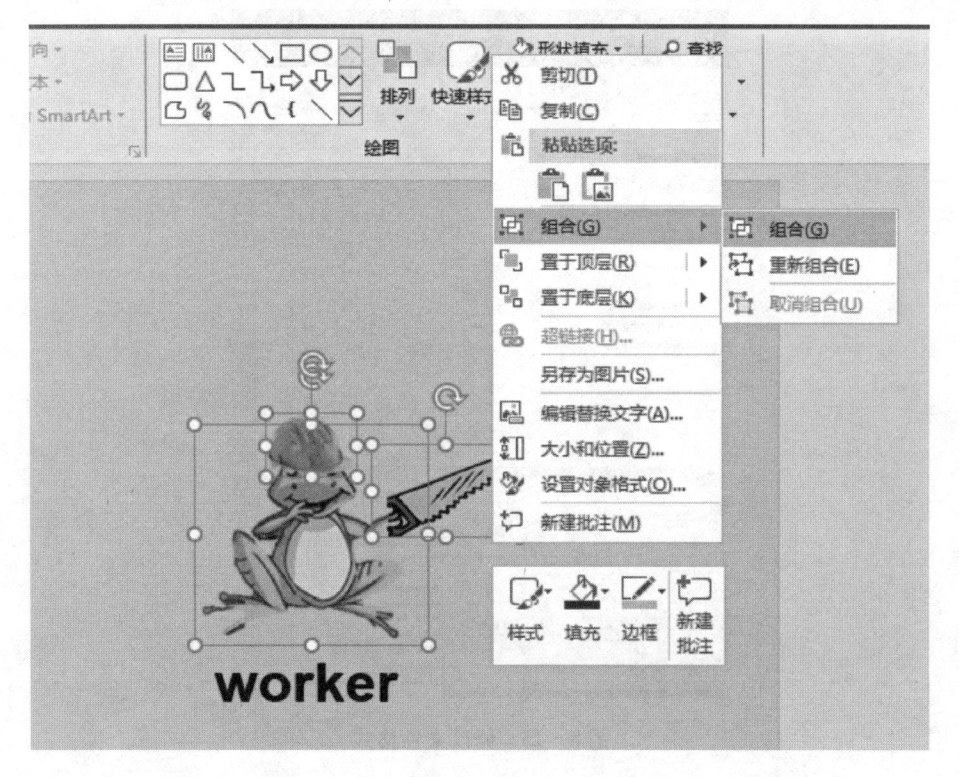

图 8-13　组合相关图片

(2) 声音的插入与编辑

小学英语多媒体课件中,需要收集和整理的声音包括标准的英语课文发音材料、富有童趣的配图角色朗读材料、各种真实生活情景中出现的声音、同学们自己的英文朗读材料等。

1) 插入声音

步骤 1:将音频录制好之后进行保存,在这里建议老师们统一将所有声音保存在同一个文件夹中,方便查找。在幻灯片切换中支持的音乐格式有:aif、aifc、aiff、au、snd、mid、midi、mp3、m4a、wav 等音乐格式。

步骤 2:首先在打开的幻灯片中点击工具栏中的"插入"选项,并点击"音频"中的"嵌入音频"选项,如图 8-14 所示。

图 8-14　插入选项卡插入音频

步骤3：然后在打开的插入音频的对话框中选择需要的音乐文件，在文件类型的下拉菜单中可以看到可以插入的音乐格式，如图 8-15 所示。

图 8-15　修改文件格式

步骤4：点击插入即可。

2）如何剪裁声音

步骤1：插入音频后，在幻灯片中会出现音频图标，选中后会有音频工具选项卡，如图 8-16 所示。

图 8-16　音频工具选项卡

步骤2：点击剪裁音频，在打开的剪裁音频面板里通过移动两头绿色和红色的小标尺来剪裁音乐，剪裁好后点击确定即可，如图8-17所示。

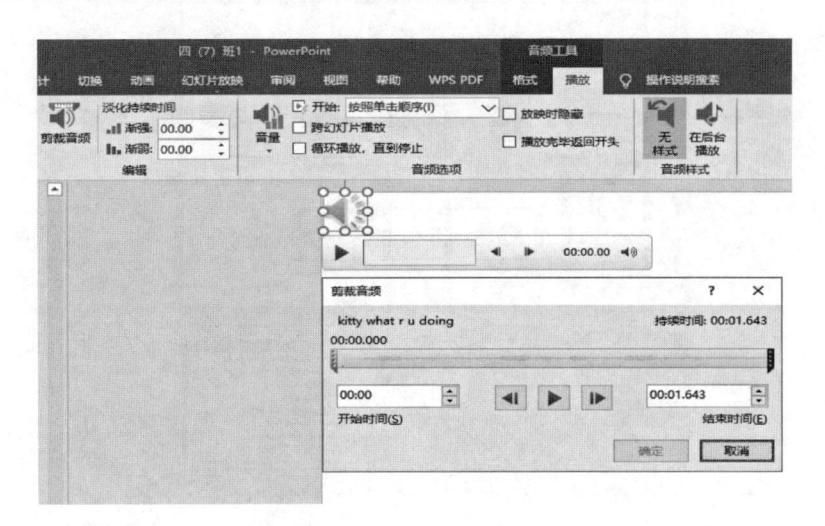

图8-17 剪裁音频

(3) 视频的插入与编辑

小学英语多媒体课件中，使用视频可以达到生动、直观、逼真的目的。以帧为基本单位，当帧被快速播放时，由于人眼的视觉暂留效应，连续显示的静态帧就构成了动态效果。

1) 插入视频

步骤1：将视频录制好之后进行保存，在幻灯片切换中支持的视频格式有：mp4、avi、mpg、wmv等格式。

步骤2：首先在打开的幻灯片中点击工具栏中的"插入"选项，并点击"视频"中的"此设备"选项，如图8-18所示。

图8-18 插入选项卡插入视频

步骤3：然后在打开的插入视频的对话框中选择需要的视频文件，在文件类型的下拉菜单中可以看到可以插入的视频格式，如图8-19所示

步骤4：点击插入即可。

2) 如何剪裁视频

步骤1：插入视频后，在幻灯片中会出现视频图标，选中后会有视频工具选项卡，如图8-20所示。

图 8-19 修改文件格式

图 8-20 插入视频

步骤 2：点击剪裁视频，在打开的剪裁视频面板里通过移动两头绿色和红色的小标尺来剪裁视频，剪裁好后点击确定即可，如图 8-21 所示。

图 8-21 剪裁视频

2. 幻灯片动画制作

（1）如何添加进入动画效果

步骤1：鼠标左键点击想要添加动画效果的图片或文本框，使其显示文本框，如图8-22所示。

步骤2：在动画选项卡中点击添加动画，在弹出的下拉列表中选择相应的进入效果，如图8-23所示。

图8-22 选中对象

图8-23 添加动画

步骤3：为对象设置完动画效果后，可以单击"预览"按钮观看其效果。

（2）如何添加退出动画效果

步骤1：鼠标左键点击想要添加动画效果的图片或文本框，使其显示文本框。

步骤2：在动画选项中点击添加动画，滑动鼠标滚轴，在弹出的下拉列表中选择相应的退出效果，如图8-24所示。最后单击"预览"按钮观看效果。

图8-24 选择退出动画效果

(3) 如何添加自定义路径动画

如果对预设的动作路径不满意,还可以根据需要自定义动作路径。具体的操作步骤如下。

步骤1:鼠标左键点击想要添加动画效果的图片或文本框,使其显示文本框。

步骤2:在动画选项中点击添加动画,滑动鼠标滚轴,在弹出的下拉列表中选择相应的路径效果,点击自定义路径,如图8-25所示。

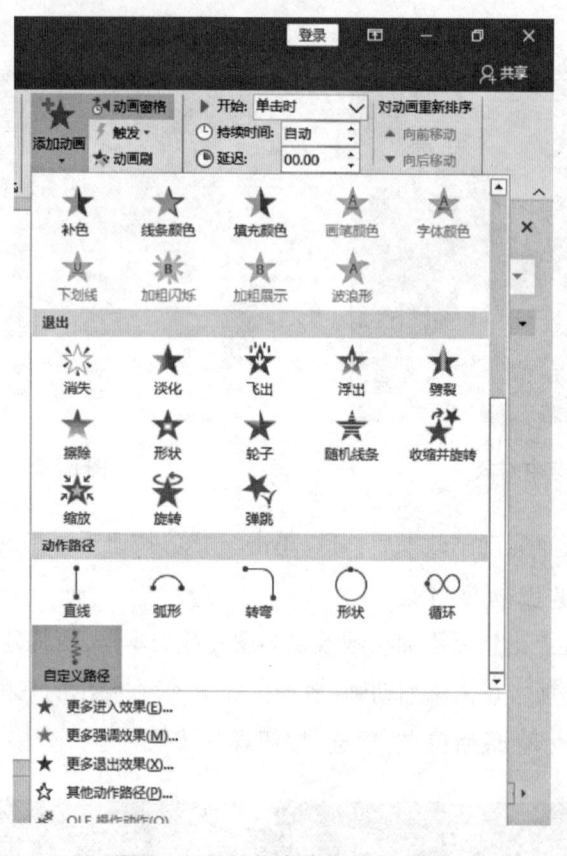

图8-25 添加自定义路径效果

3. 幻灯片放映方式

课件制作好之后,为了能更好地服务教学,控制好各个部分的放映时间,我们需要对各张幻灯片的播放时间及方式进行设置,以便课件能在不同的电脑设备上正常播放。

(1) 如何放映演示文稿

步骤1:鼠标左键点击幻灯片放映选项,找到"设置放映方式"对话框。如图8-26所示。

步骤2:在"放映方式"选项中,可以选择放映的模式有"演讲者放映(全屏幕)""观众自行浏览(窗口)"和"在展台浏览(全屏幕)",任课教师可根据实际情况自行设置。

步骤3:程序默认的是放映全部幻灯片,如果任课教师需要放映部分幻灯片,例如不想播放第五张幻灯片,只需在"放映幻灯片"选项中选择"从1到4"页码,即可实现部分放映。

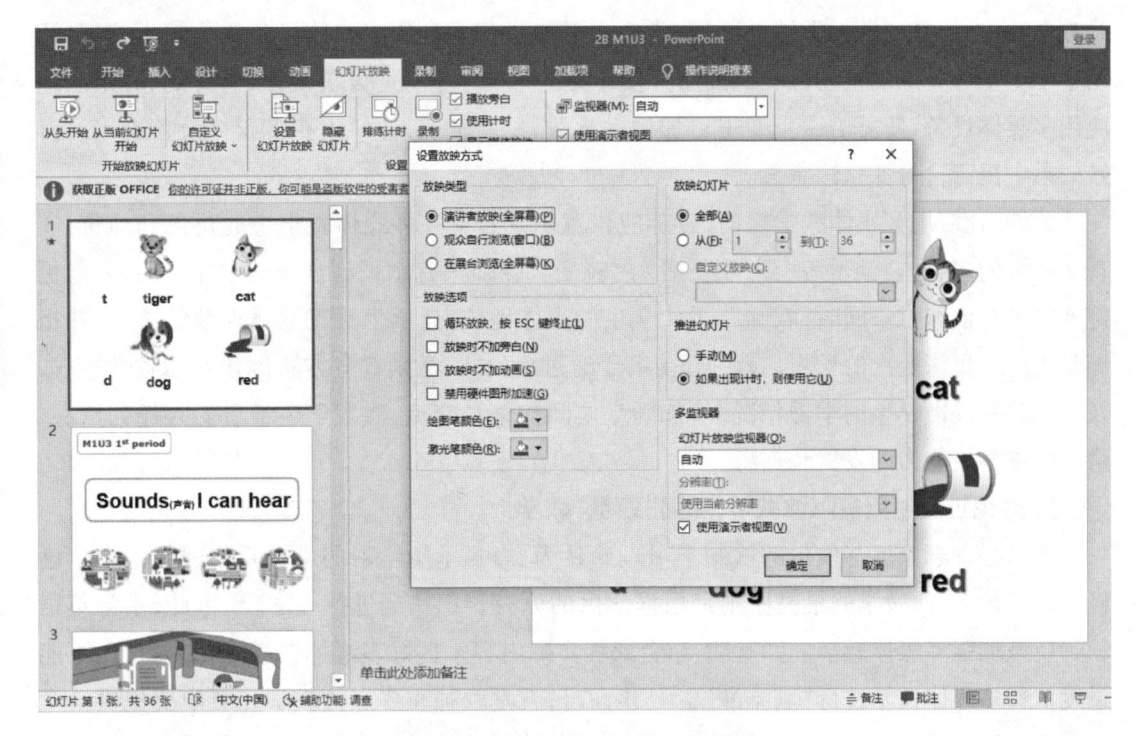

图 8-26 设置放映方式对话框

（2）如何录制幻灯片

如果任课教师要在正式上课前，需要提前录制幻灯片和自己的旁白，步骤如下。

步骤1：鼠标左键点击幻灯片放映选项，找到"排练计时"对话框。如图8-27所示。在"录制"工具栏中，"幻灯片放映时间"显示当前幻灯片的放映时间，右侧栏中显示当前整个演示文稿的放映时间。

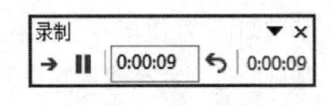

图 8-27 录制工具栏

步骤2：如对当前演示文稿的放映时间不满意时，可以单击"重复"按钮 ↻ 重新计时。也可以通过"暂停"按钮 ❚❚ 和"下一项按钮" ➔ 来进行切换操作。

（三）小学英语多媒体课件制作的应用策略

多媒体将文本、声音和图像等多种媒体形式进行综合，借助计算机系统进行人机交互式信息交流和传播，应用于英语教学中，旨在以多媒体信息为媒介，结合传统教学手段共同作用于学生，形成合理的教学过程结构，实现最优教学效果。多媒体课件的质量直接决定了其辅助英语教学的成效。小学英语教师要制作出优秀的课件不仅仅取决于技术水平，还要考虑到以下注意事项才能使多媒体课件"锦上添花"。

1. 优化教学情境，建立师生互动教学模式

多媒体教学不是以多媒体操作为核心，而是借用多媒体这一平台产生高效的教学。为提高小学英语教学的有效性，英语教师要认清多媒体在小学英语教学中的地位，即多媒体不是教学核心,而是一种教学辅助手段,学会在教学过程中利用多媒体设备优化教学情境,调动小学生学习英语的主动性和积极性。教师要遵循小学生身心发展规律,有计划、有组织地应用多媒体设备,使英语课堂变得更加生动活泼、色彩鲜明,让学生在多媒体设备带来的奇妙效果中提高自身课堂注意力。

此外,在应用多媒体教学之前,教师应该意识到自身在多媒体教学中的角色和地位,实现从传统的多媒体"演示者"到"引导者"的转变。教师只有意识到自身的主导作用,才能更好地掌控英语课堂。同时,教师要承认学生的主体地位,让学生真正地融入教学之中,并指导学生进行更深层次的学习。教师还要善于通过启发式、激励式等方法创建互动教学模式,及时跟踪并反馈学生的学习情况,增加师生之间的信息交流,激发学生学习的兴趣和信心,最终促进学生能力的发展和提高。

2. 避免过度使用多媒体教学,加强"双基"教学

美国心理学家奥苏伯尔的认知学习理论认为,影响学生学习的最重要的因素是学生已经知道了什么,而教学的最高原则是根据学生的原有知识状况进行教学。[①] 因此,小学英语教师应该加强多媒体教学的针对性,结合课程实际内容掌握好多媒体教学的切入点,而不能过度依赖多媒体技术进行"满堂灌"。具体而言,就是教师在多媒体教学环节中要提供给学生丰富、新颖的知识,而不是重复讲授学生已经知道的内容。对于那些用常规手段难以解决的问题,教师应该用多媒体设备进行讲解,将重难点问题简单化,静态的事物动态化,抽象的概念形象化,让学生在愉快的氛围中学到更多的知识。

在实施多媒体英语教学的过程中,英语教师要反思自身的教学重点和难点,夯实学生的基础知识,注重培养学生语言"双基",让学生能够学好,避免英语学习的"头轻脚重"。夯实基础的过程就是建构知识背景的过程。教师在多媒体教学中,应该根据课程知识的整体结构,围绕小学英语课程目标进行教材分析,按学生英语学习的实际情况,进行教学设计和实施,鼓励学生对多媒体的导学内容进行优化和改进。把握知识要点,针对学生的实际问题主动构建知识,让学生在探究过程中不断获得深刻体验。例如在听力教学中,教师不仅可以要求学生通过用多媒体课件呈现的知识建构自己听力的知识和能力,更要在理解和认知文本信息的过程中建构正确的情感、态度和价值观。

3. 加强教师培训,提高多媒体运用水平

教师在教学中占据领导地位,因此,他们的课件制作能力和多媒体教学水平直接影响着整节课的效率。学校及教育机构要定期举办现代技术教育培训,使教师有机会提高自身的计算机应用水平和课件设计水平,有效提高课堂教学效率。

除了加强英语知识的学习外,教师还要利用课余时间学习与多媒体技术有关的专业知识,便于制作精良的多媒体课件,并做到科学地、正确地使用,以利于高效英语课堂的实现。与此同时,在运用多媒体进行教学时,教师应注重提高课堂教学的趣味性和形象性,使教学

---

① 莫雷.20世纪心理学·名家·名著[M].广州:广东高等教育出版社,2002:947.

过程更为丰富和直观,促进教学目标的实现。首先,根据小学生的身心发展规律,充分利用和发挥好多媒体的色彩功能,将教学内容通过鲜艳的色彩进行呈现,集中小学生的注意力,引起学生的求知欲。其次,合理利用多媒体的音像效果,将教材内容以音频的形式表现出来,以期加强教学内容的感染力,充分激发学生的想象力和创造力。再次,掌控好多媒体的图像功能,通过丰富的图片调动学生积极性,促进其充分思考。最后,可利用多媒体的链接功能,通过互联网查询相关资料。这样不仅有利于充实教学内容,还能扩充学生的知识含量,便于学生对所学的知识进行理解和拓展。

揭秘名师课堂

为了更清楚地说明多媒体课件在课堂上的教学过程,本节以《牛津英语(上海版)》1B M4 U1 "Activities"的第一课时为教学内容,进一步明确多媒体课件的实践过程。夯实基础的过程就是建构知识背景的过程。教师在多媒体教学中,应该根据课程知识的整体结构,围绕小学英语课程目标进行教材分析,按学生英语学习的实际情况,进行教学设计和实施,鼓励学生对多媒体的导学内容进行优化和改进。把握知识要点,针对学生的实际问题主动构建知识,让学生在探究过程中不断获得深刻体验。

(1) 学情分析

经过近一个多学期的英语学习,学生们逐渐适应了小学英语学习生活,他们的英语学习兴趣逐步提高,十分愿意模仿老师、跟老师交流、与同伴会话……良好的学习习惯也在慢慢养成,能认真观察、仔细聆听、大胆举手发言,形成了初步的学习行为标准。

在学习本单元之前,学生能听懂问句"What can you do?"并能用"I can …"描述自己的能力,能初步使用词组"draw a flower, sing a song …"这些都是本单元内容学习的基础。

(2) 单元分析

1A M4 的学习主题是"The natural world"(自然世界),分别围绕"On the farm"(在农场)、"In the zoo"(在动物园)以及"In the park"(在公园)这三个孩子们在日常生活中经常去的地点而展开。通过三个单元的学习,能用"What's this/that? It's a …"来询问并回答看到的农场动物及其叫声;能用"Is this/that …? Yes./No."询问并回答所见动物;能用"What colour is it? It's …"来询问并回答物品的颜色。在此过程中,学会观察、善于聆听,积累一定的生活经验。

《牛津英语(上海版)》1A M4 U2 的教学主题是"In the zoo",是学生们课余非常喜欢去的地方。本单元涉及的词汇是动物园中常见动物的名称,如"bear, tiger, monkey, panda";涉及的句型有:"Is this/that …? Yes./No."通过本单元的学习,鼓励学生能在生活中运用已有知识以及核心词汇来描述动物,用所学句型询问并确定所见动物的名称;在交流与分享中学会观察、合理描述,了解动物们的不同特点,积累一定的生活经验。此外,本单元通过问答、游戏、歌曲、图片等形式促使学生了解、操练、简单运用本单元的学习内容,在学习、互动、交流与分享的过程中,感受英语学习过程中的快乐,养成良好的学习习惯。

（3）教学目标

- To use nouns to identify the students' activities. E.g. ride, skip, play, fly.
- To understand Wh-questions to ask about the abilities. E.g. What can you do?
- To feel the joy of playing sports.

（4）课件制作

在进行"Activities"的课件制作时,教师可以从以下几个方面入手：

第一,收集素材。主要搜集和该主题相关的图片,音频和视频素材。关于图片的部分,通过网上的图库搜索相关图片,关于音频和视频,可以在教材附带的教学光盘中进行下载,至于故事中人物的配音部分教师可以找学生进行录制。

第二,处理素材并制作课件。首先,利用幻灯片制作的软件,新建一张新的幻灯片,在标题栏输入"Activities we do",动画设计为"切入"效果,保障一定的趣味性；其次,插入一张搜集到的封面图片,导入课文；在互联网上寻找相应的视频素材；再次,设计本节课的重点单词的讲解幻灯片。在单词中的几个关键字母上添加"飞入"等的动画效果,动画效果可以不同,但不应过于花哨。并在完成字母拼写后再出现单词的意思,教师进行适当的解释说明和操练；接着,在单词讲解环节结束后,进行"passing game"的游戏复习以及做一个调查的部分,新建幻灯片,标题为"Do a survey",并通过文字和表格说明要求。设置背景音乐,让学生在音乐中开展小组调查。

第三,修改课件。和其他课任老师分享制作好的课件,请她检验课件中是否需要增加内容或者需要修改的地方。讨论后进行修改,确认课件内容正确合适。

（5）教学过程

Pre-task：运用儿歌"I can draw"来复习并导入本节课的主题：Activities,如图 8－28 所示。通过复习上学期已学句型"What can you do? I can ..."来帮助学生回忆与本课相关的知识点。随后,通过复习儿歌"Rain, rain go away"引出本节课去公园游玩的情境。

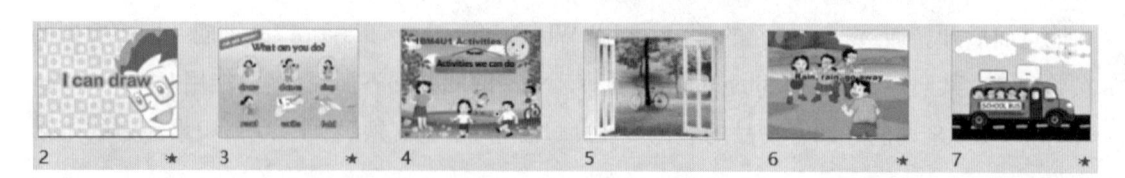

图 8－28 Pre-task 教学过程

While-task：在创设完情境之后,首先让学生们完整地看一遍文本内容,并让学生边听边连线,随后教师通过"Miss Fang"的提问"What can you do?"来教授新单词,在教授"ride a bicycle"时,可通过"Say a chant, Make a chant, Try to say"等活动来进行单词的操练。在教授"play football"时,可通过"More to know"的活动,丰富学生的文化知识,让他们知道在英国和美国对足球的不同表达方式。教师可以以同样的方式进行另外两个重点词汇、词组的教授,但是要注意的是避免操练的方式的雷同。

图 8-29 While-task 教学过程

Post-task:在学生学习完核心单词和句型之后,教师可以让学生通过 passing game 进行复习,如图 8-30 所示。紧接着,让学生以四人一小组完成调查,在调查之前明确要求,如图 8-31 所示。最后,给出作业,让学生回家完成。

图 8-30 "Passing game"教学过程

图 8-31 "Do a survey"教学过程

> **为新手支一招**
>
> **优秀的多媒体课件的评价标准是什么?**
>
> 要想做出优秀的多媒体课件,必须具备良好的政治思想性,即在政治上与中央保持一致,无错误导向或违背国家方针、政策、法令的表述。除此之外,还可以从教学适用性、设计技术性和设计艺术型出发,对多媒体课件进行客观评价。

1. 教学使用性

教学适用性	无内容错误		无科学性错误和严重的文字错误
	规范完整	内容规范	概念叙述正确规范,教学内容适应于相应认知水平的学生
		体系完整	教学知识体系内容完整,符合制作量要求
		资料丰富	有丰富的和教学知识点配合的习题、案例及相关资料,利于学生学习
	教学设计	理念新颖	教学理念先进,体现出良好的整体教学设计思想
		互动性强	教学策略科学,使用多种方法开展教学互动,激发学生主动学习
		设计一致	每个知识点均有较好的教学设计

2. 设计技术性

设计技术性	无运行错误		课件运行正常,无"死机"现象,无导航、链接错误
	技术应用	实用软件	采用了技术含量较高的制作软件,或设计了适合于课件制作的软件
		技术水准	软件设计有较高的技术水准,交互性强
	设计效果	操作方便	课件操作方便、灵活,交互性强,启动时间、链接转换时间短
		媒体控制	对多媒体(如视频、声音)设计了相应的控制技术

3. 设计艺术性

设计艺术性	无不良感官效果		音视频信息无不良的视觉、听觉效果
	界面媒体	界面协调	界面布局合理、新颖、活泼、有创意,切合可见主题,整体风格统一、色彩搭配协调,视觉效果好,符合视觉心理
		媒体应用	充分利用多媒体形式表现教学内容,制作精细,吸引力强,激发学习兴趣

参考文献:

1. 董玲,吴建新,范博文.小学英语课程与教学论[M].成都:电子科技大学出版社,2020.
2. 侯丰,龚键.多媒体教学课件制作[M].北京:人民邮电出版社,2016.
3. 袁海东,马博涵.多媒体课件设计与制作教程[M].北京:电子工业出版社,2020.
4. 秦雪莲.探讨多媒体课件制作中的设计策略[J].学理论,2012(09):189-190.

板块九 作业设计

关键词

英语作业；作业设计；应用策略

结构图

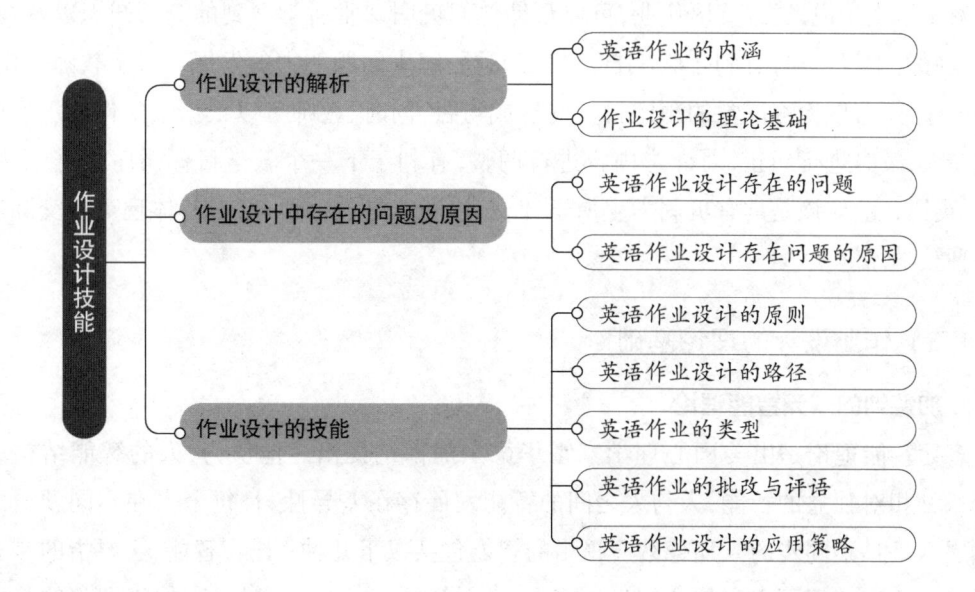

```
                            ┌─ 英语作业的内涵
         ┌─ 作业设计的解析 ──┤
         │                  └─ 作业设计的理论基础
         │
         │                              ┌─ 英语作业设计存在的问题
作业     ├─ 作业设计中存在的问题及原因 ──┤
设计     │                              └─ 英语作业设计存在问题的原因
技能     │
         │                        ┌─ 英语作业设计的原则
         │                        ├─ 英语作业设计的路径
         └─ 作业设计的技能 ────────┼─ 英语作业的类型
                                  ├─ 英语作业的批改与评语
                                  └─ 英语作业设计的应用策略
```

学习目标

1. 了解英语作业的内涵。
2. 说明英语作业设计过程中存在的问题及原因。
3. 举例陈述英语作业设计过程中的基本原则和有效策略。
4. 掌握英语作业布置和批阅的基本原则和方法。
5. 根据教学内容和主题设计英语作业。

学习提示

思考：小学英语作业设计需要遵循的基本原则有哪些？

一、作业设计的解析

英语作业是教学活动中不可缺少的一个环节。对于学生而言，它主要起巩固和延伸作用，即及时巩固、补充和拓展本节课或本单元所学内容。对于教师而言，它主要起检测与反馈的作用，即检测学生的学习结果，促进教师教学成效的持续提升。随着素质教育的不断推进，对于学生作业布置的要求也越来越高，教师在布置英语作业过程中，不仅需要考虑学生课后"负担"过重的问题，还需要满足发展学生核心素养的要求，从助力学生的理解与技能发展、提升学习策略和语用能力、渗透学科情感与文化意识等方面入手，培养全面发展的人。

（一）英语作业的内涵

对于学生来说，通过英语作业，可以帮助他们巩固课堂所学习到的英语知识以及技能，培养良好的学习习惯，有利于学生自己发现问题、解决问题能力的发展。对于教师来说，通过英语作业，可以检测课堂的预定目标的达成与否，同时，教师可以根据学生作业中反映出来的错误，及时进行纠正，对课堂内容进行调整，有利于下一个教学目标循序渐进地达成。因此，英语作业应该是具有巩固学生所学知识，诊断改进教师所教知识，体现英语交际功能的一种教学评价。

（二）作业设计的理论基础

1. 加德纳的多元智能理论

多元智能理论是由美国心理学家霍华德·加德纳提出。他认为，人的智能结构中存在着八种相对独立的智能，人与人之间的智能发展存在差异性，且每个人在不同领域的智能发展水平是不同步的。加德纳所提出的智能包括以下几种：语言智能，主要指的是有效运用口头语言和书面文字传达信息的能力；音乐智能，主要指人对声音的辨别与韵律表达的能力；逻辑数学智能，指数字运算以及逻辑思考的能力；人际交往智能，指与人交往并和睦相处的能力，包括交际、组织、协商等能力；肢体动作智能，指善于运用整个身体来表达想法和感觉的能力，如舞蹈家、运动员和外科医生等；空间感知智能，指准确地感觉视觉空间并把所感知到的形象表现出来的能力，包括对色彩、线条、空间及其它们之间的关系的敏锐的判断力；内省智能，指有自知之明，能够分析自己的长处和短处，善于独自思考；自然观察智能，指对于自然的景物，如植物、动物、天文等进行观察和辨认的能力。这些智能的开发有利于激发学生潜能，培养多样化的人才。因此，他指出教育者必须注重学生的智能培养，根据学生的不同性格特点、年龄特征，创设具体情境促进智能的多方面发展。

根据这一理论，我们要认识到学生智能的多样性，把学生的多元智力和个性特点结合起来,从而设计出不同层次、形式多样的英语作业,开发学生的多元潜能,提高学习兴趣,尽量满足每个学生的个性化需求。

2. 最近发展区理论

苏联教育心理学家维果斯基提出的"最近发展区"理论认为,儿童存在两种发展水平:一是儿童现有的水平,即儿童在不需要成人帮助下,依靠自己解决问题的水平;二是儿童在成人帮助下所能达到的解决问题的水平。这两种水平之间的差异,就是最近发展区。所以,维果斯基强调教学应该着眼于学生的最近发展区,为学生提供带有难度的内容,从而调动他们学习的积极性和发展潜能。

根据这一理论,我们设计的英语单元作业,不只是为了巩固学生课堂学习内容,更要起到延伸作用,即设计一些难度适当,符合学生"最近发展区"水平的作业,使学生"跳一跳就能摘到桃",促进其潜在发展水平顺利转化为可解决问题的现实能力。

3. 人本主义理论

人本主义心理学是20世纪五六十年代在美国兴起的一个心理学流派。由马斯洛创立,以罗杰斯为代表。人本主义学习观认为学习的实质主要包括以下几个方面的内容:第一,学习是一个理解消化吸收的过程,学习不是一种行为而是一种过程,不是一种对外界的反应,而是一个积累的过程,包括对新的知识的认知、理解、巩固、消化、吸收、应用等环节;第二,学习也是对学习者自身潜力进行开发的一个过程,学习可能是人类的一种生存的本能,在学习的过程中,不断地培养自己的兴趣爱好,对于潜力的开发是具有重要作用的;第三,学习就是不断完善自我,突破自我的过程。

在人本主义学习观的指导下,教师在布置作业的过程中,尽可能地调动儿童学习的兴趣,设计有意义的作业,即设计贴近学生学习和生活的作业类型,让学生在解决实际问题的过程中学习知识,锻炼技能,这样的学习效果才是最深刻和持久的。

二、作业设计中存在的问题及原因

"减负增效",提高教学质量,减轻学生的学习负担,是当前素质教育的要求。注重教学效率和质量,减少学生过重的学习负担,使学生在轻松有效的学习环境中健康成长。在当今这种充满竞争的社会中,"减负"并不意味着降低对学生的要求或不布置作业,而是重"质"轻"量",这就需要教师有效地提高教学质量和作业质量。但是,在传统的英语作业中,却过重地增加了学生的学习负担,起到了反作用。

为了更好地了解作业设计和实施中存在的真实问题,寻找作业设计与实施问题背后的原因,积累作业设计和实施的基本经验,2013年上海市开展了义务教育阶段作业设计与实施现状的大型调研。这次作业现状的大规模调研,为全面了解作业设计中存在的真实问题奠定了非常扎实的研究基础。本书仅阐述部分的调研结论。

（一）英语作业设计存在的问题

1. 作业的解释性、多样性、选择性和结构性普遍不理想

调研结果显示，作业类型上主要以书面作业为主。纸笔测验很难测出学生的实践能力与问题解决能力几乎是教育界的共识。同样，仅仅做纸笔作业，也无助于学生掌握科学方法，发展实践能力。作业缺乏多样性，会使得学生的发展局限于知识与技能层面，无益于提升学生的实践能力、创新能力等。至于作业的选择性问题，可能对于学业成绩靠前的学生而言，迫切性并不那么明显，因为教师往往是依照他们的水平设计作业的。但对于学业成绩靠后的学生而言，这些作业已经超出了他们的能力，会让他们明显感到不适应。通过对不同学业成绩的学生与其对作业设计质量的评价进行相关分析发现，学生对作业题要求的理解情况、作业难度是否大、作业量是否大、作业类型是否丰富等方面的评价结果与学业成绩的相关系数均超过0.1，存在较为显著的相关关系。其中，学业成绩靠后的学生普遍不易理解作业题要求，感觉到作业难度和作业量都比较大，认为作业类型不够丰富。可见，现行作业设计对于学业成绩靠后学生的适应性明显不够，教师比较缺乏对这方面的关注。这种作业现状，对于学业成绩靠后的学生来说，也导致了一种恶性循环。

2. 作业内容与作业目标的匹配情况不容乐观

作业内容是否与作业目标相匹配，反映了教师设计作业的科学性和严密性，也反映了作业设计的目标针对性。作业内容与作业目标是否匹配，会影响作业的数量和质量，也会影响到作业实际实施的效果。作业内容和作业目标的匹配度，是判断作业设计质量的重要指标之一。小学英语学科存在着作业内容与作业目标不匹配的现象，有着以下几个方面的显著特征。

（1）作业目标落实的数量分配不均

通过对小学英语学科作业目标得到反映程度的分析发现，一些作业目标仅有少数对应的作业题，而有些作业目标则有许多道对应的作业题。即使排除进度差异、目标的重要性、目标的实现难度等因素，这依然反映了各作业目标之间存在巨大落差。一方面，小学英语学科本来在作业目标制定上的难度就比较大，导致在具体落实的时候含混不清，甚至理解错误。另一方面，教师对作业的功能定位不当，仅仅侧重知识与技能层面的目标，而过程与方法、情感态度与价值观目标落实难度要大于知识与技能目标，而且教师比较缺乏实现相关目标的作业设计能力，因而很少得到体现。

（2）学习水平较高的目标未得到落实

以小学英语学科作业为例进行分析后发现，作业题涉及的作业目标多数为记忆类的目标，如背诵、记忆。这类作业目标以抄默为主。学习水平为"知道"级别的目标比例很高。而对于"运用""综合""评价""创新"等体现高阶思维水平的目标，相对应的作业题目比较少，这对于发展学生的创新思维、问题解决能力、高阶思维等都极其不利。

(3) 学科作业存在应试导向

虽然该调研指出初中阶段,学校为迎接月考、期中考试所以专门布置迎考性质的作业的现象很普遍,但是在上海市教育委员会明确提出,在小学阶段不进行期中考试或考查;小学三、四、五年级期末考试仅限语文、数学两门学科,其他学科只进行考查,考查形式可灵活多样。因此,小学英语阶段,只有高年级才有期末考察,对于应试的现象并不普遍也不明显,但我们仍需要预防该现象的发生。

(二)英语作业设计存在问题的原因

作业问题纷繁复杂,作业本身是一个自我体系相对完整的系统。作业包括作业设计、作业完成、作业批改、作业讲评、统计分析等各个环节,这些要素相互支撑,循环发展。调研结果显示,目前作业各个环节都存在问题,尤其是作业设计环节。

作业设计是指依据一定的目的,选择重组、改编完善或者自主开发形成作业的过程。因此,对于教师来说,作业设计不是全部自主开发作业的过程,根据一定的目的有计划地选择重组、改编完善作业的过程,也是作业设计的重要方式。如图9-1。

作业设计质量包括作业目标、作业内容、作业难度、作业类型、作业差异以及作业的结构性等方面的综合情况。作业设计情况反映了作业自身的质量,也直接影响到作业效果。

作业设计基本模式:
- 选择重组
- 改编完善
- 自主创编
- 多种方式组合

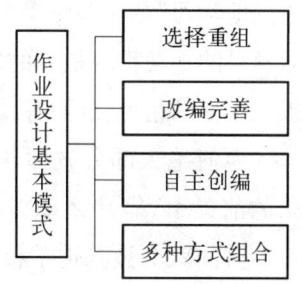

图9-1 作业设计基本形式

当然,作业设计质量还会影响到教师的作业批改方式、统计分析和讲评效果等。比如一套作业缺乏明确的目标设计,教师就无法根据作业的完成情况,判断学生究竟在哪些方面存在主要问题,也无法判断作业错误背后反映的主要问题是什么。这样就会影响作业布置的效果,让作业成为对教学毫无诊断和改进价值的额外"负担"。

1. 符合时代需求的作业设计理论欠缺

20世纪五十年代,凯洛夫主编的《教育学》传入我国以后,他所倡导的"组织教学—复习旧课—讲解新课—巩固小结—布置作业"的课堂教学五步法,对我国课堂教学模式产生了深远的影响,直至今日。这种教学实施模式十分注重知识传授的文本性,缺乏活动性、实践性与综合性。凯洛夫指出,家庭作业是教学工作的有机组成部分。这种作业从根本上具有以独立作业来巩固学生的知识,并使学生的技能和技巧完善化的使命。这种功能假定,使原本属于学生个人的生活时空、伦理性的家庭空间,被无形地转化为学校教育的"课堂教学的延伸"。

我国中小学教师在实践过程中对凯洛夫的家庭作业观还有所发展,不仅强调以独立作业的方式来巩固学生的知识与技能,而且对学生知识与技能的训练一致通过大量增加学生家庭作业量的途径,认为家庭作业越多越好。而且家长也认同这样的观点,在教师布置大量作业的基础上,还额外增加更多的作业。可能正是基于这样的作业功能观,现今的教师几乎都更为关注作业巩固知识与技能的功能,几乎98%的家长都会给孩子购买教辅资料,绝大部分家长会给孩子额外布置作业。国内作业观深受凯洛夫思想的影响,把作业仅仅作为巩固学生的知识并使学生的技能和技巧完善化的工具,强调独立作业,而且还有些专家把作业从凯洛夫的"教学工作的有机组成部分"进一步窄化为"课堂教学的延伸"或"上课的延续"。这就导致了家庭作业的内涵与功能的极大窄化。当然,这种作业观也导致了国内学生作业形式单一,大多是机械背诵、默写、做习题等形式。在课程教学改革日益强调学生能力发展的今天,这种传统的作业观也日益显示了其负面作用。

2. 对作业功能认识存在时代的局限性

调研结果显示,小学有90.8%的教师认同"做作业有助于增强学生对学科的重视程度"。值得一提的是,教师在"做作业有助于增强学生对学科的重视程度"与"多做作业有助于学生更好地学习"的回答结果上呈显著相关。由此看来,有些教师倾向于多布置作业,增强学生对学科的重视程度是目的之一。教师可能认为,作业布置多了,学生就会重视学科,也就会投入更多的精力,从而有助于提高学生该学科的学业成绩。

为何绝大部分教师认为作业有"巩固学科地位"的作用?因为在课时固定且比较紧张的前提下,靠什么来提高成绩?教师们首先想到的是:"你不去抢占学生的课后时间,你的时间就会被其他学科所侵占。"因此,每门学科课后的作业大战,成了"没有硝烟的战场",作业多少成为"学科时间抢夺战"的武器,而教师之间的这种时间抢夺,受害最深的则是学生。

当然,除了上述原因,教师缺乏正确的作业设计方法、家长和学生不断追求第一的竞争心态等,都是导致当今作业设计问题和课业负担过重问题的原因之一。由学生问卷调查结果得知,家长或学生自己布置额外作业的比例有80%左右。由此可见,学生的作业负担不仅仅来自学校,还来自家庭与学生自身。

3. 教师普遍缺乏正确理论指导下的作业设计能力

调研显示,由于教辅资料的泛滥,绝大部分教师认为自己是不需要设计作业的。因此,照抄照搬教辅资料上的作业就变得比比皆是。这不仅让作业设计丝毫没有能够针对教师自己班级学生的特点,而且也让教师日益失去设计作业的能力。

根据2013年上海市义务教育阶段作业设计与实施现状的调查研究结论显示,通过对教师作业设计能力和作业设计质量进行回归分析,发现小学教师作业设计能力对作业设计质量影响的标准回归系数为0.175,关系比较明显。

究竟是什么因素对教师的作业设计能力产生明显的影响?在不考虑教师自身条件差异等影响因素的情况下,教师对作业的基本观念、接受的专业培训等,都有可能影响教师的作业设计能力。教师对作业的基本观点主要是指教师对作业功能等方面的认识。教师接受的专业培训包括教师自我反思、备课组讨论、阅读相关文章等。其中教师自我反思的频次越高,越有助于提高作业设计能力。备课组讨论、阅读相关文章对作业设计也有正向影响。

三、作业设计的技能

依据《标准》的最新理念以及日常英语作业布置的经验,针对以上作业设计中出现的问题及成因,我们认为小学英语作业设计应遵循以下的原则。

(一)英语作业设计的原则

1. 趣味性和应用性相结合

趣味性是指一个人经常趋向于认识、掌握某一事物,力求参与该活动,并具有积极情绪心理色彩的心理倾向。作业的趣味性是指教师布置的作业在形式、内容上应符合学生的年龄特征,有童趣,激发学生的学习兴趣,使学生感受到作业的乐趣,与此同时不知不觉地巩固了所学的知识、提高了学习能力。小学生对课外作业能否产生兴趣,主要取决于下列因素。

(1)事物本身的特征。

凡是相对强烈、对比明显、不断变化、带有新异性和刺激性的事物,都会引起学生的兴趣。

(2)学生已有的知识经验。

有些事物虽不具有新异性,但与不同学生的已有知识经验有密切联系,并能满足学生获得新的知识体验的需要,也会引起学生的兴趣。

(3)学生对事物的愉快情感体验。

学生在学习过程中获得别人的承认或内在的满足等积极的情感体验时,往往会加强其学习兴趣的稳定性。一个人一旦有了这些心理倾向,他就会主动、积极、执着地去探索,使学习获得明显的成效。兴趣可以使人集中注意,产生愉快、紧张的心理状态,这对人的认识活动具有积极的影响,有利于提高学习的效率。教师应重视兴趣在学生学习中的动力性作用。提高学生学习的兴趣能促进学生全身心地、积极主动地投入到知识的学习,特别是相互交流的活动中去。学生只有对学习知识感兴趣,学习才能成功。

当学生对英语产生了学习兴趣之后,教师还应鼓励学生将学到的知识应用于生活。《标准》指出:义务教育英语课程体现工具性和人文性的统一,具有基础性、实践性和综合性特征。语言是用来交流的,只有在具体的实践中,才能形成运用语言的能力;只有在真实的交际中,才能找到乐趣,体会到语言的魅力。因此,在平时的英语的作业设计中我们应时刻注意凸显它的应用性。

如在《牛津英语(上海版)》4B M4 U1 P3 作业中,教师设计了如下的作业:

Make and say.(制作一个你喜欢的卡通模型,并借助手电筒观察模型影子的变化,然后像 Alice 一样说一说你的观察结果,要求语音语调正确,语句通顺。)

> I paint a pig, cut it out and stick a pencil. I put my toy pig near the torch and I see its shadow. Look, it's on the wall. I move the torch. Sometimes the shadow is big. Sometimes the shadow is small. Look, the shadow is on the floor. It grows small. How fun!

图 9-2 "Make and say"作业设计图示

该作业让学生不仅巩固了书上关于影子模型的知识,而且让学生亲自动手做一做,体现了趣味性和应用性的结合,使学生不再认为英语作业是枯燥乏味的事,也不再是负担,而是一种乐趣。

2. 层次性与选择性相结合

不同的学生有着不同的智力水平、认知结构、心理特征、个性、习惯,每个学生的学习能力也各不相同。所以教师在作业设计时应从学生的实际水平出发,既要面向全体,又要兼顾个体差异,根据不同层次的学生需要和最近发展区的原理,设计多层次的、有弹性的作业,并且对每个层次要完成的作业任务要求都有明确规定:有的偏重于对知识的理解和灵活创新运用;有的偏重于简单的替换操练;还有的需要学生抄写,进行夯实基础知识的练习等。

另外,应给学生机会自主选择作业。所谓选择是指从多种备选对象中进行挑选与确定。在让学生选择作业时,要引导学生学会正确地评价自己,正确认识自己的实际水平,教会学生选择适合自己的作业的形式、内容和数量,从而完成学习任务,达到每个人的最近发展区。分层和选择相结合,让学生在自主选择作业的同时提升他们的学习主观能动性。

如在 PEP 教材 6B U2 "Last weekend" 中,教师设计了如下的作业:

必做型作业:

Review the words and sentences learned in the class; Make a dialogue with the key sentence.

选做型作业:

Think about what you did last weekend. Write a short passage within 5 sentences to describe your last weekend.

本单元的话题是"Last weekend",通过对核心词汇的学习,重点句型的反复操练,了解和掌握一般过去时的用法。必做型作业侧重在句型和对话中,反复操练一般过去时,让学生会说、会用。选做型作业侧重在语篇和写作中,熟练使用一般过去时,让学生会读、会写。该作业在设计时,兼顾了学生的个性差异,设计了不同层次的作业,使全体学生都能较好而有效地完成作业,使他们从作业中有所收获,并且很大程度上让学生体会到成功的喜悦,更能激发学生的作业积极性和兴趣。

3. 口头作业与书面作业相结合

英语课程的总目标是培养学生的综合语言运用能力,为了实现这个目标,教师要为学生合理安排口语作业和书面作业。口语作业涉及学生的语音、词汇等知识和听、说等语言技能,符合英语课程工具性的特点。走出课堂,走入真实的生活情境中,学生需要借助口语实现交流、问询、留学等多种目的,对他们的英语实践能力是一个不小的考验。因此,教师应该重视学生的日常口语练习,帮助他们跟读录音、纠正语音、模仿对话、进行课堂表演等,把英语当作交流的工具,而不是沟通的障碍。

书面作业涉及学生的语法、句型等知识和读、写等语言技能,体现的往往是英语课程人文性的特点。学生将课堂所学知识,通过书面作业的形式进行巩固、内化和记忆,正所谓"好记性不如烂笔头"。在这些书面作业的积累中,学生丰富了自己的语言知识,提升了自己"下笔"的语言能力,了解英语国家的历史与文化,初步形成自己的世界观。因此,除了口语作业,教师也要注重与书面作业相结合,两种作业形式共同作用,发展学生的综合语言运用能力。

例如在外研社《英语》(一年级起点)4A M1 U2 "I've got a new friend"中,教师在让学生完成书面作业之前,首先在群里布置了一条口头作业,让学生通过聊天软件进行聊天,而教师只需要抛出讨论聊天话题:"Who is your good friend in the class? How is she/he? Why are you two good friends?"学生开始在群里用英语表达自己的想法,他们不仅在群里用录音表达自己想说的话,还热爱听别人的录音,点燃了孩子们学习的热情。

4. 有效性与挑战性相结合

作业的有效性,主要体现在两个方面。第一,学生完成作业的质量情况。作业是否按照教师要求逐一完成,是否经过独立思考寻找解决问题的途径,书写是否整洁、规范等。第二,作业给学生带来的影响。在完成作业的过程中,学生能否巩固所学知识,能否合理运用认知、调控、资源等学习策略。作业量过多,学生的情绪受到影响,敷衍完成,作业的质量无法保证,作业就称不上是有效的。作业量过少,无法引起学生对英语学科的重视,作业带给学生的影响有限,甚至没有,这样的作业也是无效的。因此,作业量要适中,同时保证质量和效果。

挑战性主要是指作业的难度。作业如果一味地维持在偏基础、中等水平,学生停留在现有水平,则忽略了学生的"最近发展区",学生的潜能无法得到发挥,学习能力停滞不前。因此,作业设计要符合挑战性原则,根据学生的学习能力和接受程度,适当增加作业的难度,由浅入深、由易到难,让学生在原本轻松完成作业的基础上,多一些时间、空间进行思考,或选择合作的方式寻求解决途径。在这个过程中,不仅会激发他们的好奇心、求知欲,还能够更大限度地发挥他们的想象力和创造力,完成一个个看似不可能的学习任务,不断刷新"最近发展区"的高度和宽度。

如在《牛津英语(上海版)》4A M3 U1"In our school"第一课时中,教师设计了根据字谜线索,写出正确的学校场所。

Use the clues to complete the crossword puzzle:(根据字谜线索,写出正确的学校场所)

图9-3 "字谜线索"作业设计图示

为了帮助学生熟练地背记本单元与学校地点相关的名词"canteen""gym""office"等,我们将这些单词制作成了一个字谜游戏,有效地替代原本的机械抄写作业,同时激发了学生的学习兴趣,生动的卡通图片也为学生单词的学习提供了很好的助力。

(二) 英语作业设计的路径

小学英语作业设计具有"聚焦单元整体设计,坚持目标导向,关注学生发展"的特点。在设计作业时,教师可以遵循一定的路径,不断优化作业设计,提升作业品质。

分析教材内容 制订单元目标 分析学生情况 → 确定单元作业目标 → 设计单元作业内容 → 分析优化作业品质

图9-4 单元作业设计路径图

在以上路径图中,分析教材内容、制定单元目标、分析学生情况是在教学设计时进行的活动。对于单元作业设计而言,起点是确定单元作业目标,依据目标设计单元作业内容,同时借助属性表分析优化作业品质。

1. 基于课程标准确定单元作业目标

小学英语进行单元规划的依据主要有四个:《标准》《上海市小学英语学科教学基本要求》(以下简称《教学基本要求》)、英语教材以及小学生英语学习特点。《标准》围绕核心素养,使学生通过课程学习逐步形成适应个人终身发展和社会发展需要的正确价值观、必备品格和关键能力。包括语言能力、文化意识、思维品质和学习能力等方面,并分别提出了不同的级别要求。《教学基本要求》则对教材中的词汇、句法、语音、语篇等各部分内容提出了具体的学习要求。教材是学生达到《标准》规定的重要载体,是单元作业设计的重要依据。上海牛津英语教材依据"Building Blocks(模块建筑)"体系进行编写,选取贴近学生生活实际的真实语言材料,并融合语音、词汇、句法、词法、语篇等方面的学习,另外还涉及情感态度、学习策略、文化意识等内容。教师需要研读教材,通过纵向分析和横向分析,深挖教材文本内涵,发现课时与课时之间,单元与单元之间的内在联系,从而统整单元内容并设计单元教学目标,为单元作业目标的制定提供思路。除此之外,教师需要了解不同学生的个性特点,了解优等生的潜在能力,学困生的学习难点,在作业目标设计时就考虑学生发展的差异性特点,促进学生进行有意义学习。

因此,教师在设计单元作业目标时要以《标准》和《教学基本要求》中的分级要求与阶段学习要求为参照依据《标准》中反映了国家对学生学习结果的期望,《教学基本要求》展现了单元模块,教材是教师教和学生学的主要载体。英语教师在进行单元作业目标设计时,要分析和研读这些因素,形成设计流程。

如在《牛津英语(上海版)》5A M1 U3 "My future",教师设计了如下的单元作业目标。

项 目	内 容
教材内容	5A M1U3 My future Look and say, Look and learn, Say and act, Do a survey, Read a story, Learn the sounds
单元作业目标	1. 识别国际音标/p/、/b/、/t/、/d/、/k/、/g/,并辨别含有这些音标的单词。 2. 能在语境中,正确朗读、书写、背记和运用核心词"worker""pilot""farmer""shop assistant"。 3. 能在语境中,根据人称,用一般现在时"... want(s) to be ..."的正确形式进行表述。 4. 能在语境中,用核心句型"What do you want to be? I want to be a/an ..."询问他人的梦想职业,并进行应答、叙述。 5. 能听懂、读懂有关梦想职业的语篇,知晓语篇内容,获取语篇基本信息,了解相关人物的梦想职业。 6. 能根据梦想职业这一话题,按记叙文的基本结构,有条理地从个人基本信息、爱好、能力等多个方面阐述自己或他人的梦想职业,表达自己的观点,进行口头及书面表达。

续表

项目	内容
单元作业目标	7. 在班级调查、主题汇报等综合实践活动中,通过听、看、读等多种方式获取有关梦想职业的信息,综合运用本单元的核心语言阐述自己的梦想职业,进行说和写的表达。 8. 搜集资料,借助思维导图,分析整理有关梦想职业的信息,了解各种职业需要具备的基本条件和素养,以小组合作的方式进行有关梦想职业的主题汇报,提高分析问题、解决问题的能力。 9. 能拥有自己的职业梦想,明确努力的方向,并勇于为实现梦想而付出努力。

2. 基于作业目标设计作业内容

单元作业目标是单元作业内容设计的前提和基础,在目标确定好之后,教师需要在此基础上考虑单元作业内容的具体要求。教师在设计教学内容时应考虑:为达到目标应该设计几项作业?本项作业涉及的语言知识以及对应的水平是什么?作业类型(形式与水平)是什么?完成本项作业需要多长时间?学生如何完成本项作业?教师可以根据这些问题导向,通过表格的形式清晰化自己的设计思路(见表9-1)。

表9-1 作业内容设计导向表

作业序号	项目	内容	
作业1	对应作业目标		
	作业类型	形式	□选择 □填空 □简答 □应用 □判断 □完形填空 □书面开放 □书面其他 □非书面……
		水平	□知道 □理解 □应用
	完成方式		□听说类 □操作类 □综合实践类 □合作类 □跨学科运用类 □非书面其他 □书面类
	提交时间		□当天 □_____天后
作业2、作业3……			

教师在设计单元作业时要依据不同年级学生的认知结构和年龄特征实现作业水平的均衡发展,对于低年级学生而言应该侧重于记忆与理解能力的发展。对于中年级学生要侧重于发挥单元作业的拓展与延伸性作用,教师在布置单元作业内容时应该更加关注学生理解性和应用性水平的发展。对于高年级学生来说,应该更加强调练习的针对性、知识的迁移性和解题能力的提升性。因此,教师需要从整体上概括和总结单元所学知识,关注知识的前后关联与应用,立足于学生身心发展特点和认知结构特点帮助学生在语境中接触、体验和理解真实语言,构建语言知识体系。

在单元视角下,各课时的作业内容并不是独立的、割裂的,而是具有整体性的,共同指向单元作业目标的达成。教师在依据作业目标设计作业内容时,应考虑结合单元主题,将各课时作业内容尽可能地置于统一的语境下,而不是单纯地从语言知识的角度出发,只考虑针对核心语言项目进行训练。同时,每一课时内容应前后关联,逐步递进,帮助学生巩固复习所学的语言知识与技能,促进综合能力的发展。

作业完成时间和方式也是教师设计单元作业内容时需要考虑的因素。根据上海市教委规定,小学高年级作业应该控制在一小时以内完成,时间太长,学生的积极性也会不断消退,无法体现单元作业提高学习兴趣、激发学习主动性的特征。

3. 基于作业内容选择作业形式

单元作业形式应该力求丰富多样,应该尽可能地避免抄单词、抄课文、做练习卷等枯燥且机械性的训练。这一形式虽增加了所学语言知识的复现率,但偏重于机械性的语言训练,这种枯燥的方式长久重复下去会使学生失去写作业的兴趣,造成只动手、不动脑的局面。此外,心理学家加德纳将人的智能分为八个主要部分,并认为每个人都会用自己擅长的方式发觉自己的智能,因此每个人的智能发展都存在一定的差异性。那么在进行单元作业设计时,教师可以从多元智能理论出发,关注作业内容的关联性。通过围绕某一单元主题设计形式丰富的作业,结合游戏、实验、绘画、表演等形式,丰富多样的作业形式不仅有助于提高学生完成作业的积极性,还能提升作业完成的品质。在设计作业时,需要教师发挥创造力,让作业形式变得丰富、生动和有趣。如歌曲创编型作业促进学生的音乐智能和思维能力的培养;亲子合作或小组合作型作业促进人际交往智能的培养;社会实践型作业发展自然观察智能和学习能力等。

单元作业内容的多样性表现在作业内容既可以与教学内容一致也可以大于教学内容。除了课本中基础的语音、词汇、语法等知识的巩固和应用,教师还可以通过语篇拓展、动手实践等培养学生创造能力与实践能力的发展,从而挖掘出学生的发展潜能。因此教师需要积极开发课程资源,关注学生生活体验,促进学生在理论学习与实际锻炼中不断发展。

如在《牛津英语(上海版)》4B M3 U1 "Sounds"中,教师设计了如下的第二课时作业内容:

Think and write.(在方框内写出与划线部分发音相同的单词。)

Tony is playing a sound game. He is making a long "train". Can you help him?

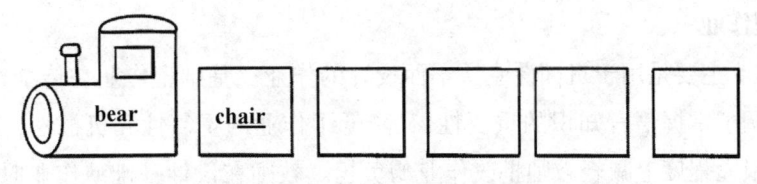

图 9-5 "Think and write"作业设计图示

该作业符合了小学生的年龄特点,针对本单元语音学习内容设计了"小火车"的作业内容,改变了传统的抄单词、抄音标的形式,最终达成了复习巩固字母组合"are""ear""air"的读音规则的目的。

4. 分析优化作业品质

教师在设计完作业内容后,还需要基于学生作业结果进行反思和优化,体现了"设计—实施—反思—优化—再实施……"的循环往复、不断完善的思想,即作业设计并不是固化的、文本性的、静态的,而是和作业实时互动、不断完善的,是灵动的、实践的、动态的。这种观点不仅体现了作业设计、实施、结果分析、诊断改进之间是密不可分的,还强调了作业结果既有对学生学习情况、教师教学情况的诊断改进功能,也有对作业设计自身诊断和改进的功能。

教师在进行分析作业品质时,需要包含多个作业分析维度,通过下表的填写和统计,教师可以了解单元作业的整体质量,如作业目标与教学目标是否一致,作业类型是否丰富,完成方式是否多样,作业水平分布是否合理等。通过分析和调整,及时优化作业设计。

表 9-2 单元作业品质分析表

作业序号	对应目标序号	类型 形式（选择、填空……）	类型 水平（知道、理解、应用）	完成方式（听说类、操作类）

（三）英语作业的类型

英语作业的类型应该是丰富多彩的。教师可以设计词汇类、语法类、阅读类、写作类等不同内容的作业；可以设计指向听、说、读、看、写等不同技能维度的作业；可以设计选择、填空、判断、简答、完形填空等不同题型的作业；可以设计非书面的操作、合作、综合实践、跨学科运用、长作业等不同形式的作业。丰富多样的作业不仅有助于提高学生的作业兴趣,而且能更好地满足不同学生的差异性。

1. 基础型作业

基础型作业主要是用于巩固课堂所学而设计的作业。基础型作业在传统作业基础上进行调整,既强调了掌握语言知识的重要性,又降低了作业的重复性和机械性,从而提高作业的有效性,在很大程度上减轻教师批改作业的负担。教师在设计基础型作业时,可从以下两个方面考虑：第一,从教材内容入手,把握每个单元的重点单词和句型,教师可以多联系课本中的"Look and learn, Look and say"和"Learn the sound"等板块内容；第二,从学生的学段出发,准确把握作业时间和作业量,给学生留下复习、消化知识、及时纠错的空间。

如在《牛津英语(上海版)》4B M2 U3 "Home life"中,教师设计了如下的作业内容：

2-3: Think and write(看图，想一想，完成句子)

(1) 4:00 p.m.

It is four o'clock in the afternoon.
Mrs Chen is in the ＿＿＿＿.
She is ＿＿＿＿.

图 9-6-1

(2) 7:00 p.m.

It is ＿＿＿＿.
Mr Chen and Peter are in the ＿＿＿＿.
They are ＿＿＿＿.

图 9-6-2

(3) 8:00 p.m.

It is ＿＿＿＿.
Sally is ＿＿＿＿.
She ＿＿＿＿.

图 9-6-3

(4) 8:00 p.m.

＿＿＿＿.
Paul ＿＿＿＿.
＿＿＿＿.

图 9-6-4

该作业是学生在接触了"Kitty"一家的生活后，让他们来看一看"Kitty"的好朋友"Paul"一家的生活。学生通过读图，尝试用正确运用核心句型"… am/is/are …(doing)"，以第三人称介绍"Paul"的家庭活动。从选词填空到最后尝试写出一句完整的句子，难度逐层递进。加深了对书写时间和现在进行时的理解。

2. 探究型作业

探究型作业是把问题解决作为最终目标的作业。现代教学论指出，产生学习的根本原因是问题。能否发现和提出对学生具有挑战性和吸引力、探究价值高的问题对探究学习的开展至关重要。探究学习有助于建构灵活的知识基础,发展高层次思维能力,使学生成为自主学习者和有效合作者。将探究理念融入到作业中,就是让学生通过发现问题、动手操作、调查分析、表达交流、合作展示等探究活动,达到作业的目的。探究型作业的本质是以科学探究为问题的切入点和载体的一种文本呈现形式,是科学探究过程的全部或部分,是学生学习知识、培养能力的一种方式。

如在《牛津英语(上海版)》2A M4 的长期作业中,教师设计了如下的作业:

2A M4 "The animal I like"

思考:了解我所感兴趣的某种动物。

Animal Name:

□Mammal (哺乳动物) □Amphibian (两栖动物) □Bird □Fish □Reptile (爬行动物) □Insect (昆虫)

FACTS SHEET

Height/Size(体型):_____
Weight(体重):_____
Colour(颜色):It is _____
Feature(特点):It has_____
　　　　　　　　　　(fur/skin/feather/scale/shell)
Abilities(能力):It can _____
Diet(饮食):It likes _____
Habitat(栖息地):It lives _____
Lifespan(寿命):_____

图 9-7 教师作业设计图示

在学习完关于动物的话题之后,可以让学生继续深入地了解下自己喜欢的动物,如:体型、体重、栖息地、寿命等,将调查的资料记录下来;最后,用所学句型进行介绍,学生在记录的过程实际就是在巩固单词的过程;同时,在调查的过程中,也能探索到动物世界的奥妙。

3. 创作型作业

学生都是极富个性的生命体，他们对教材的理解和诠释也富有独特性和创造性。创作型作业就是引导学生根据已有的知识，通过改、说、唱等形式再现、拓展、延伸课文内容，或加工、整理、采集、剪贴、展评与课文有关的图文资料，遍及专题手抄报、电脑报，或根据对试问的理解进行书法、绘画创作等。通过创造型作业，引导学生学会科学思维方法，借以挖掘自身潜能，提高英语学习质量和整体素质。

如在《牛津英语(上海版)》4B M2 U1 中，教师设计了如下的作业：

利用自己手边所拥有的纸张和绘画材料为你心仪的社团设计海报，并录制一段语音或视频向大家介绍并邀请他们参加你的社团。

以下是学生根据教师要求完成的作业：

图 9-8 学生作品

4. 任务型作业

任务型作业强调学习活动和学习材料的真实性。真实的学习活动是指那些与现实生活中类似的活动，而不是完全假想的活动。另外还要涉及真正的意义交流。只有真实的任务型作业才能让学生意识到并可能做到学有所用。任务型作业给学生提供一系列交际性的任务，要求学生创造性地使用所学的语言来完成任务，在完成任务的过程中接触、感受、体验语言，进一步学习语言。

如在《牛津英语(上海版)》4A M3 U2"Around my home"中，教师设计了如下的作业：

（1）自己选择一个旅游景点，利用网络查找相关的旅游信息，画出简单的方位图。

（2）运用课文中学习的关键词和句子写出导游解说词。课堂进行解说。

5. 项目化作业

项目化作业是一种以"项目"为载体的综合性小学英语作业模式，也是项目学习在课后的一种实践方式。教师结合课程标准、教材及学情，针对英语课堂教学内容恰当地确定项目任务，并将它以课外作业的形式布置给学生，学生在教师的指导与要求下，通过逐步完成项目中的各个活动环节来完成项目任务，最终产生一件"项目作品"，作为作业成果。

如在《牛津英语(上海版)》2B M3 U1 "The four seasons"中，教师设计了如下的作业：

表9-3 "The four seasons"作业设计

内容来源	2B M3 U1 The four seasons
项目主题	Fun in the four seasons
项目时长	一周
项目目标	1. 知识与能力目标 (1) 能准确地描述季节的特征 (2) 能简单描述各个季节中能做的事，并用几句话表达自己喜欢的季节 (3) 体会四季的变换给生活带来的乐趣，从而更加热爱生活，热爱自然 2. 高阶认知 创见：制作自己的季节转盘，并能有条理地介绍某一季节 3. 学习素养 (1) 探究性实践：图片归类，探究各个季节的特点以及可以进行的活动 (2) 社会性实践：积极倾听他人的表达并给予评价 (3) 审美性实践：有计划地完成自己的季节转盘，并不断完善和修改
预期成果	1. 本质问题 如何有条理地介绍某一季节？ 2. 驱动性问题 一年四季，春夏秋冬，各有各的美。春天生机盎然、夏天五彩斑斓、秋天欣欣向荣、冬天银装素裹。让我们一起来制作季节转盘，探索四季景色的奥妙变化吧！并向你的伙伴们介绍一下四季景色之美。
项目问题分解	1. 子问题一：知道四季的名称、色彩和气候 (1) 通过儿歌了解一年有四个季节及其名称 (2) 通过"Alice"介绍她喜爱的春天，学习春天的颜色及气候，完成老师季节轮盘上春天部分的相关内容 (3) 通过"Ben"介绍他喜爱的夏天，学习夏天的颜色及气候，完成老师季节轮盘上夏天部分的相关内容 (4) 通过"Danny"和"Eddie"的图，学习秋天和冬天的颜色及气候，完成老师季节轮盘上秋天和冬天部分的相关内容 2. 子问题二：知道在四季都可以做哪些活动 (1) 通过听"Kitty"介绍她喜欢的春天和夏天，学习在这两个季节里能做的事情，进一步补充完整季节轮盘上春、夏的相关内容 (2) 通过听"Tom"介绍他喜欢的秋天和冬天，学习在这两个季节里能做的事情，进一步补充完整季节轮盘上秋、冬的相关内容 3. 子问题三：让我们一起来玩四季轮盘吧！ (1) 老师示范如何玩季节轮盘、介绍季节 (2) 组内交流

续　表

	小组交流评价表			
	Name（姓名）	Contents(评价内容)		
	^	能制作季节转盘	能表达	表达流利
成果评价				

"Season wheel"是根据《牛津英语(上海版)》2B M3 U1 "Seasons"设计和展开的。课本上出现的是四个季节的名称和天气情况,着重讨论了春天和夏天两个季节在小朋友们眼中所代表的颜色以及小朋友们可以进行的活动。在本项目实施的过程中,学生可以利用生活经验、图书、与父母的交流等丰富自己对四季的了解。教师帮助学生梳理有效的表达四季特征、在四季中的所见及有趣的事情,引导学生在表达中可以运用到关键信息进行表达的策略。从而帮助学生将所学知识综合运用起来,学会有条理地介绍。学生最初只知道四季的名称和天气特点(中文表述),很少会去思考各个季节在他们眼中是什么颜色的及原因。但是,通过本项目的驱动,在老师的引导、小组讨论中,善于观察、思考,体会到四季的不同乐趣,激发他们更加热爱生活,热爱自然。

（四）英语作业的批改与评语

英语作业是对课堂教学的有效延伸,是教师围绕当天所学英语知识、重难点和主要话题布置的,是督促学生巩固课堂所学英语知识的一种手段。因此,英语作业应及时批改。教师应在第二天一早就尽快批改,及时发现学生作业中的问题,了解自己前一天教学中的情况:学生哪些知识点掌握得很好,哪些有欠缺,问题出在哪儿,这样在下一课时的课堂教学中才能够及时补充和调整。只有及时的作业反馈和补救教学,才能使所布置的作业获得最佳巩固成效。

学生完成的作业,从某种程度上说,就是学生的作品,任何人都渴望自己辛勤之作能被别人所接受,能被别人所欣赏。因此,在批改学生作业时,教师需要特别注意批阅反馈方式。心理学家罗森塔尔的实验表明:一个人对另一个人智慧成就的预言,会决定另一个人的智慧成就。这是由对教育对象的尊重与信任带来的成功,对教育对象更高的人际期待会给他们带来更多的信心。因此,我们在评价学生作业的时候,不妨做一个"助跑器",多给学生一些赏识和宽容,让学生自己去发现,去寻找错误所在,自己去改正,在自我改正的过程中推动并帮助学生自我学习。

教师可以尝试以下四种批阅方式。

1. 画而不改

对于学生练习中的错误,只在错处作上记号,如用红笔在词句下划线或圈一下,让学生自己去思考、发现错误之处,自己对照书本进行修改。下次交作业时,教师再注意检查上次的错误是否已更正。尤其是刚学习英语的小学生,那醒目的大红叉会让学生失去学习的自信。我们教师有责任保护学生稚嫩、易碎的自尊心。

2. 只批不改

对于那些成绩较好但比较粗心的学生,教师可在作业结尾批注上:在今天的作业中老师找到几处错误,老师相信你有能力自己去发现。只批不改,不直接告诉学生错在何处,请学生自己仔细检查,查出以后用另一种颜色的笔把错误之处改正。下次交作业时,教师再注意检查上次的错误是否已发现并更正。这样减少了学生对教师的依赖性,还培养了学生的主观能动性。

3. 书写评语

教师对学生的作业进行书面点评和反馈,更能引导学生关注和思考,还能有效地改善师生关系。点评不仅传递知识信息,更起到表达和交流情感的作用,能使学生真切地感受到教师的个别关爱与信任。

4. 别样鼓励

通常教师在批改完学生作业后,给出每次作业的成绩都是 A、B、C、D 几种。完成得出色可以得到 A*,若作业中有误,在改完错之后也可加一颗星。如果学生一时偷懒或有其他原因没能完成作业,教师可以给学生一个哭脸甚至带几滴眼泪,表明这样使老师很伤心难过,以后别再这样了。有个别教师也会采用学生喜爱的贴花或画卡通图来评价学生的作业。

有了相对宽松的作业评价准则,有了充满情趣的作业评价方式,学生也就能以较为自然的、喜欢的态度完成作业,在这种状态下,作业已经不再是学生的负担,而是他们展现个人才华的小舞台。英语基础水平较高的学生除了完成教师规定的作业之外,还愿意阅读英语课外读物,改编英语小故事或写英文日记;喜爱美术的同学,除了非常认真地完成规定作业外,还发挥自己美术方面的天赋,根据作业内容将作业页面设计装饰得缤纷多彩,减轻了教师批改作业的疲劳。不拘一格的作业形式,宽松而又鼓励性的评价,使学生在积极完成作业的同时,充分展现自己的学习成果和自我个性。

(五)英语作业设计的应用策略

《标准》明确指出义务教育英语课程体现工具性和人文性的统一,具有基础性、实践性和综合性特征。作业设计作为教学中的重要一环，自然也承担着发展学生学科核心素养和立德树人的使命。教师在作业设计的应用上，应掌握以下策略。

1. 基于单元整体设计，达成目标一致性

"双减"政策的实施预示着教育教学将进入到一个全新的时代——减负提质。以作业为例，既要减少不必要的重复性、机械性作业，又要提升学生英语素养，这就需要教师精准设计课外作业，提高课外作业质量，优化课外作业的效能。因此，教师要着眼单元整体，围绕单元教学目标，结合学生实际以及本单元的特点，对单元作业进行整体设计，避免零散、重复、脱节的现象，让作业的规划更系统。如一条线贯穿整个单元，让英语要素的笃实有层次、有梯度。

单元主题统领并让单元各部分内容产生关联，教师要综合考虑单元各部分内容所要表达的意义和关联，并以此确定单元作业目标。单元作业目标的设计体现单元核心的重难点；尽可能体现目标之间的递进性和螺旋上升；尽量做到单元作业目标100%覆盖单元教学目标和课时目标，并且无超出目标；要综合反映核心的观念、学习习惯、学习方法、学习品质等方面的要求。

2. 夯实学科基础知识，加强作业针对性

小学阶段外语学习的听、说、读、写四项技能不是彼此孤立的，而是各项技能之间有着非常密切的关系。教师在设计作业时，应针对这四项技能进行有针对性的作业设计。设计听力作业时，教师应提供相对高质量的听力材料，可以选用教材内容作为听力材料，通过学生的听后模仿等活动，建立听和读、听和说之间的链接，逐步规范其语音语调，形成良好的语感。设计口语作业时，教师应关注该项作业"有声化"的特点，关注听与说之间的链接，在学生动口发声之前给予适切的听力资源作为支持。设计词汇作业时，教师应将词汇的背记置于适切的语境中；教师应引导学生在理解的基础上选用合适的方法进行记忆巩固。设计语法作业时，教师可以通过创设一定的情境对某一类语法现象提供相关练习，帮助学生巩固操练；也可以把有关联的语法现象融合在一起，以综合练习的方式帮助学生在作业中理解、应用和掌握规则。设计语篇作业时，教师可以沿用教材内容整体对应的情境，激起学生完成作业的兴趣；教师可以选用或设计与学生实际生活紧密相连的作业完成方式，如撰写书信、完成日记、制作海报等。

在作业设计的过程中，教师要明确每一个题目的目标，使之与本单元的主题相呼应，与具体的语言知识和语言技能的要求一一对应。为了确保作业的有效性，教师要紧扣本单元学习目标中的重难点，对作业进行富有校本特色、适合学生需求、带有趣味性的二次设计，夯实学生英语学科基础知识。

3. 尊重学生认知差异，增加作业选择性

作业的选择性体现在作业设计在类型、难度等方面的要求不同，学生能根据自己的能力水平进行自主选择，以满足不同层次学生的需要。教师在设计作业时要注意从学生角度出发，面向全体学生，针对学生差异和学生的作业心理，增加作业类型和作业难度的选择性，使

作业尽可能满足不同水平学生的发展需要。这是小学英语作业有效设计的本质要求,也是小学英语课程"关注全体和个体差异"基本理念的体现。

因此,教师要认识到学生之间是存在认知风格差异的,要尊重这种差异的存在,对作业进行分层性设计。这是教师进行有效教学的重要手段,针对不同的学生做出不同的设计方案,为学生量身定制出自己的学习计划和目标,让学生有持久的动力和积极性。实现分层作业的设计可以从整体上提高我们的教学质量和教学水平。

4. 创设合理的作业评价机制,调动学生主观能动性

作业评价承载着育人导向,也是作业功能得以彰显和持续的一大关键,当下的作业评价机制应以核心素养为导向。教师应通过作业评价及时了解学生对所学知识的理解程度和语言能力的发展水平;理解作业评价的育人功能,坚持能力为重、素养导向。作业的设计既要有利于学生巩固语言知识和技能,又要有利于促进学生有效运用策略,增强学习动机。

因此,教师在设计作业评价量表时,可以设立多重标准,多方协调作业评价主体,让作业的价值效能得以充分实施,也让作业的质量在反馈中不断完善。通过对作业的评价,既可以帮助教师检查自己的教学效果,并对自己的教学方案和教学方法进行改进,提高教学质量;还可以让学生通过评价获知自己对知识的掌握程度,调动学生学习英语的积极性,树立学习自信心,优化师生关系。

揭秘名师课堂

本文将以《牛津英语(上海版)》4B M2 U3 "Home life"的单元作业为例。

单元教学目标

1. 辨别含有元音/ɔɪ/的单词。
2. 能在语境中,正确朗读、书写、背记和运用核心词"bedroom""bathroom""living room""kitchen"。
3. 能从不同的方面如房间名称、大小、摆设、活动等介绍自己最喜欢的房间。
4. 能够正确地使用现在进行时态来描述当时正在发生的事,并能与一般现在时进行区别。
5. 能在语境中,通过看图说话,模仿对话等方式,运用"… am/is/are …(doing)"描述家庭成员的度假活动。

单元作业目标

1. 辨别含有元音/ɔɪ/的单词。
2. 能在语境中,正确朗读、书写、背记和运用核心词汇"bedroom""bathroom""living room""kitchen"。
3. 能从不同的方面如房间名称、大小、摆设、活动等介绍自己最喜欢的房间。

4. 能够正确地使用现在进行时态来描述当时正在发生的事,并能与一般现在时进行区别。

5. 能在语境中,通过看图说话,模仿对话等方式,运用"… am/is/are …（doing）"描述家庭成员的度假活动。

作业内容

【第一课时】Kitty's home

1-1: Learn the sounds:（读一读儿歌,将单词中含有/ɔI/发音的字母组合圈出来。）

The boy boils soybeans.

The boy makes toast.

The boy starts eating.

The cat watches the boy.

Uh-oh, the boy stops eating.

The cat points to the toilet.

设计意图：通过朗读儿歌,让学生熟练掌握含有元音 oy,oi 的字母组合发音。简单的语言表达,轻快的曲调更容易让学生记住,反复诵读儿歌会促进他们的语言表达,增添学习的愉悦感。

1-2: Read and write.（读一读、写一写）

This is the _____.

It's _____.

I like _____ in it.

There is a _____ in my _____.

I put some toys on it.

I often _____ in this room.

Kitty's _____ is clean and tidy.

She _____ and _____ every morning and evening.

Look! There is a clean _____ in Kitty's home.

Her parents often _____ in it.

Sometimes Kitty _____ bread and cakes for her family.

设计意图：能依据图片信息，写出有关房间名称的单词。并能根据提示，从房间名称、特征、活动方面运用"there be""can""like to be"等句型介绍各自的房间。

1－3：Think and write.（用几句话来介绍一下你喜爱的房间）

Which room do you like best?

How is this room?

What's in this room?

What can you do in it?

What do you and your family like doing there?

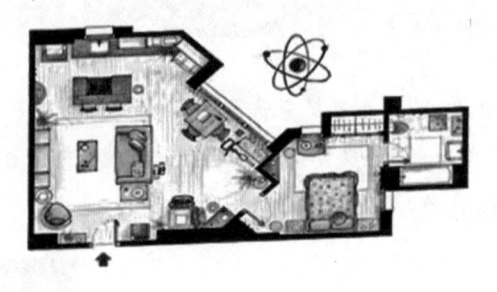

设计意图：根据问题链，获取相关信息，理解语篇内容，运用本课时核心词汇，根据提示，从房间名称、特征、人们的活动方面介绍所喜欢的房间。

【第二课时】The Chen's home life

2-1: Listen and read SB P27（听录音并跟读英语书 P27）

设计意图：通过跟读录音，模仿语音语调，复习巩固课文内容。以自我评价的方式对学生的听读进行评价，鼓励养成良好的学习习惯，并为后续的作业、对所学语言知识的延伸及综合运用做好准备。

2-2: Read, choose and complete（读一读，选词填空完成句子）

（1）In spring, they usually _____ (play/playing) football outside.

（2）It's seven o'clock. Eddie _____ (is doing/do) his homework in the study.

（3）My sister _____ (is washing/wash) her face in the bathroom.

（4）My shadow often _____ (going/goes) with me.

（5）Grandma _____ (is telling/tell) us a story. It's very interesting.

设计意图：学生在熟读第 27 页的基础上，对现在进行时有了一定的理解，了解了现在进行时为"be doing"。基于此，改编了练习册上的题目，加深学生对现在进行时的理解，并让他们区分现在进行时和一般现在时的区别。

2－3：Think and write（看图,想一想,完成句子）

（1） 4:00 p.m.

It is four o'clock in the afternoon.
Mrs Chen is in the _____.
She is _____.

（2） 7:00 p.m.

It is _____
Mr Chen and Peter are in the _____.
They are _____.

（3） 8:00 p.m.

It is _____
Sally is _____.
She _____.

（4） 8:00 p.m.

_____.
Paul _____.
_____.

设计意图：学生在接触了"Kitty"一家的生活后,让他们来看一看"Kitty"的好朋友"Paul"一家的生活。学生通过读图,尝试用第三人称介绍"Paul"的家庭活动。从选词填空到最后尝试写出一句完整的句子,难度逐层递进。这为最后一个作业写一写自己的家庭生活作了一个铺垫和知识准备。

2－4：Think, write and draw（想一想你的周六早晨,把它写下来并画一画吧）

Sweet moment on Saturday morning

It is Saturday morning.
We are having a good time now.
Look! My father is _____ in the _____.
My mother _____
My _____
And me? I am drawing these nice pictures around my family members!

How sweet! ♥

设计意图：本作业是在以上三个作业的基础上，让学生围绕自己一家人在周六早上的活动进行介绍，感受温馨、和谐的家庭氛围。最后，让学生画一画这美好、有趣、难忘的时刻。

【第三课时】Earth Hour

3－1：Listen and read SB P29（听录音并跟读英语书 P29）

设计意图：通过朗读来帮助学生掌握核心词汇的发音，感知课文内容，并通过自评来提升学生的朗读质量。

3－2：Read and complete.（Alice 一家正在参与"地球一小时"活动，记者正在对她们一家进行采访。根据记者的问题，用所给单词的适当形式填空，协助 Alice 完成采访。）

What do you usually do at night on Saturday?

I usually _____ (read) some storybooks and _____ (do) my homework.
My brother often _____ (watch) movies with my parents and _____ (listen) to music.

I see. Now it's the Earth Hour. What are you doing? Anything different?

Yes. Now my brother and I _____ (make) shadow puppets. My father _____ (guess) what they are. How interesting!

接下来记者也想采访下你,

What do you usually do at night on Saturday?

I usually _____ and _____.

I see. Now it's the Earth Hour. What are you doing? What about the other people in your family?

Yes. Now I am _____.

设计意图:创设具体而又生动的语境,让学生能够在操练的过程中加深对于不同时态的理解。

3－3: Read and make a poster.(Alice 发现身边的朋友对于"地球一小时"活动并不太了解,她想要制作一份海报来宣传这一活动。你能否在阅读"Earth hour"相关介绍后,和 Alice 一起完成这份宣传海报?)

Earth Hour

Earth Hour is an important event for the environment(环境). It is on the last Saturday of March every year. On that day, people should turn off the lights from 8:30 p.m. to 9:30 p.m. They shouldn't use the power, either. It means people can't watch TV, play computer games or do many other things during Earth Hour. But people don't just sit at home in dark for an hour. People can get together and have fun without using power. If they like outdoor activities, they can go jogging or ride bicycles. If they like the sky, they can enjoy the moonlight or look at the beautiful stars. Some people are very busy, but during Earth Hour, they can stay with family members and enjoy the sweet home life.

3-4: Think and write

在了解了地球一小时后,想一想我们还能为地球做些什么呢?
可以小组讨论并完成一份计划。

Group name：_____

Members：_____

Our plan & Reason：
_____
_____

设计意图:学生在小组合作中,围绕共同任务开展活动,高质量地完成任务的同时加深对课文相关主题的理解。在上海市徐汇区建襄小学的盲人目标中,它指向了对"交响力"的培养,即在未来社会参与中具有合作分享、协同共赢的能力素养。

【第四课时】Summer Holiday

4-1: Read the rhyme.（暑假里,孩子们在海边快乐地玩耍着,他们在做些什么?请你用喜悦的口吻读一读儿歌吧!做到语音正确,朗读流利,富有节奏。）

In the blue sky, the sun is shining,
On the sandy beach, the waves are splashing.
Where are the children? What are they doing?
Some are playing, playing beach ball.
Some are making, making sandcastles.
Some are picking, picking seashells.
Some are swimming, swimming in the sea.
Holiday is coming! Let's go and join in.

设计意图：能在朗读儿歌的过程中，复习巩固本单元主题中与海边活动相关的词汇。

4-2: Read and answer.（Peter 给 Amy 寄送了一份电子邮件分享自己的假日生活，请你读一读，并完成习题）

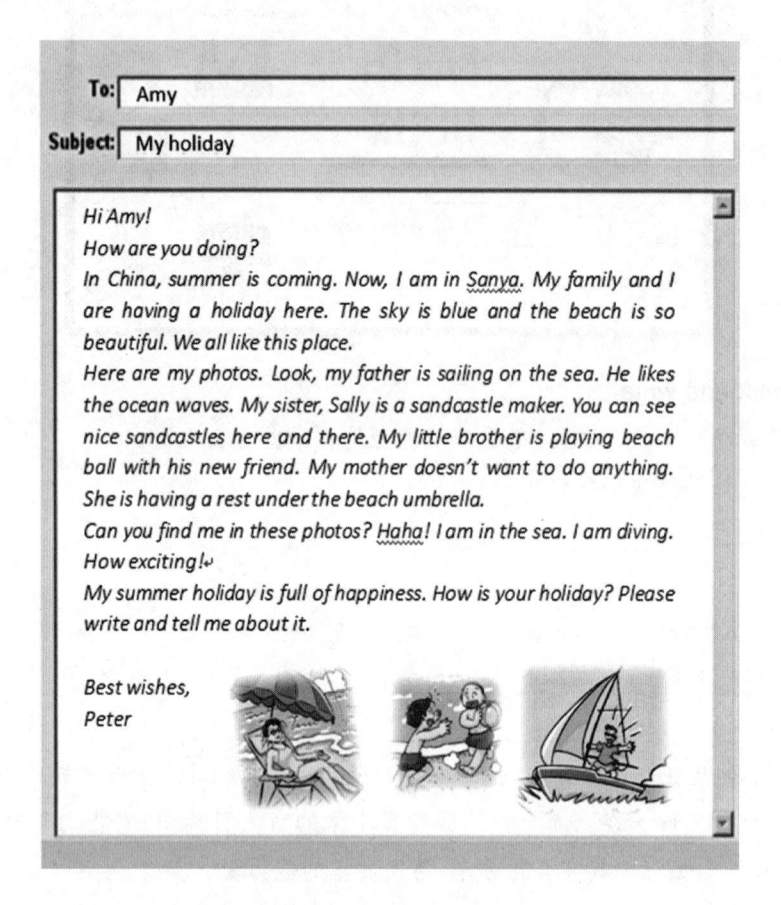

To: Amy
Subject: My holiday

Hi Amy!
How are you doing?
In China, summer is coming. Now, I am in Sanya. My family and I are having a holiday here. The sky is blue and the beach is so beautiful. We all like this place.
Here are my photos. Look, my father is sailing on the sea. He likes the ocean waves. My sister, Sally is a sandcastle maker. You can see nice sandcastles here and there. My little brother is playing beach ball with his new friend. My mother doesn't want to do anything. She is having a rest under the beach umbrella.
Can you find me in these photos? Haha! I am in the sea. I am diving. How exciting!
My summer holiday is full of happiness. How is your holiday? Please write and tell me about it.

Best wishes,
Peter

A. Read and judge.（根据短文判断，相符的用 T 表示，不符的用 F 表示）

(　　) 1. Amy is in Sanya.

(　　) 2. Peter's family is having a holiday on the beach.

(　　) 3. There are four people in Peter's family.

(　　) 4. Sally can make sandcastles.

(　　) 5. Peter has a good time there.

B. Answer the questions.（根据短文内容回答）

Q1：What is Mum doing?

_____

Q2：Is Peter playing beach ball with his brother?

_____

设计意图：本语篇选自市级作业资源，是一篇关于描述假期生活的语篇，信息量大，内容贴近教材。再设计时，重新设计了习题，由判断题和回答问题组成，针对细节提问，培养学生获取信息、归纳信息的能力,且进一步夯实现在进行时态的运用。

4-3: Think and write ("Amy"准备回信给"Peter"介绍自己和家人的假日生活,她已经附上了照片,你能否帮她完成这份邮件?)

```
To: Peter
Subject: My winter holiday

Hi Peter!
I am glad to receive your letter.
In Australia, it is winter now. My family and I are having a holiday, too.
Here are my photos. Look,_____
_____
_____
_____
My holiday is_____
Best wishes,
Amy

my brother        my friend and I        my parents
```

设计意图:学生在读懂关于"Peter"描述其假期语篇的信息后,通过模仿、照片描述等方式,围绕主题,用核心句型"… am/is/are …(doing)",描述家人正在假期中从事的活动,体会家人之间浓厚的亲情。

为新手支一招

如何科学处理单元作业目标与单元教学目标的关系?

作业目标与教学目标相一致,有助于保证作业内容的可理解性,避免因为作业内容的陌生,导致作业难度加大,从而加重学生负担,也有助于潜在地促进学生在课堂上认真学习。从这个角度来说,作业目标应该强调巩固教学目标,比如核心单词和句型的记忆默写、语篇的记忆背诵、相关技能的训练等。这也符合艾宾浩斯的遗忘曲线,符合学生学习的心理规律。

当然在作业目标与教学目标关系的处理上,还需要反思一些问题:

① 如果作业目标仅仅依据教学目标制定,若课堂中所有的教学目标都实现了,是否依然有必要在作业设计时仅仅体现教学目标?

② 对于教学过程中没有实现的教学目标和已经实现的教学目标,体现在作业目标的设计中有何差异?

③ 如果作业仅仅强调巩固和强化课堂教学目标与内容,是否会让教师更加依赖于课后作业对教学的补救功能,甚至会降低教师的教学效率?

因此,课程视域下的作业目标与教学目标不是一种简单的从属关系,而是应更加强调相互促进和补充的关系。作业目标需要适当考虑如何弥补课堂教学的不足,要在课程视域下思考作业目标的整体性和导向性。作业与课堂教学的一致性和互补性主要表现为以下方面。

一是与当天教学紧密相关,学生已经掌握但有必要进一步巩固和强化的,有针对性地设计强化和巩固作业,比如某个句型的掌握等。

二是对课堂教学中学生没有掌握的教学目标,需要通过课后作业来弥补。由于不同的学校、班级、教师、学生群体存在差异,所以对于同样的教学目标学生的掌握情况可能会不一样。这就需要教师在课堂教学中通过提问、课堂练习和观察等诊断本班学生的掌握情况,从而保障作业目标的针对性。这也充分说明作业目标具有很强的生成性、针对性、过程性与条件性。

三是针对与教学目标没有明显关系,但又是课程标准中规定的目标与要求的,作业需要对课堂教学中一些无法开展的活动及无法培养的素养进行弥补,与教学共同实现课程目标,比如社会实践、外出参观考察、专题调研等。从这一点来说,作业目标可以和教学目标完全不一致,而主要服从学科课程标准的目标,与教学目标具有互补性。

参考文献:

1. 王月芬.重构作业课程视域下的单元作业[M].北京:教育科学出版社,2021.

2. 朱浦.单元单项要素的设计[M].上海:上海教育出版社,2020.

3. 王月芬.透析作业——基于30000份数据的研究[M].上海:华东师范大学出版社,2014.

4. 中华人民共和国教育部.义务教育数学课程标准(2022年版)[M].北京:北京师范大

学出版社.2022.

5. 白云.基于核心素养下的英语作业设计——让小学英语作业智趣飞扬[J].小学教学参考,2019(24):1-3.

6. 朱玉兰.英语作业设计的基本思路[J].教育科研论坛,2008(04):82-83.

板块十　英语反思性教学

关键词

反思性教学;英语教师发展;英语教学技能;教学实践合理性

结构图

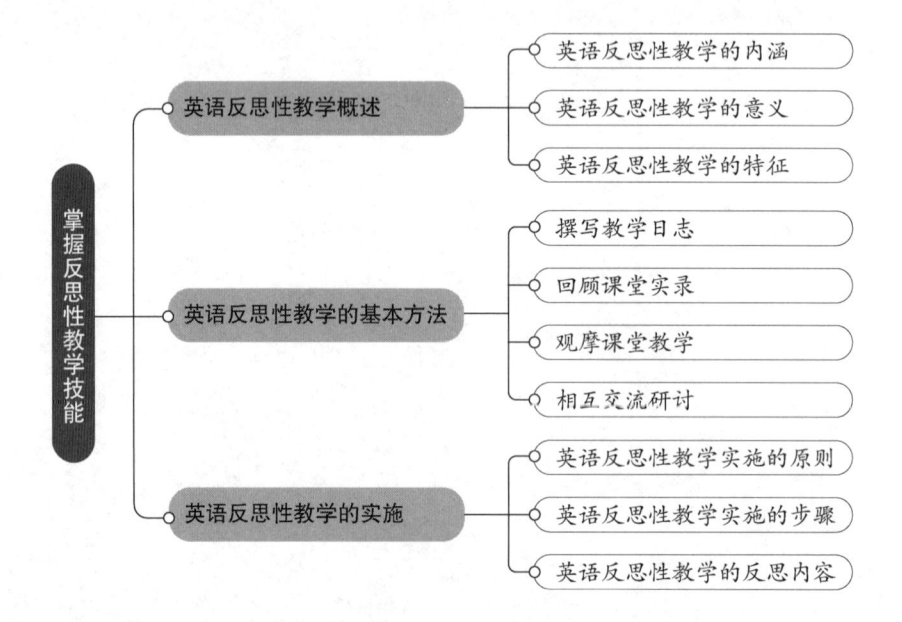

```
                                    ┌── 英语反思性教学的内涵
                  ┌── 英语反思性教学概述 ──┼── 英语反思性教学的意义
                  │                 └── 英语反思性教学的特征
                  │
                  │                      ┌── 撰写教学日志
掌握反思性教学技能 ──┼── 英语反思性教学的基本方法 ┼── 回顾课堂实录
                  │                      ├── 观摩课堂教学
                  │                      └── 相互交流研讨
                  │
                  │                  ┌── 英语反思性教学实施的原则
                  └── 英语反思性教学的实施 ┼── 英语反思性教学实施的步骤
                                     └── 英语反思性教学的反思内容
```

学习目标

1. 理解反思性教学的重要性,并自觉养成反思习惯。
2. 理解英语反思性教学的内涵和基本特征。
3. 掌握开展英语反思性教学的基本方法。
4. 了解并掌握英语反思性教学实施的要求。

学习提示

请你思考一下:在英语教学中,教师为什么要重视反思性教学? 教师要反思什么? 开展反思性教学的方法有哪些? 如何高效地实施反思性教学?

一、英语反思性教学概述

我国自古以来就有"学而不思则罔,思而不学则殆""吾日三省吾身"的说法。由此可见反思对于人们日常生活的重要性。教育作为生活的一部分,自然也需要进行反思。著名教育家杜威曾率先强调,教学需要反思。我国于1994年颁布的《教师法》确认了教师的专业地位。这就意味着为了适应知识更新加速的时代,教师要不断提高专业知识与技能,加强专业修养,促进自我专业发展。近年来,反思性教学逐渐受到专家、学者和广大基层教师的关注,它被认为是教师自主发展的主要途径,也是教师专业发展和自我成长的核心要素。并且教育管理部门已把"教学反思"纳入教学工作、职称评聘的重要评价指标。反思性教学作为教师专业成长的必由之路,理应受到教师的重视。但在现实教学中,一些教师由于缺乏认识或缺少社会环境支持,将反思性教学看作是晦涩难懂的高深理论,不知为何反思,反思什么,如何反思。日复一日,年复一年,"教"而不思则罔,只能将自己的教学实践不断重复,未经过反思的教学经验终究是狭隘的、片面的,难以上升到理论层面。

(一)英语反思性教学的内涵

英语反思性教学的概念可以追溯到20世纪八十年代的西方国家。最早研究反思的是英国哲学家洛克和荷兰哲学家斯宾诺莎等人。继其二人后,杜威较为系统地论述了反思。杜威认为反思是人们有意识、有目的地关注某一问题并对其进行认真思考。杜威率先强调教学需要反思,教学需要对任何所依据的基础和进一步结论进行主动的、持续的、周密的思考。1983年,反思性教学这个术语首次出现在美国学者斯冈的《反思实践者专业人员在行为中如何思考》这一著作中。1987年,美国马萨诸塞技术大学教授、美国"反思性教学"的倡导者萧恩首次提出反思类型:行动前和行动后反思、行动中反思。20世纪九十年代后期,反思性教学理念逐渐流入我国。针对反思性教学这一概念,仁者见仁,智者见智。例如申继亮认为教学反思是指教师对已经发生或者是正在发生的教学活动及活动背后的假设进行主动、持续、周密的思考,并且能够清晰地表征问题,寻求多种解决方法的过程。熊川武教授结合中国特色,周密地讨论了反思性教学的含义。他认为反思性教学既是一种教学理论,也是教学主体借助行动研究不断探究与解决自身和教学目的以及教学工具等方面的问题,将"学会教学"与"学会学习"统一起来,努力提升教学实践合理性,使教师成为学者型教师的过程。钟启泉认为,教学反思就是教师在教学实践中对自身教学行为进行反思的一种行为,教师在这一过程中以自己的教学活动和课堂情境为认知对象,对教学行为和教学过程进行分析和再认知。21世纪初,反思性教学逐步应用于英语教学中。在英语教学中运用反思性教学理念,既适应了时代发展和教学改革的要求,又能在一定程度上促进教师自身各方面素质的提高。2004年,曹东云将反思性教学理念与英语教学相结合,认为英语反思性教学是指英语教师依据教学经验,借助相关理论支持,在英语教学实践中发现问题,通过深入思考和观察寻求解决问题的方法和策略,实现自我改进和自我完善的过程。

综上所述不难发现,英语反思性教学是反思性教学和英语教学相融合的产物。本章节将"英语反思性教学"定义为:英语反思性教学是一种立足于过去,关注现在,指向未来的新型学习方式。英语教师以追求英语教学实践合理性为目标,以一种前瞻性的态度在教学前对教学对象和教学活动进行预测性反思;以一种批判的思维去对正在发生的或已经发生的教学过程进行主动的、周密的、严谨的、持续的、积极的思考,寻找问题解决的多种方法,并在实际教学中检验方法的可行性。从而改进、优化教学过程,促进教师的自我专业发展与自我成长。

(二)英语反思性教学的意义

1. 促进教师专业发展

美国心理学家波斯纳于 1989 年提出了教师成长公式:成长=经验+反思。无独有偶,我国心理学家林崇德也提出"优秀教师=教学过程+反思"的公式。华东师范大学叶澜教授说过:"写一辈子教案不一定能成为名师,写三年教学反思则可能成为名师。"由此可以发现,在教师的成长历程中,反思是不可或缺的一部分。良好的反思能力在教师成长的过程中扮演着"催化剂"的作用,它可以快速促进教师的专业化发展。一般而言,教师可分为经验型教师(又称为常规型教师,即按照上级部门的要求、教材要求,按部就班授课的教师)和反思型教师。经验型教师往往很少会主动进行教学反思,其教学实践是简单的周而复始;反思型教师因善于对每次的教学活动进行分析,取其精华去其糟粕,因而总能在批判前一次的教学实践中进行新的探索,收获新的发现。国内外许多研究也曾表明,是否具备良好的反思性教学能力是教师能否成为专家型教师的关键因素之一。

英国知名教育家安德鲁·波拉德认为,教师专业化能力的发展与教学反思是相互促进的过程。反思性教学主要借助行动研究来解决问题。根据卡尔和凯密斯的理解,行动研究是社会实践者为提高自己的实践的合理性与正当性,增进对实践及其得以进行的情境的理解而采取的自我反思探究的一种形式。教师在进行反思性教学时,其批判性思维逐渐养成,理论素养水平、行动研究能力和教学科研能力也会潜移默化地得到提升。而批判性思维能力、行动研究能力和教学科研能力的提高反过来会促进教师以多维度视角来重新审视教学过程及其背后的理念,帮助教师不断完善教学过程。总之,教师自身因善于思考而不断提升与进步,最终实现从一般型教师过渡到学者型教师。

2. 加速师生共同提高

对教学实践合理性的永无止境的追求,是反思性教学的基本目标。教学过程包括教师的教和学生的学,因此只有将学生的"学会学习"和教师的"学会教学"相结合,才有可能最大限度地实现反思性教学的基本目标。而要使学生学会学习,教师学会教学,就离不开教师的反思性教学,这个过程不仅促进了教师的自我成长,还提升了学生的学习能力,可谓双赢。

《小学教师专业标准》在反思与发展模块中对教师提出,要"主动收集分析相关信息,不断进行反思,改进教育教学工作";"针对教育教学工作中的现实需要与问题,进行探索和研究"。没有反思,教师职业生涯只能是"实践—实践—实践"的循环叠加,只有注入了"反思",教师职业生涯才会有活力,实现"实践—反思—提升"的螺旋式上升。许多学者认为,在促进个体自我成长的方式中,教学反思是最便捷、最高效的方式。反思也被广泛地看作是教师职业发展的决定性因素。英语教师在进行反思性教学实践时,立足当前教学实际创造性解决问题,通过发现问题、探索问题形成的原因、寻找有效解决策略、并付诸实践,检验教学效果。在这个过程中,教师实现了理想自我与现实自我在心灵上的沟通。教师不断突破自我、超越自我,学会教学,促使自己将教学理论、教学经验等内隐的东西进行整理、归纳,并将其发展为外化的、显性的理论,进而将经验升华为理论,架起实践与理论的桥梁。

然而,教师的学会教学是为了学生更好地学会学习。为了实现反思性教学"追求教学实践合理性"这一目标,教师在进行反思时需要从学生的角度去深切体验学生的"学会学习",从学生的"学会学习"的角度去思考如何教学。这和传统的经验型教师(亦称常规型教师)是不同的。反思型教师不仅关注教师的教,更关注学生的学,力求达到二者的有机统一。教师只有学会教学,提高教学水平,才能有效指导学生的学习。

(三) 英语反思性教学的特征

对于英语反思性教学特征的研究,大致可以通过对反思性教学的行为性、教学性的思考和对教师主体在反思性教学中作用的分析与总结这两个角度进行分析。

从反思性教学的行为性和教学性这两个角度思考,反思性教学具有研究性、创新性和循环性的特点。

1. 研究性

英语反思性教学的实践过程也是教学与研究相融合的过程,是一种研究性教学。在反思的过程中,教师不是凭借主观经验简单地回忆教学过程,而是在教育理论的指导下,带着教学困惑,借助行动研究对整个教学过程进行有目的、有深度的回顾与审视。不仅反思教学过程和效果,还要思考其背后的原因,多问一些"为什么",增强问题意识。一般来说,教师如果要顺利进行反思教学,需要具备三种能力:实验能力、分析能力和评价能力。实验能力,即教师通过收集数据,以数据的方式总体描述教学过程和教学现状的能力;分析能力是指教师对数据进行解释、分析与概括的能力;评价能力是教师对研究结果作出判断和评价的能力。在现实教学中,英语教师通过自我反思,分析自身的教学行为,将合理的教学行为上升为教学理论,形成自己的教学理论框架。而理论知识的扩充又会指导教师朝着教学实践合理性的目标前进,最终实现理论与实践相结合以发挥出教育功能最大化的效果。因此,我们可以说反思性教学最重要的特征便是帮助教师通过教学反思来提高自己的教学理论素养水平和教学实践操作能力。

2. 创新性

这里的创新性包括两方面的含义。一方面,每个英语教师都有自己的教学理念和实践性理论知识。例如在词汇教学中,有的教师认为小学生的思维处于具体形象思维阶段,故而倾向于使用直观法;有的教师受情感和认知相互作用理论的影响,喜欢采用情境法;而有的教师结合自身教学经验,认为大与小、高与低这种具有对比性的事物更能引起学生的无意注意,因此习惯使用对比法。其实,无论教师所处的工作环境如何,面对的学生情况如何,这些理念和实践性理论都会潜移默化地影响着他在教学过程中的行为。而反思性教学可以帮助教师把这些内隐的教学信念转化为外显的教学行为,并通过教学检验这些教学理念和实践性理论是否正确。学者型教师和普通教师的区别之一就在于学者型教师具有主动反思的意识,而普通教师很少会主动反思,或者是受职称评聘、工作绩效等诱惑而被迫进行教学反思。未经反思的教学经验都是狭隘的经验,只有经过反思,才能取其精华去其糟粕,将合理的教学经验上升为具有指导意义的教学理论。

另一方面,虽然教学的主体是学生,但是在反思性教学中教师的主体地位也不能被忽视。在反思过程中,教师以主人翁的姿态参与到反思进程中,反思的问题必须为教师所有,即问题要来自于教师的教学实践活动,并且问题解决方法的所有权应属于教师自己。他们在围绕急需解决的问题展开反思与研究的过程中,各种新观念、新理论、新方法的产生不依赖于外部,尤其是专家的指导,都是由教师自己产生的。

3. 循环性

《标准》明确指出,教学反思是一种有益的思维活动和再学习方式,伴随着课堂教学目标落实的过程,监控、分析和解决问题是促进教师专业化发展的有效途径。反思性教学不是简单的"回顾—总结"的过程,它是"回顾过程—发现问题—诊断问题—解决问题"的循序渐进、螺旋上升式的动态过程。在这个过程中,教师对教学活动的设计进行反复缜密的思考,不断评价、调节、改进、完善教学过程。当教师在教学中采用了某种教学策略而收到良好的教学效果时,或采取的教学策略较好地解决了当下的问题时,教师已有的知识经验便会得到扩充和完善。在下一次的教学中,教师会不由自主地将这些知识经验运用其中,然后通过反思性教学,又有新的发现与收获。久而久之,在这个螺旋上升的过程中,教学过程将会朝着最优化方向发展。

通过对教师主体在反思性教学中作用的分析来看,反思性教学具有主动性、调节性、开放性的特点,并对教师有较强的敬业精神的要求。

1. 主动性

英语反思性教学是英语教学和反思性教学理论的有机结合,是一个复杂多变的过程。反思性教学具有主动性的特征。在这个过程中,教师应该是以积极主动的态度对整个教学过程及其背后的理念进行回顾与反思,而不是受外界诱惑或因上级部门例行检查而被迫无奈地进行反思。一方面,教师主动从教学的另一端,即学生的视角关心学生的学习过程及学生在学习中遇到的困惑,并根据学生的学习效果不断改进、调节自己的教学策略,使教学活动顺利进行。例如,英语教学要求教师全英授课。可对于低年级学生而言,尤其是一年级学生,由于他们的理解力有限,英语知识积累尚浅,教师如果用英语来组织课堂教学,则费时低效。于是,如何用英语组织课堂便成了新教师最大的难题。如宋老师作为刚入职的新教师,由于在师范教育学习阶段和职前培训中均学习过有关教学反思的内容,懂得反思的重要性和操作过程。宋老师通过回顾课堂中的自我表现以及学生的反应,总结出英语教师要重视使用体态语、语言表达要规范、语音语调要优美、课堂用语要亲切等经验。另一方面,教师进行教学反思也是对自我的一种超越和挑战。教师在反思的过程中,带着批判思维发现自己的不足,寻找有效解决途径,不断总结经验,积累教训,调控教学行为。久而久之,教师的问题解决能力和批判性思维能力得到提升和发展。

2. 调节性

反思性教学的调节性是指教师在对教学进行反思后,根据得到的反馈信息来调整教学行为,优化教学过程。教学其实是教师与学生互动交流的过程,是双方共同努力的过程。一方面,英语教师通过反思课堂的各个环节(包括"Pre-task preparation""While-task procedure"和"Post-task activity"以及这些环节所包含的各个活动)来调整自己的教学进度和方法,完善教学过程以帮助学生更好地学习。另一方面,英语教师通过回顾与审视,或使用专业工具来分析学生在课堂上的行为表现,根据因材施教的教学原则,帮助学生形成适合自己的学习方法和养成良好的学习习惯,进而提高学习效果。而良好的学习效果又会促进教师的教学。因此,调节好教师的教和学生的学至关重要,教师与学生的互动是提高教学质量的基础。

3. 开放性

杜威指出,开放、复杂和全身心投入的态度是反思行为的先决条件。开放性也是反思性教学的特征之一。教师不仅要能以开放的心态听取来自教研员、同事、学生和家长等各方的不同意见,而且能和同事、教研员和学生合作,共同进行反思性教学研究。开放性有利于教师集思广益,听取各方的建议。例如,学校会定期组织开展汇报课、展示课和评比课,邀请校内教师、教研员、专家,甚至是学生代表参与到课堂中来。试图借助群体的力量来帮助教师进行反思,使教师的教学技能更上一层楼。当然,教师也要有自己的主见,可以对观点提出质疑和挑战。然后像一张过滤网一样筛选出适合自己的教学建议,将这些建议运用到教学活动中去,使教学进程朝着合理的方向发展。综上所述,反思性教学的开放性特征被认为是教师开展反思性教学的重要前提的说法是不无道理的。

4. 敬业精神

反思性教学要求教师应具备较强的敬业精神,具体来说主要包括道德感、责任感和毅力。其中道德感和责任意识是教师自觉反思教学行为的前提。一般来讲,道德感强的教师会主动进行教学反思、发现问题、更新观念、调整策略,以此来提高自己的教学技能和专业能力。而缺乏道德感的教师除非是出于外界压力,又或者是出现了教学事故,否则不会主动去反思自己的教学行为。教师的责任感主要体现在教学反思的过程中。受强烈责任感驱使的教师会本着对每一位学生负责的态度,对教学过程的每个行为给予深思熟虑。这类教师还兼具质疑精神和批判精神。他们为了培养具有综合语言运用能力的学生,为了激发学生的英语学习兴趣,不会按部就班地按照课程标准和教学参考的要求来授课。他们往往在批判中筛选出适合自己和学生的教学内容和策略,通过建立自己的教学理论,总结教学的知识技巧和经验来达到以上的目的。在现实中,大多数教师都具有较高的道德感和责任感,能做到主动反思。但由于反思贯穿教学始终,这就对教师提出了更高的要求,即顽强的毅力。华东师范大学熊川武教授曾指出,反思是一种"积极的、坚持不懈的和仔细的考虑",通常是自己与自己过不去,是诱发痛苦的行为,缺乏较强的道德感和较好的意志品质的人往往望而却步。综上所述,没有反思的教学不是完整意义上的教学,具备较高的道德感、责任感和顽强毅力的、能将反思性教学进行到底的教师是我们学习的楷模。

二、英语反思性教学的基本方法

著名教育哲学家布鲁巴赫认为,教师素质的提高,可以通过教师建立自己的教学理论,总结他们教学的知识技巧和经验来实现。而反思性教学是提高教师素质的最有效的途径。那英语教师应该如何开展反思性教学?有哪些可行的方法?这些办法怎么操作呢?根据本章对英语反思性教学的定义,反思的方法可分为在教学前反思、在教学中反思和在教学后反思。在教学前反思,也就是在备课阶段,教师结合自己的教学经验,以前瞻性的姿态事先考虑教学内容、教学目标、教学方法、学生情况,以及课堂中可能会出现的问题等,做到未雨绸缪。在教学中反思,教学是师生间的互动,而师生都是具有主观能动性的个体。这就需要教师改变以往根据教案设计按部就班授课的模式,要密切关注教学活动的进行状况、教学过程中发生的问题、学生的反应等,及时调整策略。对教学过程中一些不确定的问题给予关注和解决。在教学后反思,教师根据教学完成的实际情况与预期设想进行对比并反思。结合专家学者的研究以及教师的教学经验,大致可分为撰写教学日志、回顾课堂实录、观摩课堂教学和相互交流研讨这四种方式。下面逐一进行介绍。

(一) 撰写教学日志

撰写教学日志是开展反思性教学最常见的方法。好记性不如烂笔头,写作能帮助教师梳理教学思路,总结经验,分析成功与失败,使教师启智增慧。撰写日志不是记流水账,而是教师把自己认为有代表性的内容以书面形式及时地记录下来,这都能成为日后开拓教师视野、丰富教学内容、形成自我教学特色的重要法宝。总的来说,教学日志需要记录三方面内容。首先,记录教学活动中的典型案例。教师通过从多方位分析典型案例,不断进行深入思考,有助于增加教育经验的横向和纵向发展,增强教育机智能力,培养举一反三的教育能力。其次,记录教师的教学。主要包括教学目标的达成度,教学活动的开展情况,教学过程的得与失,教学方法的选择,教学设计的优点与不足,以及教师本人对这节课的看法和评价等方面。最后,记录学生的学习。例如,学生的课堂反应。正所谓"一百个人眼中有一百个哈姆雷特",学生不是空着脑袋走进教室的,由于个人的成长环境和经历不同,他们有时对于同一个问题有着不同的思考。当思维的火花碰撞在一起闪烁出耀眼的光芒时,这些光芒可以拓宽教师的思路,促进教师更好地教,实现教学相长。除此以外,还要记录学生遇到的学习困惑。可以通过访谈的方式了解学生的学习困难,也可以通过分析学生的试卷找出他们的薄弱之处,为教师接下来有重点地教学提供方向。

奥尔波特曾指出:"自然而真实的日记是最好的个人资料"。撰写教学日志的过程能够帮助教师正视自己的优点与不足,发现困惑所在。教学日志是教师成长之路上的宝贵财富。其实,在现实生活中也不乏坚持撰写教学日志的一线教师。例如宁波市小学数学刘善娜老师的作品《爱上我的课堂》,刘老师用 1000 个日日夜夜见证了一段教师成长之路,用 226 篇教学日志记录教学相长之旅,实践、思考、记录,这正是一个普通教师成长为一名卓越教师的关键。

(二)回顾课堂实录

信息技术的迅速发展为教师进行反思性教学提供了支持。课堂过程是动态变化的,不利于教师做深入仔细的分析,而信息技术完美地解决了这一难题。它可以突破时间和空间的限制,将教师的课堂行为和学生的学习表现以录像的形式录制下来。使得教师在课后有机会去监控自己的教学过程和思维过程,为教师分析课堂教学和反思教学提供了保障。

信息技术支持下的回顾课堂实录有三个优点。首先,教师在回顾自己的课堂教学实录时是以局外人的身份去审视、检验教学过程的。通过观看自己的教学实况,发现教学中存在的闪光点和不足,勇于接纳自己的不完美。其次,教师在分析课堂实录的过程中,是理想自我与现实自我的斗争与统一。课堂实录中的教学是教师自己理想中的上课效果,即应然;而当教师以批判性的眼光去看待整节课,对教学过程进行直观分析和研究时,便是教师自己认为现实中这节课应该怎么上,即实然。理想自我与现实自我不断斗争,最终达成同一性,使教学实践更具合理性。最后,回顾课堂实录有助于教师发现自己在课堂上发现不了的问题。例如,课堂教学的时间分配是否均匀,每一个环节,尤其是导入环节是否控制在 3—5 分钟?教师在对课堂教学进行审视和分析时,也可随时按下暂停键,静止画面,进一步思考该步骤为什么要这么做?依据是什么?达到的实际效果怎么样?是否有更好的替代方法?多问为什么,增强问题意识,有助于教师提高解决实际问题的能力。

（三）观摩课堂教学

观摩课堂教学包括两层含义。一是观摩其他教师的课。可以是同学科间的听课,也可以是跨学科听课,从旁观者的角度获得灵感。在观摩教学时,要重点观察本节课的教学目标、教学内容、教学过程、教学效果、板书设计、评价、作业布置、教学特色以及教师的专业素养等。其实对于新教师而言,最快的成长方式便是不断模仿与反思。例如,英语是一门特殊的学科,它要求教师全英授课。这对于一年级刚入校的学生和新手型英语教师来说都是一种巨大的挑战。怎样用英语组织课堂？怎样使学生明白自己要表达的意思？这个时候大多数新教师的做法是观摩成熟型教师的课堂,观察并总结他们在课上常用的课堂用语有哪些,每个环节的过渡语有什么特点,配合什么样的肢体动作等。在观摩后,及时进行反思,对比自己与他人的差距。

二是邀请其他教师观摩自己的课。个体在对自己的教学过程进行回顾和反思时,有时会将原本正确的内容反思成错误的,很难保证反思的合理性。俗话说"当局者迷,旁观者清",教师作为课堂教学的当事人有时难以对自己的教学活动作出正确的评价。因此,邀请其他教师参与自己的课堂就显得尤为重要。

现实中,大多数学校都已形成了定期组织开展汇报课、展示课和评比课的模式,这为教师的快速成长提供了外部支持与保障。教师以开放的态度虚心接纳不同教师的意见,通过与他人交流来反思自我,促进教学技能的提升。

（四）相互交流研讨

正所谓："一个人可以走得很快,但不可能走得很远,只有一群人才能走得更远。"教师教学技能的增长必然离不开同行之间的交流与帮助。相互交流研讨是英语教师开展反思性教学的一个有效途径。这里的交流研讨主要指对一节课的评价,或者对某个专题的研讨。一般来说,借助群体力量开展的反思研究的效果要胜于教师个体开展反思研究的效果。《标准》指出：学校要积极营造"全员参与、守正创新"的良好氛围,为教研组开展教学研究创造便利条件,提供有力支持。要凝聚智慧,建立教师学习和研究共同体。由此可知,开展交流研讨活动需要一定的外部条件,要有学校的支持,有民主、平等对话的氛围。只有这样,教师们才有机会畅所欲言,碰撞思维,擦出思想的火花。

三人行,必有我师焉。有时候单枪匹马地自我探索得出的经验不一定都是真科学,只有敞开心扉,相信每个英语教师都有教学的闪光点,虚心向他人请教,将他们作为提高自己教学能力的标杆,才有可能扩充自己的教学理论,完善自己的教学实践。例如,新教师在刚入职时,其在教学方面还有许多不足。倘若学校能够组建一个由教师、教研员和教育管理者组成的英语研究小组,共同走进教师的课堂,帮助教师发现教学问题,然后从不同的角度探讨解决对策,那么相信在研究小组这个智囊团的帮助下,新教师对于课堂的组织和把控,很快就会上手的。再例如，一些教师由于教学任务重，对于理论知识的学习稍有欠缺。而理论与实践是不可分割的整体。鉴于此，教研组长在组织开展英语教研活动前，可事先调查教师们的理论盲区是什么，然后选择适当的研究专题。鼓励大家通过集体探讨，自我对比，共同反思，以达到共同提高、共同发展的目的。

英语教师进行反思性教学的方法包括但不仅限于以上四种方法，只是以上所列举的方法是教师常用的教学反思方法。其中撰写教学日志和回顾课堂实录的反思方式是基于个人行为。然而英语反思活动不仅是一种个体行为，还需要群体的支持。因此，提倡教师在个人行为反思的基础之上开展观摩课堂教学和相互交流研讨等交流性反思活动。"教而不思则罔"，随着时代的发展，英语教师要与时俱进，不断探索出新的反思方法。教学反思不是一朝一夕的事情，需要教师具有顽强的毅力和坚持不懈的精神。只有这样，教师才能开拓教学思路，改进教学过程，使自己的教学实践朝着合理性的方向发展。

三、英语反思性教学的实施

现在，我们已经了解了什么是英语反思性教学，那么在实际教学中，英语教师该如何实施反思性教学呢？以下将根据实施的原则、步骤和内容作具体的阐述。

（一）英语反思性教学实施的原则

1. 即时性原则

即时性原则包括两方面含义：一是反思的即时性。英语反思性教学是以教学实践为核心展开的，反思活动发生在教学前、教学中和教学后的方方面面，与教学过程同步进行。因此，教师的教学反思要及时，要随着教学活动的变化而变化。滞后性的教学反思的效果往往因缺乏有效性而大打折扣。二是根据反思的结果，教学内容和方法的改进要及时。例如在观察一节小学二年级的英语公开课时，发现该教师在"Pre-task preparation""While-task procedure"环节中的时间分配比例十分合理，但是在"Post-task activity"环节出现了问题。原来教师在设置"make an ending"活动时，考虑到距离下课还有大约 7 分钟的时间，便没有给学生留出充分的思考时间，致使第一个、第二个学生的回答不符合要求。后来教师重新说明要求，并亲身示范，又给了学生 2 分钟的准备时间。最后，学生的反馈终于达到了理想的效果。通过这节课可以发现，该教师在教学中不断反思自我，并根据反思结果及时调整了教学节奏。

2. 协作性原则

反思性教学的过程不是教师单枪匹马的独斗，而是教师之间、师生之间的相互协作与配合。教师通过与其他教师探讨自己在教学中遇到的问题，分享彼此的想法，能在很大程度上帮助教师梳理教学思路，扩充教学经验，提高教学实践能力。反思性教学的终极目的是促进教学实践的合理性,帮助学生更好地学。教师从教学的另一端,即学生那端入手,通过与学生进行面对面的深层次的互动,了解学生在英语学习中的感受和遇到的困惑。根据学生的反馈,为教师进行因材施教提供一定的现实依据。同时也帮助教师不断改进、调节自己的教学内容和教学策略,提高教学活动的吸引力,增强学生的英语学习效能感,为他们今后的英语学习打下基础。

3. 系统性原则

反思性教学的系统性原则是指教师对于英语教学的反思要持有系统性、全面性、多维性的态度。根据本章节对英语反思性教学的定义可知,教学反思不是一蹴而就的事情,它发生在教学前、教学中和教学后。它需要教师具有持之以恒的和坚持不懈的精神,秉持着"自己和自己过不去的"的怀疑的态度对每个教学环节进行系统的、深入的思考。其实,这一反思行为不仅使教学过程更具有合理性和有效性,而且也帮助教师从发现问题到探索解决问题的方法这一过程中形成了自查自纠能力和良好的反思能力。而这种能力对于我们的生活来说也是极其重要的,自我反省可以说是成功的重要因素之一。

4. 批判性原则

在进行反思性教学时,英语教师还要遵循批判性原则,即以批判性的眼光看待教学中出现的问题。反思性教学要求教师对教学理论和实践持有一种健康的怀疑。一名教师能否将反思性教学进行好,与他是否具有批判意识,如何运用自我批判意识息息相关。莱科克曾提出,"反思"可以被变相地理解成"批判"。教师要认真审视、批判自己的教学行为,对于不完美之处要多问问题,例如这个活动的目的是什么?这个行为对学生的学有何影响?哪些方面造成的问题?怎样做才会改进现状?其实,批判性地分析课堂教学的过程也是改善教师的教、学生的学的过程,是对自我和学生负责任的一种表现。在这个过程中,教师自身获得进一步发展,朝着学者型教师的方向发展。

要使英语反思性教学发挥出最大的功能,打造出完美的课堂,教师需要在遵循以上四点原则的同时,不断提高自己的专业能力、增加教学经验,它们是教师发展反思性教学的重要基础,也是反思性教学的行动基础。

(二) 英语反思性教学实施的步骤

巴特利特(L.Barttlet)在《通过反思教学实现教师发展》的基础上提出了反思性外语教学的具体过程:记录要点、通报、质疑、评价和行动。奥斯特曼和科特坎普以经验学习理论为基础,将教学反思过程分为关注问题—观察与分析—重新概括—具体验证这四个部分。史密斯和哈顿将教学反思过程分为四个阶段:描述阶段—发现问题阶段—正视发现问题—重构已有经验。麦克塔格特和凯米斯将教学反思的过程分为观察和收集资料阶段—意义搜寻阶段—质疑阶段—评估阶段—行动这五部分。南京师范大学外国语学院刘学惠教授根据反思性教学的含义和特征,认为反思过程有四个主要环节:确认问题、计划对策、行动与监控和评价成效。学者赵明仁和黄显华提出教学反思有"识别问题、描述情景、分析与建构三个环节"。综上所述，我们不难发现大多数研究者都认为反思性教学是由一系列严谨的步骤组成的。他们虽然在教学反思环节的认识上稍有不同，但在整体上都遵循着发现问题、分析问题、形成假设、验证假设的逻辑。层层深入，旨在帮助教师加深对自身教学的认识。本文结合研究者理论和一线教师的实践经验，将英语反思性教学的步骤分为具体经验阶段、信息整理阶段、方法形成阶段和行动阶段。

1. 具体经验阶段

反省思维过程始于问题的觉察或困惑的出现。教师反思的问题来自于自己的教学实践。概括来说，具体经验阶段就是英语教师在自己的教学活动中，有意识地发现存在的问题，以此为基础进行反思性教学。为了使反思性教学更好地进行，教师需要在课后及时将课上所发生的问题记录下来，形成第一手资料。第一手资料的完善与否直接关乎接下来的步骤。其实，在小学英语教学中常常会出现许多值得反思的问题，例如，对于一年级刚入学的新生，如何激发他们的英语学习兴趣，如何提高他们词汇记忆的能力，如何提高他们的口语表达能力等。

2. 信息整理阶段

在信息整理阶段，英语教师需要对上一步骤中的教学记录进行整理与分析，对教学中发生的问题进行深入细致的思考。在这个过程中，教师要有"自己和自己过不去"的执拗精神，坚持以批判的眼光反思自我。为了使英语反思性教学发挥出最大的功效，教师可以和其他的英语教师一起完成该步骤。大家畅所欲言，集思广益，博采众长，共同探讨英语教学中出现的问题。包括在这个问题中教师行为的动机、目的以及背后的教育理念。科学分析教学行为，帮助教师的教学实践朝着合理性方向发展。

3. 方法形成阶段

英语教师根据上一阶段对教学问题的分析结果，及时寻找应对策略，改善教学现状。反思过程也是教师提出假设的过程。在反思教学问题、寻找解决途径时，教师可以寻求各种信息资源。例如与同事探讨、请教教研员、利用网络平台、观摩他人课堂以"借石攻玉"等。这里需要注意的是，解决英语教学问题的方法有千万种，教师必须针对特定的教学问题，有方向性、目的性、选择性地去寻找解决方法。力求在最短的时间内解决教学问题，提高教学质量。

4. 行动阶段

教师的思想需要通过教学实践来验证。行动阶段即验证假设的阶段。在这一环节中，英语教师将上个阶段中所提出的问题解决新方案运用到实际教学中来，进一步检验其有效性。然后对新的教学效果予以评价，分析新方法是否有效地提高了教师的教和学生的学。在行动阶段，教师的教学行为必然伴随着思考，因此，反思贯穿于英语教学的整个过程。教师不断会遇到新的问题，从而进入一个新的循环，开启新一轮的反思性教学。

为更好地帮助教师了解英语反思性教学开展的过程，下文用一个教学案例给予说明。

李老师于6月从师范院校毕业，同年8月参加入职培训，9月迎来了教学生涯的第一批学生——小学三年级学生。李老师基于"英语学习的目的是与他人沟通与交际"的认识，认为课堂教学应与实践教学相结合，于是李老师在每次上课时都会结合教学内容去创设情境，设置角色扮演这一活动。试图让学生通过角色扮演，拉近课本与现实的距离，完成交际任务。可是在随后的教学中，李老师发现能主动参与到角色扮演活动中的学生越来越少了。李老师出于较强的道德感和责任感，有意识地将学生的课堂行为表现记录了下来。课后，邀请同伴结合教学过程和教学日志，从自身的教和学生的学这两个方面认真分析问题的成因。发现学生的语言输入不足，自然会出现输出贫乏的现象。李老师结合这一成因探寻了解决方法：在课堂上播放与教学内容相关的视频，保证学生最基本的输入，刺激学生的听；鼓励学生阅读与教材内容相匹配的绘本故事，拓宽知识面，刺激学生的读。为了检验这一方法是否有效，在接下来的三周内，教师秉持着"只有持续'输入'才能流畅'输出'"的理念，坚持每天使用该方法。最后，事实证明该方法是有效的。越来越多的学生敢于表达，乐于分享。

本案例较好地说明了反思性教学的流程。李老师在上课时发现"能够主动参与到角色扮演活动中的学生越来越少"这一问题，并及时地将问题记录下来，属于具体经验阶段；在课后，与同伴一起整理、分析信息，探寻问题产生的原因，属于信息整理阶段；结合成因，形成解决方案，即给学生充足的输入，属于方法形成阶段；为了检验新方法的可行性，利用三周的时间进行检测，属于行动阶段。

（三）英语反思性教学的反思内容

教师总被社会赋予积极的期望，因为教育对于人类的存在和发展至关重要。因此，教师不能平庸。反思是教师在有限的生命中追求专业无限成长和发展的最佳选择。俗话说，不会反思的教师不是好教师。其实大多数的一线英语教师都愿意通过反思来提高自己的教学技能，只是部分教师不清楚究竟应该反思哪些内容。《标准》指出，教师要坚持从学生、教师和教学内容等不同角度进行自我反思和自我评价，探索精准、高效呈现教学内容的方式，构建有效的师生活动和教与学的方式，有目的地改进和优化教学，提高教学效果。结合《标准》的要求和教学实践，可以从教师个人方面、教师教学方面、学生学习方面和教师与他人的关系方面开展反思性教学。

1. 反思教学观念

英语教师在进行教学反思时，往往首先是从客观因素来进行反思，很少会主动对支配自己教学实践的隐性的教学观念进行反思。然而，实际上是教学观念支配着教学行为，有什么样的教学观念就会有什么样的教学实践。因此，教师首要反思自己的教育观念是重中之重。随着《标准》的推出，教师应不断研读和学习。明确未来英语学习的总目标，即发展语言能力,培育文化意识,提升思维品质,提高学习能力。对照《标准》中对老师提出的新要求,反观自我,有则改之,无则加勉。总之,英语学科作为国际性语言是不断发展、变化的,受世界环境和学科发展的影响,其课程性质、理念、目标和内容等也会发生相应的改变。英语教师要不断更新教学理念,紧跟时代步伐,用最先进的理念去支配自己的教学实践。

2. 反思个人经验

美国心理学家波斯纳的教师成长公式"成长＝经验＋反思"已逐渐被广大教师接受并认可。没有经过反思的教学经验是狭隘的经验,只有经过反思的教学经验,才能经得起实践的推敲。从而化为教师自我专业发展的一部分,促进教师快速成长。教师在反思自己的教学经验时,要对自己认为比较成功的经验、要解决的教学活动中出现的问题以及应对课堂突发事件时的自我表现进行反思。通过反思,教师从碎片化的经验中提取出具有规律可循的教学规律,充实自己的"智库"。以便日后面临类似问题时,可以及时调整教学方式。

3. 反思教学过程

不论是英语课程理念的落实还是英语学习目标的达成,都需要通过教学过程来实现。对教学过程的反思主要包括反思教学内容、教学目标、教学方法和课堂气氛等内容。

（1）反思教学内容

教学内容作为实现教学目标的重要载体,是教学过程中的核心与关键。因此,首先要对教学内容进行反思。对于小学生而言,他们大多数是初次接触英语。如果教学内容设置过难,则会抑制学生的英语学习自我效能,设置得过于简单,易使学生对英语学习掉以轻心。因此,教师在对教学内容进行反思时,要立足于学生的实际认知水平。思考教学内容设置的难易度是否符合教学要求和学生的学情,素材的选择与学生生活背景是否匹配。此外,教学文本贯穿整堂课的学习,可以毫不夸张地说它是英语课堂的命脉。教师要深入分析教学文本是否符合教学内容的安排,是否体现了层次性、递进性和逻辑性。

（2）反思教学目标

教学目标是教学的出发点和归宿,教师必须对教学目标作深刻的反思。对教学目标的反思主要包括教师设定的英语学习目标是否清晰明了,目标的制定与学生的实际能力是否相符,目标设定的原因,目标的设定是否体现了知识与技能、过程与方法、情感态度价值观这三个维度,目标的达成度如何,目标的设定是否体现了维果斯基的"最近发展区"理论,即让学生能够"跳一跳,摘个桃"。英语教师通过围绕以上几个问题对教学目标展开反思,有助于促使学生的知识、能力和人格朝着健康、协调的方向发展。

（3）反思教学方法

千篇一律的教学方法令人感到单调和乏味,多样的教学方法给人带来生机与活力。好的教学方法与技巧能激发学生的思维,使学生在不知不觉中接受教育,高效率地完成学习任务。《标准》指出要推进信息技术与英语教学的深度融合,充分发挥现代信息技术对英语课程教与学的支持与服务功能。要将"互联网＋"融入教学理念、教学方法、教学模式中,深化信息技术与英语课程的融合。因此,教师在对教学方法进行反思时,要从教学方法与教学内容的适切性、教学方法的灵活性与多变性、教学方法的运用是否体现了与现代信息技术相融合、教学方法是否体现了因材施教等方面进探讨与分析。

(4) 反思课堂氛围

对英语课堂氛围的反思往往是教师容易忽略的地方。民主、和谐、宽松的课堂环境能给学生提供一个安全健康的心理氛围。在这个氛围中,学生容易消除英语学习的恐惧感,全身心地投入到课堂活动中来。课堂氛围看似是一个看不见摸不着的抽象事物,实则可以通过教师和学生的反应来进行判断。在对英语课堂氛围进行反思时,要重点关注教师的情绪。教师良好的情绪是保持课堂氛围良好的先决条件。要观察学生在课堂中的反应,在参与教学活动时是积极主动的还是消极被动的;在参与互动时,是否能畅所欲言、各抒己见,思维是否有深度。

在教学过程中除了要重点反思上述四点内容外,还应对教师的教学设计、教学语言、提问方式、评价方式和教学效果等方面进行反思。力求使教师的教学实践更具有合理性。

4. 反思学习情况

教学是教师与学生的双边活动。教师在对自己的教学行为进行反思时,也要对学生在活动中的行为表现进行描述和反思。由于英语课程的总目标是指向学生的,即通过英语学习发展语言能力,培育文化意识、提升思维品质、提高学习能力。因此,反思学生的学习情况是教师反思的最终指向。英语教师不仅要重视"学什么",更要关注学生是否"喜欢学",是否知道"如何学"。对学生学习情况的反思,主要包括反思学生对英语学习的认识和认知方法、学习方法、学习习惯、学习意识和行为表现。在反思学生的学习状况时,要能够做到由表及里,挖掘其行为背后的深层次原因。为接下来有针对性地开展英语教学提供依据。

5. 反思教学关系

教学关系指在教学过程中,教师与学生、其他教师、家长形成的关系。其中,师生关系是核心,其他两对关系是服务于师生关系,围绕着师生关系而展开的。良好的师生关系是教学活动顺利进行的前提,是实现良好教学效果的保障。平等、民主、和谐的师生关系有利于创造出轻松愉悦的语言学习氛围,激发学生的英语学习兴趣。教师在对师生关系进行反思时,要反思师生关系的处理是否得当,教师主导作用的发挥是否有碍于学生主体性的彰显,师生关系是否融洽等。

现如今我们正处在知识快速更迭的时代,教师又被社会赋予积极的期望,教师不能平庸,也要拒绝平庸。"教而不思则罔",为了做好学生的引路人,促进教师自我专业发展,激活教师的教学智慧,教师要将反思作为日常英语教学的一种习惯,将反思看作是自我成长的有效途径。时代在发展,希望我们能够开拓进取,砥砺前行,成为具有反思意识和创新精神的英语教师。

> 揭秘名师课堂

案例分析:《牛津英语(上海版)》1B M3 U3 "In the restaurant"第一课时教学设计与教学反思

本课时教学设计 **Period 1 At the snack bar**

(一) 教学重点与难点

教学重点:

能在语境中感知、模仿并理解核心单词"hamburger""pizza""pie"以及核心句型"May I have …, please?"

教学难点:

1. 能在语境中感知"May I have a/an …, please?"的含义,模仿语音、语调。

2. 能在语境中正确跟读单词"pizza""hamburger"。

3. 能正确区分"pizza"和"pie"的音、形、义。

(二) 本课时教学目标

1. 在语境中,初步知晓食物类词汇,如:"hamburger""pizza""cake""pie"等,能感受名称、读准单词、理解词义、进行图义匹配。

2. 能通过学习"pie",了解其他种类"pie",进行适当的拓展。

3. 能初步感知核心句型"May I have a …, please?"在朗读和表演故事时,要求声音响亮、语音基本正确、模仿合理、表达基本流畅,有一定的肢体反应。

(三) 教学资源

多媒体、头饰、挂图

(四) 教学文本

(In the forest, Mr Panda has a snack bar. His friends are hungry, so they go to the snack bar.)

Rabbit: May I have pizza, please?

Mr Panda: Here you are.

Rabbit: Thank you. How nice!

Duck: May I have a cake, please?

Mr Panda: Here you are.

Duck: Thank you. How sweet!

Pig: May I have a hamburger, please?

Mr Panda: Here you are.

Pig: Thank you.

Cow: May I have a pie, please?

Mr Panda: Here you are.

Cow: Thank you.

(五) 教学过程

Procedures	Contents	Methods	Purposes
Pre-task preparation	1. Greetings	1-1 Daily talk. T: Good morning, class. How are you today?	课前师生问候,帮助学生尽快进入学习状态。
	2. Sing a song "What's it?"	2-1 Sing and answer. T: What can you see? S: I can see ...	通过歌曲欣赏,引出本课主题。 在猜谜中带出学习情境,自然步入新知学习。
	3. Dialogue	3-1 Lead in. Show a situation: In the forest, Mr Panda has a snack bar. His friends are hungry today, they go to the snack bar. What do they eat? 3-2 Listen and answer. T: What do they eat? Let's listen to the story.	情境中的主人公采用学生已学过的动物名称。试图以旧带新。 问题驱动,训练学生的倾听习惯。帮助学生初步感知本课时核心词汇。
While-task procedure	1. Rabbit wants pizza. Learn: pizza May I have pizza, please?	1-1 Listen to Panda and Rabbit. T: What does Rabbit want? Let's listen. 1-2 Elicit and learn: pizza. 1-3 Look and choose T: Can you help Rabbit to find the pizza? 1-4 Do and act. Smell the pizza and act it out. 1-5 Listen and chant. 1-6 Learn: May I have pizza, please? 1-7 Act it out. T: Boys and girls have a role play.	聆听对话,借助情境,带出"pizza"的学习。然后在图片和儿歌的帮助下,增进理解。初步感知"May I have ..., please?"的含义及用法。

续 表

Procedures	Contents	Methods	Purposes
While-task procedure	2. Duck wants a cake. Learn: cake May I have a ..., please.	2-1 Listen to Duck. 2-2 Elicit and learn: cake. 2-3 Do and act. 　　Taste the cake and act it out. 2-4 Read a rhyme. 2-5 Look and choose. 　　T: Can you find and touch it? 2-6 Listen and chant. 2-7 Elicit: May I have a ..., please? 2-8 Act it out. 　　T: I'm Mr Panda. You are Duck. Role play. 2-9 Play a game.	通过聆听,自然带出"cake"的学习。在图片和食物的帮助下,尝试说一说"sweet cake",体会食物的美好。 通过角色扮演,操练新知。
	3. Pig wants a hamburger. Learn: hamburger May I have a ..., please?	3-1 Look and guess. 　　T: What does Pig want? Let's have a look. 3-2 Elicit and learn. 　　Choose ten students to read it one by one 3-3 Listen and sing. 　　T: Pig is very happy. Listen, he is singing. 　　(Insert: Hamburger is nice, but we shouldn't eat too many hamburgers.) 3-4 Elicit: May I have a hamburger, please? 3-5 Read the chant. 3-6 Look and choose. 　　Find and touch the hamburger. 3-7 Act it out. 　　Listen and follow, then work in pairs.	通过游戏环节调动学生学习热情,巩固新知。 通过让学生仔细观察、猜一猜,引出"hamburger"的学习。在语境中,让学生初步感知"May I have a ..."的含义及用法。 儿歌吟唱,巩固新知。
	4. Cow wants a pie. Learn: pie May I have a ..., please?	4-1 Listen to Cow. 4-2 Elicit and learn: pie. 4-3 Make a new chant. 　　T: Choose two pies and make a new chant. 4-4 Elicit: May I have a pie, please? 4-5 Role play. 　　One is Cow; the other is Mr Panda. 4-6 Listen and follow.	通过聆听牛的话语,引出"pie"。在图片和儿歌的帮助下,增加词汇量,尝试自编"pie"的儿歌。 在相同的情境中使对话有连续性,并使学生能够清晰地了解新授句型的含义与用法。通过儿歌吟唱、角色扮演,进一步感知"May I have a ..., please?"

续 表

Procedures	Contents	Methods	Purposes
Post-task activity	More practices	1-1 Listen and follow the whole story. 1-2 Choose and act. 　　T: You can choose one picture, and work in pairs. 1-3 Summarize the contents. Teacher helps students to review the content.	再次整体感知文本，体验故事。 通过结合板书进行角色扮演，了解购物基本用语。
Blackboard design			复习巩固本课时文本，通过角色扮演来巩固新知，提高学生输出能力。
Assignments	1. Read the story. 2. Read and match. 3. Choose one food you like, and make a dialogue.		分层布置作业，实现技能兼顾，达成语用。

为新手支一招

如果你是该教师，你会选择什么方式来开展反思性教学？在反思本节课时，你会对教学中的每一个细节进行反思吗？

本课时教学反思：

课后，该教师通过回顾课堂实录、倾听专家点评，并与其他教师共同研讨，对本堂课进行了反思。内容如下：

（1）教师个人方面

首先，教师情绪积极饱满，充满活力，富有激情。教师以夸张的行为举止和抑扬顿挫的语调牢牢地抓住了学生的注意力。其次，该教师语言重复率较高。例如

"Listen, listen to me." "Follow, follow me"等。这就使冗长的课堂指令占据了本就时间有限的课堂教学。

（2）教学内容方面

优点：第一，教学情境的创设与学生的实际生活相关，学生很容易进入到该场景中。教师创设的四个小动物点餐的故事贯穿整节课，在每次出示小动物所选的食物之前，鼓励学生猜一猜小动物想吃什么，让学生全身心参与到课堂中来。第二，教师精准地捕捉渗透育人理念的时机。在"Pig"想要吃十个汉堡时，教师及时抓住机会对学生进行育人教育，即汉堡虽美味，但不能多吃。需改进之处：四段教学文本大致相同，内容缺乏梯度性。

（3）教学目标方面

教师从培养学生的核心素养出发，设置的教学目标符合一年级学生的认知水平、思维特点和生活经验。本节课的教学目标基本达成，教学效果良好。

（4）教学方法方面

优点：教师基于学生的特点，在词汇教学中充分利用了直观教学手段，主要包括实物直观、形象直观、动作直观和言语直观等。例如，教师出示蛋糕，告诉学生只有说出"I like the cake. How sweet!"才能吃到蛋糕时，学生们激动不已，个个都想跃跃欲试，就连平时思想爱开小差的孩子也打起了十二分精神。需改进之处：教学方法的采用既要有目的性，又要与时俱进，不断创新。本节课中教师为了使课堂有趣，创造欢乐的氛围，鼓励学生表达"May I have a ..., please?"并跳起来触碰披萨盒子，表面看似热闹，实则毫无意义。此外，大小声游戏比较老套，教师可以选择其他新颖的方法来帮助学生操练单词。

（5）思维品质方面

思维品质指人的思维个性特征，反映学生在理解、分析、比较、推断、批判、评价、创造等方面的层次和水平。在本节课中，学生在进行语言输出时，教师主导着输出的方向，没有将主动权给予学生。给学生准备和展示的时间也比较短，不利于学生思维品质的培养。

参考文献：

1. 申继亮.教学反思与行动研究——教师发展之路[M].北京：北京师范大学出版社，2006.

2. 熊川武.反思性教学[M].上海：华东师范大学出版社，1999.

3. 钟启泉，崔允漷，吴刚平.普通高中新课程方案导读[M].上海：华东师范大学出版社，2003.

4. 中华人民共和国教育部.小学教师专业标准(试行)[M].北京：北京师范大学出版社，2012.

5. 李亚红.新课标中学英语教学技能训练[M].武汉：武汉大学出版社，2016.

6. 中华人民共和国教育部.义务教育英语课程标准(2022年版)[M].北京：北京师范大学出版社，2022.

7. 段建敏.英语教学实践与反思[M].太原：山西人民出版社，2009.

8. 陆姗姗.教学反思文献综述[J].湖北函授大学学报，2014(13)：110－111.

9. 沈映梅.教学反思：英语教师与新课程共同成长的有效途径[J].现代教育科学，2008(02)：85－86,37.

10. 王映学,赵兴奎.教学反思：概念、意义及其途径[J].教育理论与实践，2006(02)：53－56.